春 草 集

张武德 著

中国广播影视出版社

图书在版编目（CIP）数据

春草集／张武德著． －－北京：中国广播影视出版社，2023.9

ISBN 978－7－5043－9105－6

Ⅰ．①春… Ⅱ．①张… Ⅲ．①教育工作—文集 Ⅳ．①G4－53

中国国家版本馆 CIP 数据核字（2023）第 172664 号

春草集

张武德　著

责任编辑	许珊珊
封面设计	李军瑞
责任校对	龚　晨

出版发行	中国广播影视出版社
电　　话	010－86093580　010－86093583
社　　址	北京市西城区真武庙二条9号
邮　　编	100045
网　　址	www.crtp.com.cn
电子信箱	crtp8@sina.com

经　　销	全国各地新华书店
印　　刷	天津和萱印刷有限公司
开　　本	710 毫米×1000 毫米　1/16
字　　数	274（千）字
印　　张	15.75
版　　次	2023 年 9 月第 1 版　2023 年 9 月第 1 次印刷
书　　号	978－7－5043－9105－6
定　　价	68.00 元

（版权所有　翻印必究·印装有误　负责调换）

春晖潮涌

认识张武德先生时，他正在西峰职业中专校长任上。某日，正宁雅宏县长的手机铃声骤然响起，县长在电话那头急匆匆地说，有个朋友你必须见一下，此人体魄强健，性情阳光，语言丰赡，观点前瞻。遂相约会面，认识了张先生。先生果然气宇轩昂、气象不凡，握手寒暄，洪音琅琅，一语既出，笑声震瓦。接下来，我们自然就成为无话不谈的知己。再下来，先生就任庆阳职业技术学院院长、书记。

一路走来，相近的教育理念、相同的中文背景及相似的三观，我们便交往畅顺、随心所欲，很多时候往往是心有灵犀。先生晚睡早起，我们时常于凌晨5点左右穿过千山万水会见在微信朋友圈，互相点赞，互相鼓励，互相通报前一天诸多事宜，不乏鸡零狗碎之家常，但更多的还是交流教育心得。日子一久，则自然而然濡染了先生很多思想之精华，受益匪浅。

癸卯仲春，先生叮嘱我为其即将付梓的大作写序。这样的朋友，这样的嘱托，一般是没有推辞的理由。翻阅厚厚的书稿，我瞬间被震慑！先生公务如此繁杂，何来余暇成就这洋洋洒洒20多万字巨作？这是先生教育情怀的凝结，这是先生报得三春晖的心迹。

先生大学毕业至今就干了一件事，即教育。起先是基础教育，继而又从事职业教育，但无论是哪一类型的教育，他总能够干出个子丑寅卯来。对于基础教育，先生有自己独到的认识，也有独特的适合学生发展的经典做法，由此，他从一般教师做到庆阳一中政教主任、庆阳六中副校长。正干得起劲的时候，组织上一纸调令，召唤先生去西峰职专任校长。职业教育与基础教育是两种不同类型的教育。上任伊始，先生如饥似渴学习职业教育理论，尽快掌握职业教育特点，从实际出发，从扎根甘肃大地办职教出发，积极探索新时代西峰职专发展路径，大胆创新，提出了一系列有利于学校发展的新理念、新思想。这一时期，正值国家大力发展职业教育之际，先生顺势而为，趁势而上，他和一班人一鼓作气，把西峰职专带到了一个全新的境界。有为才能有位。是时，先生又被委任为庆阳职业技术学院院长。甫一上任，面对新的环境，先生顿感压力陡增，这是庆阳260万人民唯一一所职业教育类高校，只能办好，不能办坏！先生广泛调研问计于民，走出去请进来问策于能。很快，他就着手从提升学校形象、提高学校质量入手，大抓以立德树人为核心的学生精神成人教育，以提质培优为核心的学生专业成才教育。学校一举创建成功省级文明校园，振奋了师生员工信心，先生带头教研科研，争取到多项国家级、省市级课题，学院获得了省上授予的职业教育红色研学示范基地。

先生把这些自己在教育实践中思考的理论、案例等集中起来，出版成一部著作，这是先生对甘肃教育的贡献，也是我们教育人学习借鉴的蓝本，其中许多篇章闪烁着耀眼的教育智慧光芒，只要你潜心捧读，必将带给你不一样的思考途径。谁言寸草心，报得三春晖。教育是有情怀的人的事业，张先生便是这样的人。

是为序。

甘肃省优秀专家、著名职教专家　何华教授
2023年3月15日于兰州

目　录

第一部分　普教之情

浅谈语文学习兴趣的培养 …………………………………（ 3 ）
教师专业自主发展的路径 …………………………………（ 7 ）
做一名好校长其实很难 ……………………………………（ 17 ）
怎样做一名优秀的班主任 …………………………………（ 19 ）
努力创建高效优质的活力课堂 ……………………………（ 21 ）
教学要实实在在地做 ………………………………………（ 26 ）
教学改革要又好又快 ………………………………………（ 28 ）
他山之石　可以攻玉
　　——赴天津市第二南开中学学习考察感受 ……………（ 31 ）
共同托起明天的太阳 ………………………………………（ 37 ）
聆听窗外的声音
　　——赴浙江镇海中学培训学习总结 ……………………（ 41 ）
对高中新课程改革的几点思考 ……………………………（ 50 ）
西部吹来课改风
　　——赴宁夏育才中学学习考察报告 ……………………（ 53 ）
学校教育要让学生有知识的饥渴感 ………………………（ 59 ）
构建有文化的课堂 …………………………………………（ 62 ）
开展听评课活动　建设有效性课堂 ………………………（ 66 ）
德育先行　课堂跟进
　　——赴陕西宜川中学考察学习报告 ……………………（ 73 ）
深化新课程实验的策略 ……………………………………（ 81 ）
整合课程资源　深化教学改革 ……………………………（ 88 ）

智慧引领　精细管理
　　——赴上海奉贤中学考察学习报告 …………………………（96）
孔子教给我的五堂课 ………………………………………………（103）
"三课"是"五环三课"模式的核心 ………………………………（114）

第二部分　职教之思

西峰职专礼赞 ………………………………………………………（119）
庆阳职院校训石赋 …………………………………………………（120）
戒尺进课堂进校园　引领学生健康阳光成长 ……………………（121）
惩防并举　破立结合　全力做好未成年人保护工作
　　——全市未成年人保护工作情况专题协商议政交流发言 …（123）
甘肃省中职学校领导能力提升研修班学习体会 …………………（125）
关于推进我市体育产业发展情况的思考
　　——在庆阳市政协会议上的发言 ………………………………（127）
关于整合西峰城区职业教育资源的建议 …………………………（130）
进一步关注城区小学生早餐质量问题的建议 ……………………（131）
赴德国学习交流报告 ………………………………………………（133）
写在同济大学校长综合能力提升研修班培训之后 ………………（136）
把党史学习教育融入高校立德树人实践 …………………………（142）
大力实施"青蓝工程"促进青年教师成长 ………………………（145）
对庆阳职业技术学院进一步发展的几点思考 ……………………（147）
潮平两岸阔　风正一帆悬
　　——甘肃省高校就业创业师资培训学习体会 …………………（152）
关于全市职业教育改革发展的思考 ………………………………（156）
关于"用好政策、做好分流、提高二本进线率"的建议提案 ……（159）
《关于成立庆阳技师学院　加大技能人才培养》的提案 …………（160）
《发展现代职业教育　推进"技能庆阳"建设》调研报告 ………（162）
坚持问题导向　加强教学与科研一体化建设 ……………………（171）
建好职业教育联盟　培养数字经济人才 …………………………（174）
紧抓"技能甘肃"发展机遇　打造"技能庆阳"职教新高地 ……（177）
聚焦目标　统一思想　扎实推进课堂教学改革 …………………（179）
立足区域特色　深化产教融合　职业教育助推地方经济社会发展 …（182）

| 目 录 |

浅谈如何进一步加强职普融通发展 …………………………………（185）
政府引导　社会参与　校企联动　全面提升职业教育的吸引力和
　　影响力 …………………………………………………………（193）
浅谈如何加强职业技能培训助力打赢脱贫攻坚战 …………………（197）
庆阳市职业教育发展现状、存在问题及对策 ………………………（201）
如何建立符合经济社会发展和产业结构的职教体系 ………………（204）
职业教育如何服务地方经济社会发展 ………………………………（209）
多措并举　深入推进校企合作工作 …………………………………（212）
如何进一步加强高职院校"双师型"教师培养 ……………………（215）
红色思政浸润人心　职业精神培育工匠 ……………………………（219）
以产教联盟为引领　打造陇东职教高地 ……………………………（221）
锚定"五位一体"发展战略　推动职业教育高质量发展 …………（223）
凝心聚力　多措并举　促进学生高质量就业 ………………………（226）
进一步加强职业院校学生思想政治工作 ……………………………（228）
基于学生创新作品的通用技术课程改革实践探索 …………………（229）
高职院校教学科研一体化模式建构研究 ……………………………（233）
以立德树人为根本　全面提升教育质量 ……………………………（240）

后　记 …………………………………………………………………（243）

第一部分
普教之情

宗教之情

第一部分

浅谈语文学习兴趣的培养

常常听许多老师抱怨,现在的中学生不学语文,只有老师逼着才肯学,除此而外,别无他法。其实,我对这些感触还不够深,1997年当我在高中教学时,也确实遇到了这样的问题。有些学生上课不听讲,偷偷摸摸做数理化作业;还有些学生给我讲:不知道怎么学语文,一点兴趣也没有。一个不喜欢做某件事的人,自然不会对这件事有兴趣。古人讲,好之者不如乐之者,又有人说,兴趣是最好的老师。可见,要让学生学语文,就必须得让他喜欢语文,对这门课感兴趣。如果一味地按着头喝水,他们可能会喝一点,但喝了以后肯定不消化,况且常按头也不是解决之道,强扭的瓜不甜。因此,我们只有从培养学生的兴趣入手,才能让学生喜欢语文。有一次,著名的语言学家赵元任先生的女儿问他为什么要搞学问,他笑着说:"好玩儿。"一个"好玩儿"道出了兴趣的重要性。而要培养学生学语文的兴趣,则应从以下几方面着手:

一、放下臭架子,甘当中学生

师者,所以传道授业解惑也。长期以来,师道尊严的正统观点认为,为师者必满腹经纶,一脸正气。弱水三千,我只取一瓢饮,在这个意义上师生是平等的。因此,老师一定要把自己也当作拓荒者,和学生一道去感知、去体会,潜移默化,让学生感到老师离他们很近,触手可及。同时,要让学生感到书本和他们很亲,见之则喜。

二、重新审视教材的功用

语文是工具,但不等于教材就是工具。叶圣陶说,教材无非是个例子。有些例子通俗晓畅,一读即懂;有些例子则佶屈聱牙,百思不得其意。我们必须立足于这些例子,但并非就守着这些例子。文章应是一个整体,只能完整地去欣赏、去感知,绝对不能肢解、分割。不能采用分段、分层的办法去分析课文,而要像观赏一朵花那样,去整体欣赏它的色、味、形。我亲眼看到有些学生在预习课文时，把一篇很长的文章的每一自然段都标上序号，大概有三四十，为了老师上课提问时好一鸣惊人。当然，也真有老师会这么做，先问自然段，再问分几部分，每部分什么意思以及中心思想是什么，这样分析后，一篇课文也就讲完了。可是，学生对文章的掌握程度和学习成效如何，教师却不甚了解。究其原因，主要因为教师本身吃的就是"滚刀肉"，打的就是"擦边球"，自然不知个中三昧。

对教材的灵活处理应表现在有些课文可以不教。比如我在教高中语文说明文单元时，让学生边读边画图形，边列程序；教小说单元，我干脆从图书馆借来一大摞小说，在课堂上给学生读《阿Q正传》《老人与海》《最后一片叶子》，并且让学生互相借阅；教戏剧单元，我只让学生分角色朗读即可。教材中的诗歌单元，我则偏重于讲作者趣闻轶事，讲写作背景，讲诗歌意境，从来没有给学生逐字逐句翻译成白话文。在我看来，优美的古诗词和精美的散文如同窈窕淑女，只可远观而不可亵玩。

对教材的灵活处理还应表现在增加一些课外的文章阅读上。除讲小说单元给学生读一些著名的中短篇小说外，我在教授散文、诗歌、文言文，觉得"例子"不足时，常常从《读者》《青年文摘》《散文选刊》等杂志中摘录一些优美时文推荐给学生，从唐诗宋词里选摘一些名篇给学生背诵，印发一些文言文选段给学生分析。这样做激发了学生的求知欲望，丰富了学生的课外知识，迎合了学生的心理需要，学生对此乐而不疲，学习的积极性自然很高。

三、转变教学观念，优化课堂结构

古人说，教学相长。教、学是两个概念，以前人们把教室称之为"学堂"，应是准确的。我们现在面临将"讲堂"变"学堂"的问题。俗话说，老师是蜡烛，燃烧了自己，照亮了别人，但在潜心育人的同时是否注意到学生在蒙头大睡还是映烛读书。为此，教师要改变"满堂灌"的做法，不要总想着一味地传授知识，殊不知学生是有感情、有灵性、有极大可塑性的独立个体。他们最需要的是捉鱼的方法，而不是死鱼，是要点石成金的手指头，并非一堆充满铜臭味的金银。达尔文说："最有价值的知识是关于方法的知识。"因此，要实现三个转变，即由"学会"向"会学"转变，由"讲堂"向"学堂"转变，由"要我学"向"我要学"转变。

要实现"讲堂"向"学堂"的转化，就必须以学生为主体，要让学生带着教材走向教师，克服"一言堂"。在教学实践中，我把一节课45分钟分成三块：课前 5 分钟讲演、讲故事，训练说话的能力；课后 10 分钟阅读延伸，训练阅读的能力；课中 30 分钟集中讲授，以讨论、点拨、解答为主，训练思考的能力。三块相对独立又有联系，共同训练学生听、说、读的能力。讲演、讲故事可灵活多样，既可以与当天所学内容有关，也可以风马牛不相及。每节一人，轮流进行，一直坚持到高二结束，高三时间紧便没有这样做。

在作文教学方面，要拓宽作文渠道，培养创造思维能力。我们处在一个大变革、大创新的时代，世异时移，作文的题目范围当然也得变化。《童年趣事》《暑假生活二三事》《我的爸爸》等题目显然已经不能调动学生的写作兴趣，必须紧跟时代步伐，把握时代主旋律，给学生出一些有关时事事件的作文题目，比如《珠海下跪事件何时了》《大使馆被炸，国人怎么办》等，引导学生家事国事天下事，事事关心。

除此之外，我比较偏爱一些充满哲理意味的材料作文，如关于青蛙的实验、和尚告状、瓶中小球试验、鲶鱼效应、去非洲推销鞋等，这些材料故事性强，能激发学生的创造性、引起写作的欲望，写出来的作文自然篇篇有新意、篇篇是佳作。

在作文指导方面，我偏重于作文讲评，作文前、作文中一般不指导。写作应当是创造性很强的个体劳动，作品也应呈现出迥异的风格构思、谋篇布局，不应千篇一律、千人一面，条条框框太多，婆婆妈妈都来，势必束缚人的个性，从而失去创造性。作文讲评要注重肯定学生的个性创作，不扣帽子，不全盘否定，不用同一个标准去衡量不同的作品，允许学生对一件事有不同的看法，即使是片面或错误的，只有这样，学生才会放胆去写。批改引入激励机制，不一定每篇都详改，但每篇都应看一看，学生作文中一个词用得好、一句话写得妙、一段文字写得精彩，用红笔圈点出来，用眉批、行批的形式给予充分的欣赏和肯定，用小笔记摘抄学生作文中的绝妙好词。当摘抄展览时，学生看到自己作文中的句子出现在老师的本子上，心中有说不出的喜悦，更平添了写作的兴趣。操千曲而后晓声，庖丁解牛三年方才"目无全牛"。提升作文写作水平仅靠教师口若悬河的知识灌输难以收到实效，关键在于多练、多写，必须保证学生每周至少写一篇，高三第二学期起每周至少写两篇，临近 5 月，应提倡一天一篇。5 月底，必须专门留出一周时间用于作文训练，高考前放假的四五天，其他题可以不做，但作文必须得天天写，只有这样才不至于在考场时文思枯竭、语言乏味。

当然，进行作文训练，还必须转变一种传统观念，即过早、过多地指责学生"寻章摘句""堆砌词语""华而不实"云云。中学生往往更喜欢模仿词语丰富的"美文",而不欣赏"平淡如水""老气横秋"的文章,所以要有意识地引导他们从多读美文、多写美文入手,不断丰富词语,写好作文。此外,应当强调"言之无文,行而不远",因为学生的写作水平离"洗尽铅华""清水出芙蓉"何止十万八千里。对于评价中学生写作而言,一个珠光宝气的"病美人"要胜过一打骨瘦如柴的语言"瘪三",因为前者有巨大的发展潜能,而后者却始终难免一贫如洗。

诚然,指导学生走向考场的作文应力求成熟老到,不偏激、不走极端,想象合乎情理、合乎事理,不能想入非非,但深刻源于想象,就像苹果树,如果不结果子何来成熟的苹果。在这里,标新立异是二月花,删繁就简才是三月树,教师必须会画龙点睛、化腐朽为神奇、化败笔为佳景。

总之,培养兴趣是一项艰苦的系统工程,教师必先于培养起学生浓厚的兴趣,方才不厌其烦、不厌其细地做这些琐碎的事。有些做法并无前人或大家的理论指导,纯属个人心血来潮,兴之所至,忘乎所以;有些做法别人从来没有做过,是甘冒天下之大不韪,成功与否,自待时间评说;有些做法也是懒惰之心作祟,结果竟是欲罢不能、欲退不能,只好推着走。但我想,语文课应该是最具有教学个性的学科,每一个优秀的教育工作者,不同的生活阅历、智力类型、知识结构、性格气质、兴趣爱好以及所处的环境、所面对的学生实际等因素,决定了他所做的一切都是唯一、不可重复的。因此,不管是否符合教学理论、是否违背教育规律,只要有利于大面积提高学生高考成绩,有利于充分调动学生学习语文的兴趣,有利于丰富学生的语文知识、提高语文素养,无论白猫黑猫,捉住老鼠就是好猫。从这个意义上来说,懒惰也是一种福气,它注定了我要用黑色的眼睛不断地去寻找光明、寻找捷径,寻找一条创造之路。

教师专业自主发展的路径

教师专业化是世界教师教育发展的趋势和潮流，也是我国教师教育改革所探讨的热点问题之一。随着新课程改革全面推开，人们越来越认识到确立教师在学校教育和教育改革中的主体地位，发挥其主导作用的重要性。可以这样说，国家强盛需要教育振兴，教育振兴的关键在教师，而教师队伍建设的关键又在专业化。

一、教师专业化概念的界定

专业化的含义在不同领域有其特定的解释。在教育领域中，如用在教学，称为"教学专业化"；用在师资培育中，称为"教师专业化"；用在教育行政体系中，称为"教育行政专业化"。本文所谈的侧重点指教师队伍建设，因此称为教师专业发展。教师专业发展可定义为教师在整个专业生涯中，通过终身专业训练，习得教育专业技能，实施专业自主，表现专业道德，并逐步提高自身从教素质，成为一个良好的教育专业工作者的专业成长过程。教师专业发展有两个层面：一是教育管理部门或学校对教师专业发展的关注；二是教师自身对专业发展的要求。前者包含四个方面：专家引领，邀请著名教育专家来校讲学、作报告、听课评课；培训学习，有计划地选派骨干教师出外参加培训学习；举办论坛或外出讲学，学校要为教师的专业成长搭建平台，经常举办教师论坛、教师沙龙，学校还应积极创造条件推荐名师鼓励或安排其到兄弟学校讲课、作报告；资源支持，指有效配置时间、提供必要的经费、确定科学的评价、落实一定的奖励等。后者指教师专业的自主发展，实际上，教师专业发展的根本动力源于教师的内在需求和努力，因此在专业发展的过程中，教师的个人努力、教师的主体性发挥成了教师专业发展的关键。引导教师在专业发展过程中不懈努力，重要的是唤醒和强化教师个人发展的自我意识。学校应当为每一位教师提供平等的发展机会，创设展现自我的舞台，让教师在工作中体验到成功的快乐、成长的愉悦，才可能真正唤醒并不断强化教师主动发展的意识，促使教师自觉地对自己的专业发展负责，进而形成主体性发展的动力机制。本文主要想谈谈教师专业成长中自主发展的意义、内容、方法和有效途径。

教师专业的自主发展、自主成长是教师对自身职业生存的关注，是为自己摆脱职业生涯中遇到的困惑、彷徨、无助、挫折等生存危机提供的有效支持，从而克服职业恐惧感和倦怠感；教师专业的自主发展也是教师内在需求的一种满足，教师个人生命的成长必然包含着并主要体现其专业成长的历程。一个已经能够适应教育教学要求的教师，自然渴望被承认、被赞赏，并试图树立起自身的专业威望和生命尊严，体验人生的意义；教师专业的自主发展也使教师生命价值得以提升，教育由于融入了教师的生命而不再仅仅是一种职业、一种谋生的手段，而成为一项崇高的事业，教师在对自我生命成长的不断体察与反思的过程中，生命得到一种满足和升华。因此，专业化发展的实质应该是教师作为一个人的发展，唯有教师发展了，教师的专业身份才名副其实，教师职业才会赢得尊重，其社会地位才会得以提高，教师才可以体面地生活，才能够享受到职业本身的幸福。

二、教师专业发展的内容

华东师大终身教授、教育部中学校长培训中心主任陈玉琨先生认为，教师专业发展有三个层面，即不断提升专业精神，加强专业修养，提高专业知识和专业技能。教师专业发展是一个持续不断的过程，既是一种手段，又是一种目的。

新课改要求把教师的职业看成专业，教师的专业化就是要求教师应成为更能胜任教育教学工作、具有普通人所不具备的那种专业素质的过程。教师应具备专业知识、专业技能和专业态度等诸方面的素质，才符合从教的整体要求。教师的专业知识包括普通的文化知识、学科的专业知识和教育教学研究学科知识三方面，教师的专业技能是指教师在开展教育教学过程中，运用一定的专业知识和教学经验顺利完成某种教学任务的活动方式，教师的专业态度也可称为专业道德、专业精神或专业情意。

（一）教师适应新课改人性化的教育发展趋势，应拥有丰富的专业道德

道德是人人应该具有的，但教师尤其要具有高尚的职业道德，因为他面对的是活生生的人，面对的是生龙活虎的孩子。他们全面和专业发展的核心应该是"立人"，目的应该是"使教师成为具有高素质的现代教师"。教师的本质是"教书育人"，而教书就是"教学生学"，这就意味着教师这个职业，其出发点与归宿都应该是"学生的健康、健全成长"。因此，教师的职业道德，最基本的就是"把学生放在自己心中"，教师职业的价值与乐趣也就体现在"教师也生活在学生的心中"。

一方面，教师应具有厚重的德行、丰富的人性。德行，是教师从事教育教学工作的基础。作为教师的人和作为人的教师，德行的本质是丰富的人性。假如离开了人性而单独强调德行，人就成了仅有躯壳没有人味、没有血肉、没有感情的道德标本。新课改强调以学生为本，这就带着对人性的尊重、对学生的关爱。教师应首先教学生做人，怎样做一个道德高尚的人，那他本身必须是一个有崇高道德的人。著名学者、北京大学教授钱理群认为："现代教师"首先是要有思想自由，独立人格，具有批判与创造精神的人，"不跪着教书"成为他们最基本的信条。教师应拥有丰富的情感和人性的色彩，使课堂充满激情和诗意，从而发挥以崇高的品德塑造人的榜样示范作用。

另一方面，教师应具备亲近社会、施利他人的素质。这种亲近社会的素质就是用向善的心态看待社会，教育学生如何适应社会、建设社会、亲近社会、有利社会，而不是教学生如何否定社会、抱怨社会。随着社会的发展，人的价值观从单一性走向多元化，这必然会带来多元的价值观冲突。在价值冲突中，教师必须以正确的价值取向和社会核心价值观引导学生，宣传社会的积极主流思想，尽量减少对学生思想的负面影响。现代教师在处于人生起点的青年学生的心目中，应该是真、善、美的化身，应该是一个"可爱的人"。这可以说是对教师的最高评价，是教师价值的最高体现。

此外，为适应时代的发展，教师还应把自己放在一个动态的发展过程中考察，从多方面、多层次提升自己的理念和素质，以发挥自己的潜质。而这也正是教师专业化发展的意义所在。

（二）为适应新课程标准的要求，教师应不断更新自己的专业知识

教师的专业知识除了普通文化知识、学科专门知识和教育学科知识外，还包括更高层次的主体知识和本学科的前沿知识。在知识更新的步伐加快、互联网应用越来越广泛的今天，在新课程改革的现在，教材、学生、教学过程都布满变数，这必然要求教师应有与时俱进的思想，及时更新自己的教学观念和教学方法，努力汲取各个方面的文化知识，以提升自己的文化底蕴和知识涵养，不断更新自己的专业知识结构，以适应新课程改革的需要。教师的专业知识越精深，讲课时就越能高屋建瓴，越能深入浅出地传播知识，引导学生学会求知、学会合作、学会做人。

作为现代教师，必须摒弃传统的师道尊严的思维，放下"传道授业解感"的架子，不再把自己当作"春蚕""蜡烛"。日新月异的现代经济社会，学生获取知识的途径是多方面的，教师不再是"一桶水"，而应是一条汩汩流淌的小溪。因此，教师只有不断地获取知识，丰富自己，才能游刃有余地引领学生获取知识。

（三）为适应新课改专业化要求，教师应不断提升自己的专业技能

新课改形势下对教师的教学技能有了更高的要求，具体为：一是开发课程资源意识的能力，包括课程资源的选择、课程参与、重构、研究、创新、开发、评价、积累的意识，等等。二是应用现代信息技术的能力，包括运用信息工具获取信息、处理信息、创造并使用信息，发挥信息效益、加强信息协作、增强信息免疫能力，等等。三是改变教学方法的能力，教学过程应稳中有变，以激发学生的学习爱好、促进学生发展为前提，能指导学生进行社会实践与探究学习，并能驾驭课堂，应对教学突发事件的能力。新课程背景下课堂教学的结果不仅是预设的，更多应是生成的，教师的应对能力就显得尤为重要。四是具有教学机智，富有幽默感，能熟练发挥语言功能的能力，具有极高的语言素养，善于反思、总结，并能进行教学科研的能力。

三、教师专业发展的方法

（一）教师应具备可持续发展的意识和能力

现代社会的发展，新课程的改革表明，是否具备可持续发展的意识和能力，是衡量当今教师是否优秀的关键因素之一。新课改所倡导的科学的发展观即全面的、可持续发展的教学观，不仅要求教师要具有自身专业发展的需求，更应具备专业化发展的探索欲望和可持续发展的精神。

（二）教师专业发展的重要方式是研究性学习

21世纪是终身学习的社会，教师应把学习作为一种生活方式，要有强烈的学习愿望。学习不仅能提升聪明才智，更能增强教师的文化底蕴。学习的过程就是吸收、成长的过程。教师的专业发展离不开教师的主体精神，离不开教师的专业素质，更离不开教师的教研意识，而研究性学习正是一种促使教师积极参与，有助于教师专业化发展的重要学习方式。研究性学习能使教师带着自己原有的知识结构、知识水平和教育教学经验走进教学与研讨活动之中，可极大地调动教师学习的积极主动性，以实现教师潜能的开发，逐步提高教师的专业素质，实现教师的专业成长。读书是研究性学习的有效手段，读书会使我们积气、积势、积厚重。读书是人生命高质量的延续。读书的修身养性，读书的职业素养提升，读书之深邃、读书之豁达、读书之明理、读书之独守、读书之完人，完全在于我们教师的品质。读书是生活的一部分，而生活又是一本大书。在读书中我们可以发现生活的魅力、生活的道理和生活的快乐，从而更能理解和把握教育。有阅读习惯的人其道德基准不会有大偏差，精神世界不会萎缩。一个民族的精神境界取决于公民整体阅读水平，教师的阅读习惯和水平对公民的整体阅读水平会产生深远影响。教育是最富有生命活力的事业，缺乏读书的教育是没有前途的教育，教师要大量阅读思想家、教育家的著作，学校要在教师中形成浓烈的读书之风气。教师的读书不是"走马观花"，而是要走进思想家、教育家的精神世界、心灵世界，要读思结合、读用结合、读悟结合、读写结合。不读书会影响到教师教育教学理论的提高，影响到知识水平和精神境界的提升，影响到对学生学习的关注及与学生的沟通。只有学习，才能增强自身的文化底蕴，才能学会抢抓教学的有效资源，从而确立符合新课改要求的教育教学的资源观。

（三）教师专业发展的有效方法是不断进行教学反思

教学反思是教师对教学过程中出现的教学事件和现象的再思考，是教师的教学理论和教学实践的对话，而不断地教学反思则会促进教师教学能力及水平的发展。一个好的教师在课后对教学手段记忆犹新时，要静思回顾，及时准确地记下课后的心得体会，进一步完善、修正原来的教案，以便改进以后的教学工作。我国著名心理学家林崇德提出"优秀教师＝教学过程＋反思"的成长公式，全国特级教师袁蓉从自己的教学实践和成功经验中总结出：教学成功＝教学过程＋反思。一些专家提出，21世纪教师最重要的能力之一就是自我反思能力。教学反思有利于促成教师从"一般型"向"骨干型"转变，进而由"教书型"成长为"专家型"，由"学科型"成长为"学者型"。教学反思包括课前对教学设计的反思，课中对教学过程的反思，课后对教学效果的反思，这与那种传统的教学回顾与总结截然不同。反思主要反思教学设计及教学过程，总结得失，具有批判性。教学反思不仅可促进教师教学水平的提高，更可促进教师理性的升华，以适应新课改的实施。

四、教师专业自主发展的有效途径

校本研修是一种弥漫于整个组织的学习氛围，其出发点是基于学校、为了学校、发展学校。校本研修也是一种文化建设，它的价值不是直接给教师多少结果，而是引发教师多思考，最终促进教师自我学习、自我反思，从而让教师学会研究。校本研修的目的是让教师成为研究者，从而不断激发自主发展需要；让教师成为思想者，从而不断提升专业发展的思维能力；让教师成为有思想的行动者，从而不断提升生命的质量。校本研修是立足学校的问题、困惑，教师进行的自主研究、自主学习、修业、修炼的持续发展过程，包括制定规划、集体备课、课例开发、课题研究、论文撰写、成果分享等。

（一）制定专业发展规划

专业发展规划是教师发现自身价值、寻找奋斗目标的思想，也是教师谋求学校支持、寻求发展策略的方法，更是教师统一思想、形成共同价值追求的过程。教师专业成长规划编制从以下方面进行：

1. 认识自我发展阶段

教师的成长是一个持续的、长期的积累过程，任何教师的成长与发展，都经历一个量变到质变的过程，存在着成长的阶段性。根据教师成长与发展阶段理论，全方位分析自身状况，正确判断自身目前所处的发展状态，有利于确立今后教师专业发展方向和目标。

2. 认识承担的角色和自我特征

教师谋划自身专业发展，应该剖析自身特征，给自己正确定位，以更高的目标来调整自己。准确的角色定位要求教师：首先，要明确教师教书育人应承担的基本角色。优秀的教师在教书育人中，应该是知识的传授者、家长的代言人、心理保健者、纪律的管理者、学生的朋友、学生的榜样等多重角色的复合体。其次，积极促进自身角色的发展。由于教育改革的发展和社会进步，教师角色的内容和要求也必须发生变化，教师要根据时代的变化对自身角色进行不断的适应与调整。最后，正确对待角色冲突。面对角色冲突时，应立足于工作需要和个人能力特征、抱负水平等自我特征，做出正确的选择。

3. 社会环境分析

分析和了解社会环境因素，有利于个人制定正确的职业生涯规划，使自己在不断变化的社会环境中取得专业发展。

4. 现状分析

在充分认识自己所处的社会环境后，就要对自身现状进行分析和研究。其目的在于最大限度地利用和发挥自己的优势，克服劣势和不足，消除或避免威胁，创造和利用机遇，谋求新的发展。

现状分析常用的方法是SWOT分析法，就是对自己的优势（Strength）、劣势（Weakness）、机会（Opportunity）、威胁（Threat）进行分析。优势是指自己出色的方面，尤其是与他人相比具有优势的方面，如丰富的经验、宽阔的知识视野等。劣势是阻碍自己发挥的不足之处，与他人相比处于落后的方面，如专业思想淡漠、课堂组织水平低等。机会是有利于专业发展的因素和时机，如课程改革的影响、进修、调动等。威胁即存在潜在危险的方面，如文凭、工作压力、没有专业提升的时间和机会等。教师进行现状分析时，首先要注意对优势和劣势的分析应更多侧重于教师自身的发展水平、教学实力和存在的问题，而对威胁和机会的分析，则需要更多着眼于外部竞争环境和发展趋势。其次，教师要尽可能对面临的各种机会进行评估，确定专业发展目标，把握最佳发展机会。

5. 目标的确立

有效的专业发展规划需要切实可行的目标，以便排除不必要的犹豫和干扰，全心致力于目标的实现。有了目标，便有了人生奋斗的方向。教师专业发展目标分为人生目标、长期目标、中期目标、短期目标。

6. 寻找专业发展路线

发展路线是指教师应该从什么方向发展自己，即为自己寻找发展的突破口。它是专业发展与规划的重要环节，路线不同，专业发展的要求也就不同。这实际上就是实现目标的策略和方法，是规划的重点，应该明确、具体，便于操作。

7. 谋求学校的支持

这是规划的支持系统，包括时间的配置、经费的保障、合作的人员以及其他的硬件支持等。

（二）课堂打磨

课堂是教师教学的主阵地，也是教师进行教学研究、促进专业发展的主战场。教师要自觉地树立以课堂为中心改进教学方式的校本教研观。聚焦课堂，通过教研改变教与学的方式是校本教研的重要使命。教师要在课堂上打磨自己，注重教学备课、上课、辅导、批阅作业、质量检测五个环节，练好教师备课、说课、上课、听课、评课五课功。备课是课堂教学行为的起点，也是教师研修的重要环节。在推行新课程改革中，集体备课是校本教研的有效平台，对于提高教师教学水平具有举足轻重的作用。教师备课的效果直接影响课堂教学的质量，坚持组织教师认真研究教学活动设计，且教学后及时反思，能很好地提高教师的专业水平，增长教师的教学智慧。集体备课应确定主题，指定中心发言人，认真准备，有的放矢。集体备课切忌形式主义，切忌以组织教师编写教案为唯一目的。推行初期，可以采用公共电子教案的形式，即备课组根据教学内容每次确定主备人，主备人备好课后，集体进行讨论，研讨教学环节，修改后形成公共电子文稿。教师在使用过程中，可以根据学生实际和自己的教学风格、教学个性，进行修改、调整。这种备课模式可以概括为"提前备课、轮流主备、集体研讨、优化整合、师生共用"。可以整体提高备课组的教学和研究水平，优化课堂教学，有利于教学成绩的整体提高。但也容易助长教师的懒惰行为，使教学出现机械的模式化。上海闸北八中著名校长刘京海说："我们宁愿要高标准的统一教案，也不要低水平的教师个性。"在公共电子教案的基础上，教师通过集体备课，进一步开发讲学稿。讲学稿顾名思义就是教案和学案的结合，既有教师要讲的内容，又有学生学习的内容，包括课堂练习、当堂检测、课后作业等。集体备课理想的成果应是开发学案。这是新课程的基本要求，也是新课程教学行动的核心，即关注学生的学。教育专家朱小曼说："新课程改革的重要理念之一是旨在改变传统的课程功能观，期望在知识的传递中，帮助学生学到学习的方法，培养起对知识的热爱，并形成应有的价值观和态度。"著名教育家苏霍姆林斯基曾对学校的物理老师说："你们一定要懂得，你不是教物理，你是教人学物理。"新课程注重学生自主探究意识的培养，学案就比讲学案更进一层，内容上更侧重学生学习的知识、方法、策略，更具可操作性。学案编制好后，可以代替学习资料，教师可以用学案引导学生预习、学习、做作业、复习、检测。学案成为教师集体研修的成果，教师做这些工作需要更为宽松的环境和充裕的时间。

集体备课要真正成为一种有效的校本教研制度，应尽量调动教师的积极性，发散所有教师的思维，集中各个教师的智慧，深入研究教材、研究教学方法，尤其应研究一些实质性问题，即学生如何学、如何发展的问题。集体备课绝不是让大家找出一个不变的共同教学模式，而是通过集体备课这种独特的方式，相互启迪、相互借鉴，加深教师对教材的理解，扩展教法选择的多样性，促进教师的共同成长。

集体备课组织形式上应丰富多样，强调教研的生活化，使教师始终保持一种新鲜的感觉。诸如说课、试讲、评价、上课、讨论等。在集体备课中说课是一种经济型的教研形式，每个人都有机会展示独特的教学设计，使教师智慧的火花越碰撞越闪亮，同时在活动过程中也比较轻松，不会给教师带来不必要的精神负担和工作压力。在这个过程中，教师自身的感悟和反思非常重要，要不断地研究教材、研究学生，综合运用多种教学方法，提升自己的专业素养。教师要自觉地、积极地参加公开课、观摩课、研修课的评选活动，在活动中成长，在打磨中发展。同时要注重同伴和学生的建议，与同事和学生开展有益的合作与探究。

（三）课例开发

课例是关于一堂课的教与学的案例。课例研究是指围绕一堂课的教学在课前、课中、课后所进行的种种活动，包括研究人员、上课人员与他的同伴、学生之间的沟通、交流、对话、讨论。课例研究是个体经验的反思、思维策略的改进和群体文化的形成，也是对本土经验的总结和课改理论的发展。这种以课例为载体的校本研修，从问题和教师的需求出发，以一个个实际的教学为例，围绕教师所关心的问题展开研讨，集思广益，在相互追问中找到解决问题的答案。教师的听评课可以采用"同课异构"及"同课两讲"的办法，即备课组就一节课安排两个老师讲，把上课过程录下来，大家进行评课，找出一堂课的全部优点，在自己的课堂上使用。还可以利用名师的上课视频，展开讨论、研究。教师要经常进行课例的记录、编写，从而形成课型模式，在此基础上建立课程资源库，来指导其他教师的教学。课例开发关注教师的亲身体验，唤醒了教师的主体意识，是提升教师专业水平的有效方法。

（四）小课题研究

小课题研究是指作为教育活动"当事人""实践者"的教师，自觉针对自身教育教学实践中的某些问题、话题，进行持久关注，不断反思追问，积极进行改进实践的研究性教育行为。通俗地说，以教师在自己的教育、教学实践中遇到的问题为课题，运用教育科研方法，由教师个人或不多的几个人合作，在不长的时间内共同研究，取得结果，其研究结果直接被应用于参与研究教师的教育、教学实践工作中，并取得实效的教育科学研究。它具有开口小、周期短、易实施、见效快的特点。这类课题无须审批立项，是教师自发进行、自我负责的"常态化"研究行为。它提倡一种"教学即研究、问题即课题、教师即研究者、成果即成长"的理念。从本质来说是一种个人研究行为，由教师个人承担，研究主体同时是责任主体，也是利益主体。这种研究要求选题要小，要有针对性和实践指导性，如"课堂提问的艺术""如何导入新课""板书的基本要求"等。

（五）论文撰写

这是对自己思考问题的一种梳理、一种总结，也是形成自己思想的一个过程。论文形成以后，可以请学科专家指点，成熟后尽量发表，并及时与同伴进行分享，甚至在全校推广应用。

总之，教师专业发展是一个系统工程，只要心理上认同自己是教师，并且把教师这个职业当作一项终生的事业来做，那么，专业发展就是提升自己专业品位、提高自己社会地位、获得精神幸福的最有效的途径和方法。不要抱怨没有人看得起教师，教师首先要看得起自己。我们在教育教学、专业发展方面做出了成绩，别人就会对我们有新的看法、新的评价，先改变自己再去改变别人，所有事情可能会变得异常容易。在威斯敏斯特教堂地下室里，英国圣公会主教的墓碑上写着这样一段话：

当我年轻自由的时候，我的想象力没有任何局限，我梦想改变这个世界，当我渐渐成熟明智的时候，我发现这个世界是不可能改变的，于是我将眼光放得短浅了一些，那就改变我的国家吧！但我的国家似乎也是无法改变的，当我到了迟暮之年，抱着最后一丝努力的希望，我决定只改变我的家庭，我亲近的人——但是，唉！他们根本不接受改变。

现在在我临终之际，我才突然意识到：如果起初我只改变自己，接着我就可以依次改变我的家人；然后，在他们的激发和鼓励下，我也许就能改变我的国家，再接下来，谁又知道呢，也许我连整个世界都可以改变。

做一名好校长其实很难

一所学校犹如一个小社会，麻雀虽小，五脏俱全。学校的校长虽非行政官员，但也是这个小社会的行政首脑、精神领袖。做好这个首脑、领袖绝非易事，也需要调和万物，协理阴阳，让锣锣鼓鼓都响着。

校长得有独立、自由的学术思想和办学思想。一个整天出入花天酒地的登徒子当不了校长。同样，一个头脑僵化、言行过于谨慎的宵小之辈也当不了校长。校长必须是读书人、文化人，并且是一个善于思考、善于变通而有见地的人。

校长应具有高度的责任意识和忧患意识。教书育人乃百年大计，树栽死了可以换，粮食歉收了可以补，虽然这些事情要有责任意识，但没有哪一件比教育更需要责任感。学生在校受教三年，时间可谓短矣，但影响可谓大矣。往远、往大说，影响到几代人，影响到国家和民族；往近、往小说，影响到人的一生，影响到一个家庭。教育只有更好，没有最好，学校办得好，我们要谨慎，让它再好，让每一个孩子都能享受最优质的教育；学校办得不好应该反省，马上进行纠正，不能误人子弟。所以校长应常有忧患意识。

校长要大度，有胆略气魄。周恩来有对联云：与有肝胆人共事，从无字句处读书。一个人是否有度量，与个人的修养高低密切相关，神话里的佛度量最大，那是因为他一步步修炼到了那个境地，《西游记》里的孙悟空经历了九九八十一难之后终成正果，就被封了佛。一个鼠肚鸡肠、嫉妒成性的人是因为他修养不到家。所以校长要有大度量，必须先读书改掉自己浮躁的心性。校长世俗心太重，不会有良好的修养，官心、财心、色心、酒心四心居其一，肯定会心浮气躁。一个人是否具有开拓精神和创新意识，决定于这个人是否有胆有识。历史上筚路蓝缕的开拓者，要么有惊人的言论，如哥白尼、布鲁诺、伽利略；要么有惊天的行动，如宗教的创始人、党派的发起者等。

校长要能谋善断。小事情、日常事务有人专责，所谓"术业有专攻"，校长不必事必躬亲，掌好舵、引好路、谋好事、断好案即可。所谓"掌好舵",学校好比一艘大船,有风平浪静的时候,也有狂风骤雨的时候,舵手的能力不在前者而在后者,要临危不乱、处变不惊,像苏轼所说的"猝然临之而不惊,无故加之而不怒",苏洵所说"泰山崩于前而不变乎色"。这需要大智慧、大勇气。所谓"引好路",是指办学方向要正确,遵守教育规律,至于策略、方法、技巧等,要攻心为上,上善伐谋,其次伐兵。办学不是盲目蛮干,不是拼体力、拼时间,不是一窝蜂、墙头草,教育是一项具有智慧的事业,需要靠有智慧的心灵来传递智慧。所谓"谋好事",学校犹如家庭,开门七件事,先从紧处来。教学是中心工作,要以此为核心,纲举目张,把其他工作串起来。不要今天这个说德育第一,于是抓德育;明天那个说体育是首要,于是抓体育;后天又有人说安全是关键,于是抓安全。所有事情都很重要,但总有一个"纲",这个纲提起来,其他问题也就举起来了。所谓"断好案",学校是个小社会,各样人都有,所以矛盾一定存在。有矛盾不见得是坏事情,解决矛盾能推动事业向前发展,所以不要害怕矛盾。最可怕的不是有矛盾,而是一潭死水不起微澜,沉寂得让人可怕。矛盾有主要和次要之分,时间是解决一切小矛盾的苦口良药,大矛盾解决了,小矛盾也会迎刃而解,所以大可不必"小大之狱,必以察",不要奢望单位从此政通人和、百废俱兴。

校长处理事情要硬气,处理人要人性化。工作必须严谨认真,不能打折扣,不能停车站店,对事不对人,王子犯法与庶民同罪。但涉及职工,要讲人情,宽以待人,与人为善,给人以退路、活路,不能得理不让人、墙倒众人推,甚至痛打落水狗。

校长要清廉自守,不能贪赃枉法。君子爱财取之以道,"苟非吾之所有,虽一毫而未取"。如果有了贪财之心,所做一切皆"心有戚戚焉",则投鼠忌器、瞻前顾后,什么也做不成,甚至会自毁长城而身败名裂。

由此看来,做一名好校长确实很难。

怎样做一名优秀的班主任

　　最近，教育部给班主任一个很崇高的称号：学生成长的人生导师。人的一生发展奠基的那些年，父母应是第一导师，他们的言传身教，家族的门风族规，直接影响孩子一生的价值取向。再下来，老师就是孩子的第二导师，学生是否诚实守信、是否有良好的纪律观念、是否养成学习和生活的好习惯，等等，全是在学校老师的春风化雨和潜移默化中形成，其中对孩子影响最大的当首推班主任。从这个意义上来说，班主任的责任可谓大矣。学生入学，班主任是谁，自己无法选择，所以进某个老师的班当某个老师的学生，实在是个冒险的事情，弄不好三年或者六年下来，人一生的基础就毁了。所以说，班主任是学生人生导师一点不假。因此，老师们应当争做一名优秀班主任。

　　一要有爱心。爱是教育的前提和基石，班主任要像爱自己的孩子一样去爱自己的学生。学生无法选择班主任，班主任也无法选择学生，既然进了自己的门就应是自己的人，优秀也罢、顽皮也罢，都得接纳、悦纳，不偏袒、不歧视，平等对待、一视同仁。只有这样，班主任才会把学生犯的错误当成前进路上的磕碰、跌跤，当成孩子在逐渐成长过程中的淘气、调皮，才会采取积极有效的方法去劝导、引导他，让他一天天往好的路上走，一天一天有进步。有了这个前提，教师采取的方法对了，教育才会有针对性、有效果。

　　二要不断地鼓励学生，让学生树立起自信心。要成就一个人，就去树立他的自信心；要摧毁一个人，就去毁灭他的自信心。人都有向善的渴望，譬如登山，譬如涉河，谁不想上到最高层、渡到彼岸。为什么中途停下来，甚至走弯路、走回头路，那是因为目标太大、太远，难以实现，于是自信心丧失，自暴自弃，自甘堕落。小成功孕育大成功，小失败酿成大失败，对教育学生来说，失败不是成功之母，成功才是成功之母。班主任只有不断地暗示、鼓励，善于捕捉学生的闪光点，适时地表扬、赞赏，甚至委以重任，才可能让一个问题学生重拾自信心，从小成功走向大成功。

　　三要把学生当成多元的而非一元的，不要简单地按学业成绩的高低和习惯的好坏来断定学生的品性。人是会变化的，今天你看他成绩差，明天他的成绩可能会提高；今天你看他这一样不行，明天他可能会很突出；在这样的环境里他的习惯差，到另一个环境他的习惯可能会很好。人都有多重性，关键在于能否找到适合学生发展的东西。美国学者霍华德·加德纳提出"多元智能理论"，他认为人有八种智能，即语言智能，如作家、诗人、演说家；数理逻辑智能，如数学家、物理学家、天文学家、逻辑学家；音乐智能，如作曲家、指挥家、演奏家、歌唱家；空间智能，如画家、摄影师、雕塑家、建筑师；身体运动智能，如舞蹈演员、运动员、外科医生、手工艺匠；人际交往智能，如政治家、外交家、教育家、心理咨询师；自我认识智能，如哲学家、心理学家、神父；自然智能，如动物学家、植物学家、地质学家、园艺师。所以，如果我们以一元的标准去教育批评学生，可能就会扼杀他们的兴趣和天赋。

四是教育要讲策略、讲方法。爱须无痕，教必有方。板着面孔训人是一种方法，但不是唯一的方法。凯洛夫讲，没有惩戒就没有教育；陶行知又讲，生活即教育；刘京海校长讲，没有成功就没有教育。他们都是从不同角度看待这个问题，讲得都很正确，但不能只用一种。学生个性差异很大，众口难调，不同的学生得用不同的方法。有些学生得关起门来谈心，所谓"规过于私室"；有些学生得在人多广众之时公开表扬，所谓"扬善于公堂"；有些学生得和家长双方配合，有些学生可能还得有点惩戒，以儆效尤。总之，人心不同，个性多样，采取的方法必然不同，这就要求我们了解每一个学生的特点、家庭教育背景、心理因素等，才能因材施教、对症下药。头痛医头、脚痛医脚不行，但头痛医脚、脚痛医头肯定更不行。办法总比困难多，只要想当好一名班主任，方法会逐渐多起来，肯定能收到良好的教育效果。

当班主任很累、很辛苦，当优秀的班主任更累、更辛苦，但只要有爱心、会思考、讲策略，不搞形式主义，不搞一刀切，不要时时处处把工作给人看，做到无痕迹、无人知的地步，则会苦中有乐、有滋有味。尤其是若干年后，学生会记着你、看望你，当中也有曾经的差生、问题生，现在他们都很有出息，旁人无法体味教师的欣慰和喜悦。

努力创建高效优质的活力课堂

课堂是教学工作的主要渠道,高效且有活力的课堂则是提升教育教学质量的关键因素。为此,应当从以下几方面入手。

一、继续完善集体备课制度

教师集体备课要成为学校教学的一个特色和亮点,只能加强不能削弱。集体备课是整合课程资源,集中个人智慧,形成优势互补,避免单打独斗的有效形式。为了切实加强管理和督查,学校主要科室主任要包教研组,一抓到底。集体备课要求中心主备人必须提前一周拿出备课稿,印好交付备课组其他成员,其他成员拿到备课稿后,认真钻研教材、教法、学法和学情,在备课稿的空白处添加备课内容。备课组会议上,中心主备人发言,其他成员讨论、补充,形成备课组的教学案,由备课组长签字后进行施教。备课稿必须做到:一是经过备课组商定签字后的备课稿应叫"教·学案",要体现老师讲授和学生学习两个方面,而且后一个方面的比重还要逐渐加大,向学案的方向迈进。二是原有的教学目标、教学重难点、教学课时、教学设想、步骤等名称统一改成学习目标、学习重难点、学习课时、学习设想及步骤。这不是一个字的变化,而是一种观念上的变化,必须在学生的学习上下功夫、做文章,必须体现在课堂教学的新理念上,即"学比教更重要"。三是在备课内容上,要侧重学生学习、讨论、演练、检测的内容,而不是教师要讲的内容。四是"教·学案"中要同时体现学生预习的内容、当堂练习的内容和课后作业内容,可以设置预习卡、练习卡、作业卡,提前交给课代表。五是"教·学案"的后面要留有一定量的空白让教者写课后反思。课后反思要实实在在,具体而细微,真正体现课后的感受、体会、成功、失误等。

与此同时,也要防止下列问题:一是主备人提前拿不出备课稿,在备课组会上才下发,其他成员来不及看,讨论流于形式。二是备课稿成为形式,为了应付检查,其他成员仍沿用老一套,抄写教案,做无用功。三是中心备课稿质量不高,无法在实际操作中使用,教师一方面用备课稿做样子,一方面在自己备课。四是备课组会议开得不扎实、不细致，教师未能就备课稿展开讨论，无法形成可以操作的"教·学案"。

二、课堂教学要实行流程管理

（一）实行开放型课堂

教师授课时教室的前后门应全部打开，从形式上实行开放型课堂。学校领导和听课者可以随意出入课堂听课，也便于教学管理督查。培养学生的抗干扰能力，从根本上杜绝学生上课睡觉、吃东西、接听手机等陋习，让老师真正从讲台上走下来，接近学生，引导学生自主探究、合作学习。

（二）实行学习目标管理

老师上新课时首先将本节课的学习目标分条书写在黑板上，让教师和学生都明白这节课要干什么、任务是什么，达成一节课的目标，完成任务，这就是高效课堂，反之则是低效或无效课堂。但要注意学习目标而非教学目标，不是老师刚好在下课铃响后双手一拍粉笔灰，告诉学生本节课内容全部讲完、做什么作业等。高效课堂的关键在于掌握学生当堂学习的成效，能在课堂上解决的问题绝不拖到课后，让学生达到学会、会学的目的。

（三）实行学习时间管理

课堂教学时间模式要有一定的规定，初步考虑为教师讲授时间不得超过30分钟，一些文科课程尽量控制在20分钟以内，学生发言、讨论、回答问题、展示、演练等，要多于15分钟或20分钟，小结、反馈、检测要多于5分钟，即"30＋15"或"20＋20＋5"的时间模式，但这不是时段模式，而是一堂课穿插进行的模式。老师讲什么、讲新的理论、讲新的方法，讲争鸣、讲拓展、讲延伸，启迪学生思考，举一反三。老师没有必要讲学生能学、会学、能学懂、能学会的内容，硬讲就是浪费时间、降低效率、减少效益。优秀教师是精讲精练，一般教师是多讲多练，平庸教师是乱讲乱练，混蛋教师是不讲不练。

（四）实行集体探究学习

要充分发挥班级学习小组集体学习探究的作用。老师面向全体，触角有限。分组学习，化整为零，师教兵、兵教兵、兵练兵，共同帮助、共同学习、共同提高，而且学生在教学生的同时，自己也有了很大的提高。一些问题，组内讨论解决不了，还可寻求外组解决，组与组之间比学赶帮、力争上游，课堂上人人都动起来、人人都有事干，有收获、有进步，课堂也就不会出现老师满堂灌、学生满堂睡的情况。

(五) 充分利用教室的黑板

黑板的作用在于辅助教学并非办黑板报。预习作业、当堂练习、课后作业都可以写在上面，但要把握一点，即课代表应在每天下午自习时集中书写作业，不要在课刚上完时写，否则老师上课时就没法用黑板。此外，老师补充讲的内容、学生有疑问的内容和难点内容写在上面，这样老师上课讲解、学生演练、当堂检测都可以发挥作用。

(六) 充分发挥电子白板的作用

教务和电教部门要安排专业人员对老师进行培训，老师要活学活用，做到教辅工具为教学服务，不能被其所左右，不能出现"停了电就没法上课"的情况。要利用其容量大、反馈快、直观性强等特点，起到给学生扩充知识、增加难点、拓展延伸的作用，而非演示讲稿、板书、教学程序等作用。

(七) 规范课堂教学流程

课堂教学的流程应依次为预习反馈、导入新课、讲授新知、演练展示、答疑问难、训练落实、拓展延伸、总结反思、当堂检测、作业布置。但并不是每堂课都遵循的模式，要因课型而定。这种教学管理模式一旦获得认可后，则要做好课堂教学督察和指导工作，定了的事情必须抓好落实，不能打折扣。个别老师跟不上或不能执行，先停下来学习，观念转变了，方式方法先进了，再上讲台。必要时可以用录像机把一些课录下来，共同会商，学习借鉴高效优质课，摒弃低效劣质课。

三、要进一步完善和落实听评课制度

课堂是开放的，人人、节节都可以听课，同一学科、不同学科也都可以听课。老师可以在这个教室听一会儿，也可以出去再进其他教室，真正让听课变成一种相互学习督促和批评借鉴的形式，必要时可以邀请学生家长听评课。文理两科的听评课小组要在以下几方面加以完善：一是增加班主任作为听评课成员。班主任是班级学习管理的核心力量，应充分了解各学科教师的课堂教学情况，了解学生课堂反应情况，及时调整管理思路和策略，召集学科教师共同探讨班级教学管理方法、措施和手段。在教学管理方面，要探讨班主任承包制，如会考、高考，让班主任管理，考核和奖励直接对应班主任，让班主任对科任教师再制定详细规定。此外，晚自习辅导也应让班主任承包，根据学生需要安排科任教师进班辅导。班主任有了教学管理的主动权，自然就能在教学管理上想办法、出举措。二是评课内容应侧重在学生的学习上，不应在教师课堂上讲了多少、讲得有多好，关键要看是否发动了学生，学生学会了多少，课堂有没有活力和教学效果好不好。三是评课不是评老师而是评学生，要充分听取学生的意见。在组织听课时，备课组长可以临时拟几个问题，利用课间、下午自习或其他时间在班内抽几个学生作答，以便了解学生掌握程度。当然，也可以让学生对这堂课做一个整体评价，学生有疑惑、不满意，这样的课堂就是低效课堂。四是评价的分数要和老师的业务考核评价挂钩。老师业务考核应侧重在教学案增加了多少内容，课后反思写得怎么样；学生作业批阅情况，错题是否得到及时纠正并建立错题集；课堂听评课分数、学生考试成绩和学生评价意见；自我评价、备课组长评价和其他临时性考核。

四、要进一步深化完善课后辅导制度

语文、英语的早读辅导只能加强，不能削弱，要真正让学生读起来，背诵一定数量的课文。英语学生不会读，教师要领读，要指定组长领读，先易后难，逐步强化，不能一天天往下拖，越拖学生越不会读。目前学生朗读的兴致还不是很高，班主任要跟上，语文、英语老师包括"结对子"老师也要跟上去，全程跟进，当一节课来上，而不是满教室、满楼道转。班主任必须掌控下午自习课，指导学生复习当天所学内容并参加学科辅导门诊。同时要帮助学生邀请学科老师进班集中点拨、讲解。学科辅导门诊也要探究新的管理办法，和竞赛辅导、尖子生辅导结合起来，学生要提交类似挂号单之类的问题单，班主任每次辅导要讲实效，不图热闹。班级大部分学生有问题，可以预约老师到班上集中辅导，还可以请非本班任课教师来辅导。一周固定辅导时间不够用，可以利用自习时间，不怕学生提问题，就怕学生不问问题。晚自习管理要让学生完成当天作业，预习第二天上课内容。自习，顾名思义就是让学生自主学习，目前学生的学习习惯还未形成，老师要逐步培养，最终达到老师在不在一个样、老师不在学生照样学的效果。

五、要研究考试制度

在一学期内，学校要集中组织两次考试，单元、章节考试由备课组统一安排，不论采取什么形式必须做好。当然，可根据实际情况适当减少政治、历史、地理等科目的测验次数。两次考试应由教务部门统一组织，年级组实施，试卷命制分 A、B 卷，体现层次性，让后进生树立信心。A 卷结构为基础 70%、能力 20%、拔高 10%；B 卷结构为基础 90%、能力 10%，无拔高试题。学生在考试前自由选择试卷，班主任灵活掌握，可全科选 B 卷，也

可单科选 B 卷。通过考试，让每个学生都能进步，逐步向 A 卷靠拢。同时，也要把好几个关：一是试题命制关，提前开会，确定命题人，讲清要求，不能使用现成题。二是组织考试关，做好考场编排，试卷装订和流水阅卷工作。三是试卷讲评关，留足两节课的时间，先让学生分析失分原因，再讲解或组织学生讨论，在此基础上认真规范地在试卷上进行纠错，每个错题都须注明错因并认真体会，对于做法不同的优秀解法，要认真整理，最后写出考后反思。四是考试评价关，不断探究科学的评价办法，分班、分学科、分人进行评价，最终达到激励教师和学生的目的。

教学要实实在在地做

在过去半年多的时间里，庆阳六中全体员工筚路蓝缕、艰辛创业，在努力创建优质高效活力课堂的征程上，从无到有、从有到新，已逐渐探究和摸索出一条适合我校学情、校情，适合学生发展、教师成功的课堂教学改革理论。提出了"学比教更重要"的核心教学理念，创建了集体备课和课后反思的教前教后研讨形式，规范了课堂教学时间模式和教学流程，形成了听课评课互教互研的研讨氛围，创立了培优补差、分类指导的学科门诊辅导方式，尝试运用了因材施教、分类检测的AB卷考试评价方式，随后将要实行"分层走班"实验教学形式的积极探索和有益尝试。经过一学期的不懈努力，学校取得了较为瞩目的成绩，受到学生喜欢、家长支持和社会认同，各项工作方兴未艾，呈现出良好的运行态势。

然而，理论是灰色的，实践之树应该常青。我们说得太多，做得还是不够或者很少。当务之急就是如何把倡导的东西变成实实在在的行动，并且一以贯之。我们清醒地看到，一些教研组备课流于形式，缺乏智慧与智慧的碰撞、思想与思想的交流，只是铁路警察各管一段，或者是厨房里的大师傅做了个拼盘，这样的集体备课违背了初衷。一些老师上课漫无目的、天花乱坠、云里雾里，学生不知所云、昏昏欲睡。部分老师只贪图电子白板的便捷快当，过分注重形式的华美和内容的芜杂，黑板上却看不到老师的演和学生的练，一节课下来"两袖清风、一尘不染"，课后并没有给学生留下什么。我们还看到，大部分学生自习课上忙碌抄袭作业的身影，一堂课下来，学生依然对教学内容不懂、不会，课堂教学完全达不到优质高效、充满活力的效果。目前，一些老师正在一节课一节课地制造着差生，满堂讲、满堂灌的风气应休矣。

最近，《中国教育报》刊登了《济南市长清区实验小学"小组自主互助学习"的探索与思考》的文章。长清实验小学虽是一所小学，但他们所提出的教学主张与我们有较为相似的地方，不同的是我们还停留在理论上，他们却做得扎扎实实、有板有眼。各教研组要认真组织学习讨论，深刻反思，进一步明确每一个教研组在课堂教学上的优势、不足和努力方向。我们要让部分学科的老师在课堂上率先大胆地尝试新的教法、新的学法，让一部分老师先走起来，创建具有本学科特色的课堂教学改革的思路和模式；让一部分学生齐步走、快步跑，又好又快地到达学习的理想彼岸；让一部分学生低起点、小台阶，动手动脑积极参与，体验每一步成功的喜悦，量力而行、尽力而为，不同程度地有收获、有进步。有关职能科室和全体老师要认真思考，拿出方案，扑下身子，做出样子，创出一条路子，真正实现课堂教学优质高效的理想目标。

教学改革要又好又快

　　专题探讨课堂教学改革如何推进的问题是专业层面的问题，要用科学的态度、求实的精神、专业的素养来研究、贯彻和落实。近年来，学校已从不同层面对课堂教学提出了较为成熟的思路，现在不再讨论、不再争辩、不再提新名词、不再搞新花样，关键是如何落实的问题。各备课组在学习了《教研视野》刊登的济南市长清实验小学课堂教学好的做法后，已结合本组实际，形成了较为具体的课堂教学改革新举措。提法虽不一样，但核心理念是一致的，就是如何最大限度地调动学生的积极性，极大地发展学生、成就老师。在此，有两个问题需要注意：一是关于课堂教学中学习目标的确立和书写的问题。对于这个问题，大家在思想认识上还有误区。用"学习目标"来导学，不是标新立异，魏书生"六步教学法"的第一步就是确立目标；杜郎口中学的课堂展示"六环节"中第二个环节就是明确目标；洋思中学的"先学后教，当堂训练"中的"堂堂清、日日清、周周清、月月清"，第一步也是给学生以明确的学习目标。这些教育家、校长们无一不是用清晰的教学目标引领学生，在课堂上探究学习而获得巨大成功。新课程改革理念对课堂教学模式的表述中，大多都把确立目标作为第一环节，认为目标既是任务、导向，又是归宿、结点，目标达成了，则一节课才是有效的。可见，用目标来约束教师的教课行为、指引学生的学习行为，是大家的共识。二是关于开放课堂的问题。学校要求打开教室前后门，仅仅是开放课堂的第一步，只是其中一个形式。上课前后门紧闭是一种保守和封闭的表现。领导专家和老师家长推门听课，不是对授课人的不尊重，而是一种专业引领、同伴互助，是一种促进和提高。许多人抱着学习借鉴的目的，这是一种欣赏。即使挑刺，何尝不是一件好事。目前，西峰区庆阳市实验小学、西峰区什社中学和齐家楼初中三个学校的课堂完全开放，参观者可以随时随地到任一教室听课，与学生交谈，帮学生解题，可以从这一教室的后门进去，听一会儿从前门出去，再到另一教室听课。学生老师习以为常，课堂气氛异常活跃，不存在学生睡觉的现象。今后，有机会可以分批组织教师去参观学习，这样才会明白开放课堂是什么、有什么好处。同时，课堂开放程度还应再加大一些，不仅同一学科老师可以听，不同学科的老师也可以自由出入去听课，将来时机成熟，还可以让学生走班听课，享受更优质的课堂教学资源。

　　课堂教学的总原则就是"一、二、三、四"。"一个主体"：突出学生的主体地位；两个目标：轻负、高效；三个优化：优化教学思想、教学方法、集体备课；四个转变：转变课堂教学理念、教学内容呈现方式、教师教的方式、学生学的方式。总的要求是"八坚持"，即每堂课必须备课，分层教学；至少留两类不同层次的作业；教师讲授时间不超过30分钟，把课堂时间还给学生；讲授新课时学生发言不少于8人次，动笔练习不少于8分钟；处理突发事件不超过30秒，1—2名学生做课堂总结；坚持教学反思，发现不足。帮助学生养成学习的"八习惯"，即定计划、预习、适应老师、自己留作业、自己出考试题、精选资料、总结学习经验、大事做不来小事赶快做的习惯。课堂教学总的规范就是多次完善、几易其稿的《课堂教学常规》，规定了集体备课、上课、辅导、考试等教学流程和时间模式，可以作为课堂教学的指导性文本，但还要进一步研究，不断完善。课堂教学具体实施意见就是各备课组的教学措施，还需上上下下反复讨论，形成特色，便于操作。不要求千人一面、千篇一律，而要根据学科特点、教师团队优势、学情等形成切实可行的具有本学科特色的课堂教学模式，最终达到"大家都不同，大家都很好"的目的。课堂教学总体要达到的理想目标是六个字：优质、高效、活力。优质就是有思想、有内容、有智慧、有创新，让学生学有所得、学有所获，学得一定的知识，拥有一定的技能，掌握一点方法，悟出一点窍门；高效就是思维快、方法新、理解好、收益大，就是又好又快地发展，解决内容少、节奏慢、效率差、费时费力的问题；活力就是有激情、有氛围、有交流、有快乐，学生具有求知的兴趣欲望、参与的主动快乐、交谈的冲动表现和发言的迫切心情，学生能动嘴、动手、动身、动脑，能上黑板大胆展示，能与同学激烈辩论，能写能说，能反思能总结。这样的课堂，老师使出了浑身解数，学生积极主动参与，师生配合默契，不时有掌声、喝彩声，就不会出现学生梦会周公而无所事事的情况。

　　"你让我听，我会忘记；你让我看，我记不住；你让我参与，我就会明白"，这是美国一所中学的校训。今天再次重温，仍然发人深省。联想到今年开展的英语角、作文比赛、英语演讲及近期的节目排练活动，只要让学生参与，他们就会有上乘表现，给大家带来惊喜。语文组坚持的课前5分钟演讲，已渐趋成熟，倘若能一直坚持下去，学生的表达能力会大为提升。由此可见，实现课堂教学的总目标并不是很难。但是，目前还有部分老师课堂教学仍然是满堂灌，不见学生的行动、不闻学生的声音，课堂气氛沉闷。我想，主要原因是旧的思想观念在作祟，不相信学生，不敢放手发动学生、依靠学生，坚守固有的师道尊严，坚持传统的我讲你听、填鸭式、灌输式的方法，实际教学效果收效甚微。所以，要加强学习、更新观念，用新课程改革理论指导课堂教学。要不断地创新课堂教学模式，改革教学方式方法，注重学思结合、讲练结合，倡导启发式、探究式、讨论式、参与式教学，鼓励学生大胆质疑、挑战权威，营造独立思考、自由探索的良好环境。要努力培养学生充满自信和发奋好学的尊严，引导学生饶有兴趣地参与教学的活力，造就学生自我负责、自我选择和自我管理的能力，培养学生团结、友爱、协作的集体感，开启学生洞察周围事物的聪颖意识。同时要坚决摒弃满堂灌、满堂转、满堂问、满堂练等极端错误的做法。教师要通过画龙点睛的点拨和提纲挈领的讲解，指导学生卓有成效地预习、深入细致地思考、广泛充分地讨论、精彩缜密地发言、发人深省地提问和举一反三地总结，从而学得知识、学得技能。要充分发挥教学辅助手段的作用，使用好"一白两黑一投影"，即电子白板、两个黑板和投影仪，不能只见"白"不见"黑"，或者只见"黑"不见"白"。同时要使用好网络、图书馆、计算机教室、探究性实验室，让这些设施真正发挥作用。

　　总之，课堂是教学的主战场、主阵地，高效教学是主旋律，创造适合学生的教育，为未来发展积蓄资本是学校的办学理念。因此，课堂教学改革要强力推进，允许失误，但不允许不改革、坐等观望、消极应付，甚至阻挠设障。备课组长要率先垂范、躬身实践，上好一节课，带出一班人。职能部门要组织专业老师强力跟进，加强课堂教学视导、督促督查、帮扶说教，对课堂教学中存在的问题要黄牌警告，实在误人子弟又不思悔改的要学习整改，真正使课堂教学又好又快地达到优质高效活力的目标。

他山之石 可以攻玉
——赴天津市第二南开中学学习考察感受

2010年5月30日至6月1日,我与教务处李克勤主任、教研室李树信主任、保卫科马鹏飞科长受学校委派,同庆阳一中窦兴文校长带领的一中考察团一行13人赴天津市第二南开中学(现改名为天津市第二南开学校)进行了为期3天的考察学习活动。此次活动也是庆阳一中为深入贯彻市教育局2010年确定的"引强入校"战略,学习借鉴发达地区和先进学校的办学经验,高位嫁接先进教育思想和办学理念,吸纳国内基础教育优秀成果,优化教育教学方法和学校发展策略,实现优质教育资源共享,促进形成"造峰填谷"双赢局面,与天津市第二南开中学结为友好学校的签约活动。我校应庆阳一中邀请参加了这次活动,也为我校"引强入校"积累一定的经验,奠定良好的基础。

一、学校简介

天津市第二南开中学的前身是1923年由张伯苓先生创建的南开中学女生部,1978年被命名为天津市首批重点中学,1992年、2001年先后两次被载入《中国名校》,目前是天津市的市级示范中学。学校一直秉承"允公允能,日新月异"的校训,坚持"以学生的发展为本,挖掘学生的一切潜能,培养适应未来社会需求的高规格人才"的育人目标,办出了鲜明的特色。学校现有4000余名学生,86个教学班。教职工316人,其中专任教师252人,研究生层次的教师184人,占专任教师的73%,特级教师2人,高级教师119人。市(区)级以上学科带头人、骨干教师29人。师资力量雄厚,教师队伍年龄结构合理,形成了梯度。第二南开中学在天津市属于第三层次。第一层次是南开中学,第二层次有实验中学、天津一中、耀华中学、新华中学。该校每年中考录取的高一新生都在4000名次之后,但每年高考重点录取率均在70%以上,二本录取率在90%以上,以三流的生源、一流的质量赢得了社会的认可和赞誉。

二、考察学习的发现与收获

短短的三天时间，我们与庆阳一中领导、骨干教师一道观摩新课程示范课60节，与第二南开中学各科教学骨干、学科带头人交流了课堂教学经验，探讨了新课程实施相关问题。听取了学校领导的详细介绍，与校长、副校长交流了学校发展模式、策略，与教务处、教研室、学科组、年级组交流了评价、激励机制及新课程实施等问题。同时还参观了第二南开中学校园及硬件设施，观看了早操、升旗仪式和课间活动等。

(一) 课堂教学特色突出

第二南开中学的课堂教学在新课改实施后，没有盲目地跟风、照搬，而是根据学生现状，确定了"小步走，走得快，走得稳"的指导思想。推行"学案制"，如数学课学案分为知识清单、基础训练、变式训练、拓展延伸。每节课留15分钟时间进行当堂测试，一般为三道试题，让学生讨论，反馈教学效果。用多媒体展示试题设计，作为学案其中的一部分。所有理科科目坚持每周一小考，时间为一个课时，用多媒体展示试题，当堂完成、当堂讲评，有教师讲评，也有学生讲评，效果很好。教学常规落实到位，集体备课落实好，一般在每天中午12：50至13：50进行。实行主备人负责制，分工明确、互相探讨，形成学案，印发给学生。课堂气氛活跃，师生双向交流频繁，教师讲解扎实细致、准确到位，学生回答问题、上台演练次数虽然不多，但能独立思考、自由表达，学生坐姿随意，但都能积极主动动脑思考。如听语文老师引导学生分析《雷雨》中周朴园和侍萍性格的一堂课，老师在讲解中联想丰富，旁征博引，妙语连珠，极大地激发了学生的兴趣。学生讨论热烈，发言大胆积极，联系当前社会，甚至有些观点荒诞不经。学生课堂笔记记要点，更多记录的是课堂上的思考和收获。此外，学生课外资料也很多，高二学生有天津市统一配发的《学科学业质量检测》等。有预习作业、课堂训练和课后作业，还有很多实践性、研究性作业。课改成效显著。天津市于2006年开始课改工作，2009年课改后的第一届学生毕业，根据高考情况看，成绩稳中有升。关键在于学生特长得以发挥，学生分享到了课改的成果，真正做到了教师、学生与新课程的同步成长。在新课改中，涌现出了许多年轻的教改专家和名师，在实践新课改的过程中深化了教育理念，完善了教育思想，提升了教学水平，夯实了专业功底，这是新课改背景下教师成长的巨大收获。

（二）校本教研活动卓有成效

第二南开中学的教研活动安排周密，时间充足，主体突出，真正达到了"教研相长，教研相促"的目的。和平区的教研活动以区为单位，统一安排，各校轮流主持，这种模式效果很好，比如每周一全天为高中物理教研日，当天全区各高中学校均不安排物理课，全体物理教师到某一个学校参加物理教研日活动，方式有听课、评教、专题研讨、主题发言等，新课改中的一些疑难问题在这样的活动中得到及时解决。同时也实现了资源共享，一些选修课实现了校际之间的"走课"。在这些活动中，学校领导带头参加、带头主讲，第二南开中学的副校长孙茁主管教学，教高中物理，只要是物理教研日，必须参加。其他校领导按所教学科参加。这样极大提高了校本教研的质量，增强了校本教研的指导性和针对性。这种方式的教研活动可以避免"近亲繁殖"，避免低水平运行。

（三）教师专业发展出实招

教师爱岗敬业，执着好学。在第二南开中学，给我们最深的感受就是教师的执着和好学，接触到的教师精力充沛、热情大方、充满活力，对事业执着，虚心好学，团队意识强。优良的教师队伍奠定了课改的基础。一所学校教师的专业水平决定着这所学校的课改水平，教师的专业素质决定着一所学校课改的成效。当我们提出要同他们的学科组长座谈交流时，时间一到，他们都来了，谈起学校，每个组长都有说不完的话，对学校很热爱；谈起课改，都有自己独到的理解，对一些好的做法也毫不保留地和盘托出；谈起学生，都说很聪明，虽然有些调皮，但不坏。课间和一些老师交谈时，他们表现出一种老校、名校老师的大气儒雅和气质风范。第二南开中学中午12:15放学，下午2:00上课，中午师生都在学校吃饭，12:50后，老师在教研组进行集体备课，学生在阅览室读书、做作业、听音乐，也有学生和老师在教研组讨论问题，往往三五个人围着老师。教室里有上自习的，有老师跟班辅导的，也有自己学习的。老师每天的工作量很大，要编写修订学案、复习提纲，要准备课堂检测题，要收阅学生作业、课外资料，还要准备集体教研发言稿，撰写论文等。三天内，很少看到有老师闲转闲聊、无所事事的，有时间就在教研组、教室里干该干的事。这和我们在东南沿海的一些大校所看到的一样。老师们说，他们虽然很累、很辛苦，但很有成就感。学校对老师管理很严格，每次考试都要评比排队、学生评教，按比例评出优中差，通过问卷调查，把征求到的意见反馈给本人。在听课评课上也落得很实，听课老师听完后，被听老师课间主动找听课老师评谈优劣，详细记录，以利改进。在第二南开中学，老师以能上讲台为荣，科室干事很少，年终考核、评优奖励向一线教师倾斜。

（四）师生关系融洽和谐

老师很爱学生，我们没有看见老师严厉批评学生或让学生罚站的现象，这当然与教育的大环境有关，但更重要的是老师很宽容，能站在学生的角度理解学生、看待学生，允许学生犯错误，但也留给学生足以改正错误的时间与空间。学生很尊敬老师，但不是传统的毕恭毕敬，学生见老师笑一笑，很自然，就和家人一样。我们到的第二天，恰好是第二南开中学高三学生离校的日子，教室里老师和学生在话别，师生泪眼盈盈、难分难舍，管教学的孙茁副校长表示，老师们都不敢到教室去，不敢见学生，很伤感，每年都这样。说这话的时候，孙校长眼睛红红的。当齐校长陪我们在校园参观时，有好几拨男生来拉校长的手、搂校长的脖子要照相，校长嘿嘿一笑就答应了。第二南开中学每天下午4:30放学，有学生在路上打羽毛球，齐校长告诉学生早点回家，不要让家人惦念，学生们笑一笑也就走了。德育主任告诉我们，学生很少吵架打架，同学间相处很好，学生管理所要做的事就是给学生创造适合的环境，开展感兴趣的活动，积极主动地设置学生们要做的事情，引导他们养成良好的习惯，而不是预防和救火。

当然，我们在参观校园时也看到，校园布局合理，楼宇功能发挥充分，建筑物外观单调简单，但内配设施先进，内部装修精致细腻。校园只有一个很大的电子屏幕，显示校训和各种通知，没有任何横幅和宣传牌，让人感觉清新畅快，没有压抑感。图书阅览室一次容纳700名学生，里面用书架隔了很多区域，开架阅读，环境幽静。学校保安、卫生管理等服务对外承包，与物业公司签订合约，分块包干，明确责任。听课时，我们看见卫生员在不停地擦拭窗台、玻璃、楼梯扶手；保安不间断地在校园巡查。学校各项工作井然有序，管理严而不死、活而不乱。老师们都在做正确的事，正确地做事。

三、考察学习后的反思

天津的课改历程和经验，对我们有很大的启示和帮助，按照新课改的要求和目标，我们还有很多工作要做。

（一）积极探究新课改背景下的学校管理模式

站在新课改的高度重新审视，目前学校管理中有许多不能适应新课改的因素。学校的管理指导思想和理念必须和学校实际结合起来，主要考虑学生的基础、素质和教师队伍现状，不能盲目照搬他人的做法，更不能不顾学情和教情的实际去一味追求先进的管理办法。管理要宽严适中，既保证良好的教学秩序，又不扼杀学生的天性和创造性，极力创造学生和学校、学生和老师、老师和学校之间民主、平等、和谐的关系，使师生感到自己是学校的主人。要极力设置适合学生发展的活动，创造适合学生成长的环境，让每个层次的学生都能找到自己的位置。要从学生的最近发展区上入手，按照多元智能理论，寻找学生的兴奋点、成长区。目前，学校的管理工作还停留在表面，从假想上进行预防，像鲧治水那样，堵得多、疏得少。当前，学校的主题教育活动没有形成系列化，班会没有像课一样去上，兴趣小组活动没有经常化，许多管理的流程和细节学生不知道，随意性太大。学生宿舍管理用人管得多、用制度和文化管得少。班级管理还存在"一窝蜂"的情况，背后的、下面的工作太少或者看不到，班级特色的东西、个性的艺术太少甚至没有。师生关系不融洽、不和谐，有点像猫和老鼠，学生不敢到教研组向老师请教问题，课后的交谈交流更看不到。老师到教室就是训学生，没有站在学生的角度看待问题、帮助学生，同学生一起发展。

（二）进一步转变课堂教学方式，追求高效优质的活力课堂

新课改的目标、理念要在课堂上落实和体现，课堂永远都是新课改的主阵地。新课程课堂教学方式一定要突出学生的主体地位，使学生成为学习的主人，采取什么形式要根据课程类别而定，该讲的要一讲到底，不该讲的一分钟也不讲，关键的要素是实现课标要求。课堂的本质必须是高效的，不能浪费学生时间，形式要为本质服务，新课改课堂既要"形似"，更要"神似"。第二南开中学的校长对于新课改的观点是：大力宣传，扎实去做，稳步推进，讲求实效。课堂上看到的是"厚实、细腻、高效"。在这样的思想指导下，课堂上本质的变化是学生成为主人，突出了学生的主体地位，新课改教学目标得以落实。反思课堂教学，我们提出的观点符合新课改理念，许多做法是对的，主要问题是老师和学生的观念还没有完全转变，还在死守阵地、顽固不化，还得大力宣传、积极引导。其次就是执行力、管理力和学习力不够，许多东西坚持得不好，没有形成长效机制。学校已成立课堂教学督查小组，要认真开展工作，彻底解决教学管理中的一些问题。

（三）加强校本教研，努力促进教师专业发展

天津各个学校的校本教研工作做法和效果对我校启发很大，他们工作过程扎实、效果明显，为新课程的实施起到了保障和推进作用。以区为单位，按学科开展教研活动，联校教研有效地解决了师资力量不足的问题。"同课异构""网络研讨""主题带动"等方式启示很大。我们也在教研方面摸索了一定的路子，比如进行"同课异构"活动和小课题研究活动，对教师也进行系统的培训，但关起门来搞教研，圈子还是有些小，最后会走到死胡同，可以和城区的一中、二中或者县上的一中联合起来搞教研、搞教师培训，也可以走出去考察学习，和外地强校建立良好的合作关系，高位嫁接，促进我校教师的专业发展。学习中心的建立有利于开展学科教研，要利用好这一平台，多开展几次"名家讲坛"和主题教研活动。

（四）科学制定新课程实施方案

新课改是一个系统工程，程序性强，制定科学的实施方案尤为重要。根据教育部和省教育厅的有关文件精神，制定新课程实施方案，明确学校新课程实施的指导思想、目标任务、实施步骤等内容，进行总体规划和设计。同时，还要制定各种计划和方案，包括新课程教师培训计划、课程设置方案、学分认定办法、学生选课手册、选修课设置方案、研究性学习方案、校本教材研发计划、综合实践课实施方案等多种方案，使新课程实施有章可循，保证新课程实施在整体框架内稳步有序推进。

考察结束后，我们进行了专项总结，大家一致认为本次学习考察收获很多，反思深刻，要学习、借鉴、传播天津第二南开中学先进的教育思想和办学理念，研究创新课堂教学模式和教学方式，进一步优化教学方法，探索学生养成教育模式和学习方式，积极筹备、稳妥进行新课程实验，正确处理学校发展中虚与实、大与小、高与低、动与静、远与近的关系，不断提高办学的质量效益和层次水平，通过积极实验和扬弃推广，把学校办成较高品位的示范学校和新课程实验样本校。本次活动，庆阳一中给予我们很大的方便和帮助，今后将和一中建立稳固的教育教学合作共赢关系，实现区域内资源共享。天津第二南开中学的领导和老师热情接待，毫无保留地传经送宝，我们表示诚挚的谢意。第二南开中学的专家来庆阳一中讲学时，我们也要邀请他们来校指导新课改下的教育教学工作，从而促进我校各项工作又好又快发展。

共同托起明天的太阳

　　学生家长座谈会是学校对学生进行思想教育的一次机会，是加强和巩固学校、社会、家庭三结合教育网络的有效途径。感谢各位家长能在百忙之中参加今年的家长座谈会，也热忱欢迎各位家长对学校教育教学管理工作提出宝贵的意见和建议。

　　庆阳六中是一所新建学校，办学不足两年，招生不到三级，虽然有先进的教学手段、严格的教育管理、良好的办学环境、严谨的工作作风，但还没有获得骄人的成绩，没有赢得社会的充分肯定，没有受到上级部门的特别嘉奖，甚至距离学生家长的要求和期望还差很远。但我们知道，"始生之物，其形必丑"，教育是慢的艺术，十年树木，百年树人，我们要有足够的耐心静待花开。我们也应该看到，学生来校近两年或者一年的学习，不仅身体长高了，也懂事了，已经开始有了成长成才的意识。虽然也经常出现这样那样的问题，但都是成长中的问题，老师始终对学生抱有信心，因为迟开的花与早开的花一样美丽。学校非常感谢学生和家长，是你们在这所新建学校没有任何参照成绩的情况下，义无反顾地选择了我们，我们是坚强的教育共同体，也是休戚与共的利益共同体。你们也看到，我们的老师非常辛苦、敬业，吃住在学校，天天和学生在一起，比起有悠久办学历史的学校，我们是"人一之，我十之；人十之，我百之"。虽然老师很年轻，大家没有经验，但他们单纯而不世故、热情而不萎靡、细腻而不粗放，他们和孩子们一起在解决问题中成长、在化解矛盾中发展。当然，在学校前进的过程中，也存在一些突出的问题，如学生仪容仪表、携带手机、逃课旷宿、打架斗殴等，这些问题需要和家长朋友们形成管理的合力，齐抓共管，共同解决。学校管理需要家长朋友们积极参与、理解和支持。希望家长对孩子能多一些精神上的鼓励，少一些物质上的满足；多一些行为习惯养成上的严厉，少一些日常生活细微处的放纵。同时也希望家长对学校能多一些呵护和宽容，少一些急躁和苛刻；多一些理解和参与，少一些指责和冷漠。鲁迅先生说过，有缺点的战士毕竟是战士，完美的苍蝇终归是苍蝇。我们也可以这样说，有缺点的庆阳六中毕竟是孩子的学校，我们会一天天变好的。

目前，全校上下凝心聚力、励精图治、创新工作思路、转变工作观念、改进工作方法，不断解决实际存在的问题。学校加大教育投资，开源节流，改善办学条件，校舍一新，环境宜人，已成为师生学习生活的理想场所。学校不断加强教职工队伍的管理和建设，重视教学过程，引进激励机制，大兴听课评课之风，教学效果良好。学校重视班主任队伍建设，优化组合，新老搭配，以老带新，班主任工作责任心强、作风扎实、爱护学生。学校实行分级管理、分类指导，因材施教，重视学生的心理健康教育和安全教育，通过主题月、主题周及主题班会活动，加强学生的养成教育。学生住宿条件得到明显改善，聘请富有经验和爱心的宿舍管理员、辅导员、保洁员进行全方位、全天候的管理和服务。实行封闭管理，课余时间开放能容纳500人的阅览室，供学生读书、学习用，利用多媒体系统为学生播放爱国主义影片，组织丰富多彩的篝火晚会、远足拉练、大合唱、运动会等文化艺术和体育比赛活动，丰富学生的课余生活。今后还将进一步开放电脑室，建立绿色网站。学校兴办商店，开放澡堂，建立校医室，便利学生日常生活。学校食堂饭菜品种齐全、花色多样、质量良好、价格平稳。这些措施和活动保证了住校生的身心健康不受校外周边环境影响，学生住得舒心、吃得放心，学习和生活有规律、有保障。

学校召开家长会，目的是实现家校联合，共同教育孩子茁壮成长，构建学校、家庭、社会三结合的德育网络，齐抓共管，形成合力。从这个意义上讲，家长参加家长会不是被动地接受，而是主动地参与。大家应该形成这样一种共识，家长是教育子女的主角，而非配角，所以开家长会不仅是倾听，更重要的是交谈、沟通，要了解学校教育的新观念、新方法，交流孩子在家中的表现、心理动态和成长环境，共同探讨教育的方式方法。带着问题而来，留下意见而去，满载收获而归。

一是家长要正确认识家庭教育是不可替代的教育，正确认识孩子是家庭教育的前提，没有孩子哪来教育，教育实际上伴随着孩子成长的全过程。因孩子成长而带来的问题和烦恼，从某种意义上来说，是父母生活中最大的幸福。所以一定要正确处理好亲子关系，只要有良好的亲子关系，一切问题都将不成问题。

二是家庭教育必须解决好四对矛盾。高期望与低实现的矛盾：家长们望子成龙、望女成凤的心情可以理解，但必须充分了解孩子，为其制定的目标要切合实际，要本着循序渐进的原则，有梯度，可望而且可及，正如俗话说的"跳起来摘桃子"。情感关怀与行为苛求的矛盾：家长在物质方面的投入越来越多，情感上的关怀却越来越少，使孩子感受不到这种关爱的温暖和快乐，品尝到的只是苛求和压力的苦涩。要始终把孩子看作教育的主体，让孩子自我体验、自我感悟、自我教育。纵向比较与横向比较的矛盾：家长习惯做纵向比较，用自己年轻时期的经历教育子女，而孩子则习惯用自己身边的人和事做横向比较。家长要尽量以现实生活为基础，择其善者而引导激励。家长知识观念陈旧滞后与孩子知识观念超前的矛盾：由于现代社会信息化进程的加速和程度的提高，孩子获取知识和信息的渠道大为拓宽，而家长往往观念落后、知识陈旧。所以，父母必须学会"蹲下来"与孩子交流，虚心学习孩子的优点，与孩子互帮互学、共同进步。

三是家长必须进行一种教育方向的转移，即家庭教育的核心要由智力教育逐步向非智力教育转移。智力因素包括注意力、观察力、想象力、记忆力、思维力、创造力。非智力因素包括情感、意志、兴趣、性格、需要、动机、目标、信念、世界观等。一个智力水平较高的人，如果非智力因素没有得到很好的发展，往往不会有太高的成就；相反，一个智力水平一般的人，如果非智力因素得到很好的发展，就可能取得事业上的成功。一个人的非智力因素得到良好的发展，不但有助于智力因素的充分发展，还可弥补其他方面的不足。从现实的教育状况来看，培养一个体格健壮、性格开朗、人格健全、心灵完美的孩子，比单纯培养一个高智商的孩子更为重要和紧迫。要给孩子注入"情商""意商""和商"，进行心理疏导，多沟通、多鼓励，消除隔阂，让孩子学会做事、学会做人、学会共处、学会创新。培育具有阳光性格与阳光心灵的孩子，核心是四句话：关爱就是快乐，沟通就是幸福，理解就是万岁，互动就是成功。

四是家庭道德的教育是家庭教育的重要内容。孝悌是家庭道德的核心。家庭教育首先是对子女的孝道教育，孝首先是一种亲情，是子女对父母养育子女、爱护子女的情感回报，这种回报构成子女的道德义务。子女孝敬父母，表明子女没有忘本，不忘自己应尽的义务就是有良心，心中有父母的人，才可能尊敬老师，才可能忠于国家。家庭教育是一种终身教育，这种教育是身教重于言教，慈爱与威严并重，家庭环境是熏陶孩子性格特征的熔炉，良好的性格特征要靠父母熏陶和培养。在这方面，爱的缺乏和过度的爱，都会对子女的教育产生极为不利的影响和后果。关键是教育观念要变，观念变则行动变，行动变则命运变。

一个好的家庭就是一所好的学校，一个好的父母就是一名好的教育工作者，学生的成长无小事，关键要从最基础的工作做起，情为孩子所系，利为孩子所谋，力为孩子所用，用我们的双手共同托起明天的太阳。

聆听窗外的声音

——赴浙江镇海中学培训学习总结

2010年10月17日至31日,我受庆阳市教育局委派参加了由教育部、中国移动通信有限公司联合实施的"中国移动中小学校长培训项目"影子校长的培训。该项目是《蓝色梦想 中国移动教育捐助提升计划》的重要组成部分,也是中国移动西部农村中小学校长培训项目的继续与深化。培训项目从2009年开始启动,历时3年,今年是第二年,培训地点在浙江省。本期培训班共有来自西部9个省、自治区的51名中小学校长,培训内容以学校管理实务为重点,分为集中培训、基地研修、总结交流三个阶段。51名中小学校长在杭州集中培训两天后,被选派到浙江省的示范学校、重点学校担任"影子校长",学习借鉴先进学校的管理经验。我与四川省汶川一中吴校长、宁夏回族自治区石嘴山市三中俞校长、宁夏回族自治区固原五中康校长、云南省玉溪元江民族中学张校长、贵州省金沙二中刘校长共6人被分派到浙江镇海中学,并在镇海中学吴国平校长的带领下进行了为期10天的"影子校长"培训学习。

所谓"影子培训"也称为"体验培训""跟岗培训""贴身培训""影子工作"等。在本项目中,要按照既定的研修目标和研修方案,参训校长与专家校长形成"如影随形"的近距离接触,在真实的现场环境中,细致观察专家校长的日常管理以及学校的主要工作,并充分发挥参训校长的主动性,把"听、看、问、议、思、写"等自主学习行为整合为一体,深刻感受与领悟专家校长及基地学校的办学思想、理念、制度、方法等的培训模式。10天来,6位影子校长以校长助理的身份,像校长影子一样参加了学校的各项活动。每天早出晚归,先后听取了基地学校吴校长、张书记做的学校办学理念、办学目标、办学成效和党务工作的报告。与学校分管教学、德育工作的黄校长、姚校长进行了多次座谈交流,参加了教务处、德育处工作例会和教研组每周三晚的集体备课活动,还参加了学校每月召开一次的行政工作会议。我们用2天的时间深入课堂听公开课,每人听课12节。此前,学校办公室盛主任带领我们详细参观了学校实验室、图书馆、体育中心、学生宿舍和教职工办公学习场所，还利用1天时间参观考察了镇海中学的初中部——蛟川书院。我们吃在学生食堂，住在学校旅馆，晚上回到宿舍，相互交流、交叉学习，梳理学习心得体会，填写研修日志，并把当天的收获体会发到班级网页上。

10天来，我们坚持"走走、看看、听听、记记、问问、想想"的十二字方针，从学校文化、办学理念、课程建设与开发、教师队伍建设、教科研等层面，仔细观察，认真思考，深入学习，悉心领悟。学习过程中不仅关注基地学校的过去、现在和未来的发展方向，也思考我们所在学校的现在和未来的发展；不仅关注基地学校在做什么、为什么这么做，也思考我们所在学校在做什么、为什么这么做。不仅通过直接了解，也通过查阅资料、走访学生、与学校周边的群众聊天等方式全面了解学校发展的内涵和脉络。渐渐地，我们由表及里，深度体验了镇海中学的教育管理，从中也碰撞出了一些闪光的启示，特别是对自己所在的学校管理和发展做了一些有益的思考。10月30日，所有学员回到杭州，进行了2天的总结交流。短短的学习，感触良深，收获颇多，受益匪浅。

一、镇海中学基本情况

浙江省镇海中学位于宁波市美丽的海滨城区，创建于1911年，办学历史悠久，成果丰富，为浙江省首批18所重点中学之一。学校素以严谨治学蜚声省内外，以"励志、进取、勤奋、健美"为校训，为国家培养了一大批杰出人才，中科院院士李志坚、贺贤土、沈自尹，著名美籍华裔作家於梨华等人士毕业于此。1960年，由于办学成绩卓著，学校出席了全国文教战线群英大会，被授予"全国先进单位"的称号。翌年，郭沫若同志为学校亲笔题名。1978年成为浙江省13所重点中学之一，1981年被列为浙江省首批18所重点中学，1991年以来，成为浙江省第一所通过评估的合格重点中学、第一所实施高中会考全科免试学校和第一所通过评估的一级重点中学。近10年，先后荣获"全国青少年科技活动先进单位""全国中小学计算机教育先进单位""全国绿化先进单位""全国部门造林400佳单位""全国模范职工之家""全国五四红旗团委创建单位""全国现代教育技术实验学校""全国中小学德育工作先进集体""全国精神文明建设工作先进单位""省文明单位""省先进单位""全国文明单位""全国绿化模范单位"和"全国依法治校示范校"等20多个全国、省级荣誉。学校现有25个高中教学班，学生1200余人，教职工120余人。校园占地面积110亩，校外建有50亩生态农场劳动基地及占地6亩的校办企业。校园内建有教学楼、实验楼、体艺馆、400米标准跑道田径场、图书电教馆、学生公寓、餐厅、室内冷暖游泳池及屋顶网球场等高标准教育设施4万多平方米。图书馆藏书达10万余册，包括线装古籍、《四库全书》等。高等级的千兆校园网覆盖学校所有的教育教学场所。学校长期致力于建设一支师德高尚、业务精良，教学型、研究型、创新型相结合的师资队伍，成效显著，涌现出全国劳模、全国优秀教师、全国模范教师、省特级教师、省市名师、教坛新秀、教坛中坚等一批先进典型。学校现有教职工中中高级职称占82%以上，特级教师5名，省、市教坛新秀30多名。获全国和省级劳动模范、先进教师等荣誉称号10余名。学校大力推进素质教育，积极探索"高质低负"的有效途径，切实提高课堂教学质量，高考成绩一年一个台阶。以近3年高考为例，学校在2008年高考中包揽了浙江省理科第一、二名，23名同学进入全省前100名，31名同学分别被北大、清华录取，重点率91.8%，二本率98.6%。在2009年高考中（新课程实施后的高考），重点率达到93.3%，二本率100%，15名同学进入浙江省前100名，25名同学分别被北大、清华录取。在2010年高考中，有7名考生名列全省理科前十名，包揽前四名，30名同学分别被清华、北大录取，重点率97.4%。目前，镇海中学在科学的办学理念指导下，拓宽思路，务实创新，正向着建立高效率的管理机制、造就高水平的师资队伍、营造高品位的校园文化、建设高标准的教育设施、培养高素质的年轻一代的目标迈进，力争尽快进入全国示范性高中行列。

二、镇海中学特色及主要做法

（一）校园文化特色

校园建筑格局中西合璧，人文气息浓郁，历史积淀深厚，拥有得天独厚的12个历史文物景点，其中3处是国家级文物保护单位，它们和镇海口海防遗址一起被列为团中央36个青少年爱国主义教育基地和中宣部公布的100个爱国主义教育基地之一。校园内绿树成荫、四季飘香，池鱼戏水、石桥卧波，绿地覆盖率达45%，人均绿化面积达30平方米。学校曾同时获得"全国部门绿化400佳单位"和"全国绿化先进单位"等荣誉称号。

学校紧紧依托校内浓厚的历史文化底蕴，积极发挥德育基地的作用，新生入校第一课是参观德育基地，学习校本德育教材，开展形式多样的德育活动。使学生一进校就强烈地感受到一种浓郁的历史文化氛围，得到一种无形的激励和情感的陶冶。学校在教育学生方面，"爱"字当头，"严"字当先，每学年的第一个月，对学生进行严格的养成教育，召开家长和学生大会，明确学校的各项规章制度，如不准携带手机、播放视频的MP3和MP4等，学生的头发要留到什么长度、穿什么样的衣服以及男女生阳光交往等这些小的生活细节，都有详尽的规定。发放《告家长书》《告学生书》，取得家长的支持和学生的认同，每个班、每个学生检查落实。每天都有值周老师和值周学生在校门口、校园、餐厅进行检查，督促整改。在与学生的交往和观察中发现，学生性情开朗、落落大方，虽然未统一校服，但头发留得很短，没有看见佩戴首饰、携带手机的学生。同时，学校还通过业余团校、业余党校、学生社团、网络交流、周末文化及爱教月、科学月、艺术节，编辑出版《镇海中学》报、《梓荫》杂志，参加农科园实践、远足拉练等活动，丰富学校文化生活，使德育工作摒弃了空洞的说教，对学生立志成才、发奋学习及文明行为的养成产生潜移默化的影响。学校对学生实行自主管理，不搞形式，重在过程、重在效果。比如学生的下午自习、晚自习，完全交给学生，不提倡老师进班辅导。下午自习课上，学生整理笔记、做作业，到教研组和老师一起探讨问题，参加兴趣小组辅导、社团活动，校园内到处是学生忙碌的身影。晚自习从6：40到9：20，中间休息两次，课间学生很活泼、很热闹，但上自习铃声一响，教室很安静，学生都在做作业、做试卷，看书学习，没有学生吵闹、走动，我们路过时几乎没有学生抬头看，大家都在忙自己的事情。我们连续观摩了两个晚上，只见到一个年轻老师在自己的班级转，其他老师都在教研组备课改作业。

（二）学校的管理特色

镇海中学是一所百年名校，多年来形成了自己的办学特色和管理风格。学校坚持"不贪大唯求精、不追新唯求实、不跟风唯求真"，在提出办学理念、凝练办学特色时特别注重研究"校情"，从校情出发想问题、做事情，力戒盲目攀比、好高骛远。学校以"立足现代教育、弘扬传统文化、熔铸人文精神、培育世界公民"为办学理念，全面推进素质教育，全面贯彻国家教育方针，办人民满意的品牌学校，创人民满意的优质教育，育人民满意的优秀学生。站在"浙江领先、全国一流"的起点上，以"品质教育、以小博大"为核心发展战略，学校以"励志、进取、勤奋、健美"为校训，坚持"促进学生发展为本，适应社会发展需要，满足家长期望"三者的有机统一，努力构建以"人文、和谐、自主"为特色的个性化校园。提出了

"学校的价值体现在教师的发展,教师的价值体现在学生的成长"的行动口号。学校崇真务实,不尚浮华,一直保持本色成长、本色发展。学校没有悬挂横幅,不设标语牌,校门口只有一个电子屏幕,每天播报学校的具体工作,播放学生的话语。学校从校长、书记到普通教师都平和谦逊,作风扎实,不尚空谈。无论是介绍办学经验,还是交流座谈,没有推出什么高深的理论,没有提出什么流行的口号。他们怎么做就怎么说,平实简朴,容易理解。比如吴国平校长对抓高考与抓素质教育的理解就很有思辨性,他认为学生的高考能力也是一种素质,是一种文化素质、竞争素质,这与素质教育是相容的、一致的,一点也不矛盾。不能一谈素质教育就是音体美,就不要文化课,否定应试、否定高考,这是违背教育规律的。所以学校从高一年级开始就培养学生的高考意识和高考习惯,同时开设各种选修课,组建多样的学生社团,两条腿走路,学生的综合素质得到很大提高。吴校长认为新课程改革的关键字就是"动",学校的观念要动、课程内容要动、教学方式要动、学习方式要动,教师学生要互动,学生要自动。总之,"动"就是变化,这个世界唯一不变的就是变化本身,只有动起来,学生才有可能讨论、探究,才能有实践、有创造。张咏梅书记在介绍班子建设时认为,书记的人文关怀与校长的刚性管理相辅相成、相得益彰,学校好比一个家,校长管客厅,迎来送往,制定规划,当好家;副校长管卧室,使每个房间都有特色;书记就管厨房和卫生间,使老者平、少者安,不给学校添麻烦,这个类比很形象,道理很深刻。

学校在教学上提出"有效教学",德育管理上提出"自主教育",都是实实在在地做,没有形成成熟的文件。根据他们的介绍,大致归纳有效教学就是三点:一是控制学生整体的上课时间,向课堂要质量,不能占用学生的自习时间,越到高三,学生的自习时间越多。二是注重教学过程的多样化、方式方法的多样化,根据不同的内容选择不同的方式方法。教师布置的作业分选做题和必做题两部分,而且这两部分的内容和比例很多时候由学生自己确定,不同程度的学生只要认真完成适合自己的那部分即可。教师布置的作业必须提前先做,再布置给学生,这样就增强了针对性。三是规范考试,老师自己命题,反馈调整要及时。老师多和学生沟通交流,真正创造适合学生的教育。自主教育一言以蔽之,就是让学生做应该做的事和正确的事,自我认同、自主管理。管理风格、教育教学风格分别为"放而不乱、抓而不死、管而不僵、新而不浮、严谨而不失活泼"和"重基础、重能力、重创新、重全面"。正是多年来坚持贯彻这种"以人为本"的管理文化,镇海中学为所有师生的全面成长和个性化发展提供了最优质的时空。

（三）教师自主发展特色

学校始终把建设一支学历高、素质好、有专长、结构合理、师德高尚的教师队伍作为工作的重中之重。学校要求"学生的学习是轻松型的，教师的工作是创造型的"。学校始终认为"校长心中有老师，老师心中有学生，师生心中有学校，学校才能大发展"。广大教师敬业乐学、无私奉献，坚持"学生在老师在"和"普通教师在校，管理干部在场"，以校为家，无人从事第二职业，无人搞有偿家教，受到学生、家长、社会的交口赞誉。

学校坚持教科研兴校思想，不断加强教科研领导力量，积极培养教科研骨干力量，大力强化全体教师教科研意识，取得了令人瞩目的成果。"学生最优发展模式""课堂—网络整合"超课堂教学模式的两个重大课题先后荣获省政府第一、第二届基础教育教学成果一等奖。目前又有两个国家级课题"融人文与科技 营造个性化校园"和"基于现代信息技术环境下学与教的理论与实践研究——应用现代信息技术培养学生创新精神的实验研究"即将结题。学校认为真正有意义的教科研应从课堂中来，到课堂中去，要解决课堂教学中的问题，为教学一线服务。学校积极倡导和鼓励老师关注课堂、关注教学中存在的问题，搞一些小的、有意义的课题，运用其成果指导教学。学校定期开办"镇中教师发展论坛"，就老师感兴趣的问题或困惑的问题进行讨论，以获取职业认同感。学校成立了"教师读书会"，定期开展读书活动。学校以学科组为主，经常举办教师专业发展的有关活动，如"教师形象语征集""教师课堂技能比赛""青年教师亮相课"等。学校每周三晚是教研组活动，教师集体备课、研讨教法、公开评课、专题培训等，这些活动都是扎扎实实地做，研讨有广度、有深度；评课一针见血，不遮遮掩掩。学校虽然实行教师"弹性坐班制"，但据我们观察，老师上班时间或晚自习时间大都在教研组备课、批阅作业。老师每人一台电脑，学生作业堆得像山一样，每个老师都在静悄悄地做自己的事情。学校的三位副校长都代课，三位政教主任、办公室主任、教研室主任都担任班主任，教师敬业精神非常好。教研室陈尚余主任是一位50多岁的语文特级教师，担任两个班的语文课教学和一个班的班主任工作，对教科研工作如数家珍。他认为教师敬业精神好的主要原因有：一是学校是百年老校，文化底蕴深厚，精神薪火相传。二是形成了良好的工作氛围，在这样的环境中不好的也会受到濡染，变得向好向上。三是职业认同感强，教师就做教师应该做的事，形成了自觉行为。吴国平校长也不止一次地说，选择了一种职业就等于选择了一种生活方式。镇海中学老师的生活方式已经融入了一种教育的自觉,做自己应该做的事,快乐地做事,已经成为他们的一种生活常态。

三、镇海中学给我们的感悟和启示

(一) 学校管理中要重视激发教师的使命感和专业精神

只要有学生在,就一定有教师在,这是镇海中学教师专业精神的最集中体现。教师的思想境界、精神面貌、行为态度就是一种核心发展力。新时期教师应当具备的专业精神至少应表现在"敬业乐业、勤学进取、团结协作、无私奉献"等方面。教师的专业精神可以确保教师专业价值与功能的充分发挥,可以促进教师个人的成长与完美,可以使教师在工作中自始至终表现出一股令人振奋的精神力量,同时教师的专业精神也是影响学生成长的重要因素。

镇海中学十分重视激发教师的使命感、责任意识等专业精神,要求教师保持积极进取的姿态、团结协作的精神、稳健踏实的作风、奋发有为的干劲,树立"充实+快乐+意义"的教师幸福观,要求做到"讲正气、讲爱心、讲奉献","学生在、教师在","绝不搞有偿家教和第二职业"。教师的自觉、教育的自觉已经成为学校的核心价值观。广大教师"不用扬鞭自奋蹄",自我约束、自主发展已经成为教师的共识和职业习惯。同时教师管理中重视培养教师团队精神和集体配合的意识,镇海中学一位领导介绍说,镇中的教师个体不一定是最强的,但镇中的教师群体一定是最强的。多年来,镇海中学每年都有极多数量的学生在国际、国内学科竞赛中摘金夺银,但他们从来不把荣誉归功于某个教师,而是归功于各学科团队的齐心协力,归功于群体内个体之间的优势互补,因为他们清楚,靠一两个人单打独斗无法在激烈的竞争中取胜。

团队意识是一种可持续发展的战斗力,这就要求学校在教学评价活动中重视团队的集体作用,避免过分强调个体的作用。在具体评价过程中,既重视最后目标的达成,也重视过程的付出,每次开展活动,从活动的策划、方案的制定、过程的实施到结果的评定、成绩的奖励等都充分发挥团队的作用。

(二) 唤醒学生的责任与自信意识

有一位哲人说过,要毁灭一个人,就去摧毁他的自信心。要成就一个人,就去激励他的自信心。拥有责任与自信的学生,内心一定会强大而和谐,面对挫折和困难能勇往直前。这样的学生,也许不会次次成功,但在关键时刻能顶得住，会不断超越自我、成就卓越，因为他的人格基石非常坚实。教育就是努力为学生打开一扇思想的门，让他们去看、去听、去想、去行，去铸造一种个性的美丽。美国一所中学的校训就是：你让我听，我会记不住；你让我看，我会忘记；你让我参与，我就会明白。平实中蕴含着大道理。现在的学生往往缺乏激情，对事物习惯了被动地接受，他们视野封闭，看不到多彩的世界。很多学生看起来很平静，但这种平静是一种粗陋的平静，应该要注重提升学生的生命品质，帮助学生拥有一个丰富的人生。不要用学习和作业填满学生的时间，要让他们有时间做自己喜欢做的事。镇海中学希望并要求每个学生都有一到两项特长，不是为了加多少分，而是为了学生以后的人生能丰富起来。学校希望学生将来不管是高层科技人员，还是普通劳动者，都能始终保持一项体育与艺术的爱好，这样他的生命质量就会提高。他们力争把人类最美好的东西呈现给学生，不用任何借口去剥夺学生欣赏美、崇尚美和感受美的权利。在镇中校训中，有"健美"一词，它不仅指身体的健康，也指人性向真、人性向善、人性向美。联想到我校，校训中有"健体、尚美"，但从学生调查表中反馈的信息来看，艺术和体育课成了学生最不爱上的课。其他学科的课堂上，学生有睡觉不学习的现象，实际上反映出教师在学科活动方面组织不到位，没有充分调动学生参与的兴趣。

（三）新课程改革核心是教师和学生观念的转变

观念变则行动变，没有观念的变化，任何形式的变化都是胡乱折腾。教师要走下满堂灌的神坛、走下独角戏的舞台、走到学生中去，做师生"平等中的首席"。在教学中，要注重学思结合，倡导启发式、探究式、讨论式、参与式教学，帮助学生学会学习。我校提出"创造适合学生成长的教育"，就是要求广大教师要真正确立学生的主体地位，关注学生、研究学生，采用活动式、情景式、讨论式、表演式教学，激发学生浓厚的兴趣和参与的热情，让不同学生在不同的教育方式中都有不同程度的进步。教育的艺术不在于传授本领，而在于激励、唤醒和鼓舞。努力只能让学生及格，兴趣可以让学生优秀。老师再也不要抱怨学生太差，要不断反思教育的方式方法，只有适合的才是正确的、才是最好的。

（四）教学研究要解决课堂教学中存在的问题

要进行小课题研究，走出去、请进来，高位嫁接先进的教育教学思想，为我所用。要在高水平基础上差异发展，不能近亲繁殖，要扩大研究的视野，多与兄弟学校进行互动式教学研究。目前我市确立"引强入校"策略，要抓住这个有利时机，引进名校，促使各项工作上水平、上台阶。学校开展的小课题研究、课例课型研究、同课异构活动卓有成效，要继续坚持。学校与屯字中学、齐楼初中开展新课程的初步研究，做了一些有益的尝试，今后还要和庆阳一中、二中、四中等市内学校建立良好的教研合作关系，在一些学科教研上进行广泛而深入的研究和探讨。

由于培训学习的时间有限，很多方面未能深入，但大家感触颇深，认为此次出行使我们大开了眼界，拓展了思路，学习的成果必将显性或隐性地呈现在今后工作的方方面面中。教育发达地区的先进教育理念和丰富的管理经验，对学校开展管理工作具有重要借鉴意义。今后，学校所要做的、所能做的就是力图先改变自己，改变自己的学校，进而改变周边的教育环境，真正达到"大家都不同，大家都很好"的理想境界。

对高中新课程改革的几点思考

2011年7月16日至20日，我同全市兄弟学校的副校长一道赴兰州参加由省教育厅主办、西北师范大学承办的"校长课程能力建设"培训班学习。短短五天时间，我先后聆听了教育部刘坚处长、北师大二附中王华校长、天津耀华中学解远领主任、北京五中李红梅主任、北航附中王玉萍主任和张铁道院长、银川一中张建云校长、西北师大教育学院刘旭东教授、南京十三中徐国忠校长等专家的讲座报告，受益匪浅，感触颇多。综合起来，有以下几点：

一是新课程改革要改变的最迫切、最重要的只有一点，就是教师、家长乃至全社会的教育教学观念。思想观念是人们行为的先导，每一个大变革的时代，都是从思想观念方面开风气之先，诸子百家争鸣、盛唐时期及"五四运动"都如此，观念变则行动变，行动变则成效显。现在要开展新课改，有些学校已经实施了六七年，但真正的教育新时代并没有到来。目前，全社会没有形成一种办全新教育的思想，还在穿新鞋走老路，教育还是教育者的事情，是校长的事情、是老师的事情，人们只是站在河岸边看水涨船高，看落水的人在里面扑腾挣扎，从而指手画脚、横加指责。社会上的拜金狂潮、追星风云此起彼伏，节假日补习班热火朝天、风生水起。网络暴力、色情屡禁不止，校园周边安全隐患难以消除，学校大门紧闭，保安肃立，这样的环境无法办开放的教育和创新的教育。新课改实施之前照例要举行各种形式的培训班，组织考察学习，但人们往往得到的是点石成金的金块，而非点石成金的手指头。校长们都在匆忙地展示自己的办学成果，但对怎样做闭口不谈，或者谈得很少。德国哲学家维特根斯坦说："我站在地面上步行，不在云端跳舞。"教育最主要的是行动而非研究。最近我们欣喜地看到，北京十一中学的李希贵校长倡导的"新学校行动研究"开始开花结果，我们期待着教育的大丰收。

二是教育最忌讳的是折腾、干扰和搞运动。虽然心里明白教育是慢活，十年树木，百年树人，但大家都迫不及待，领导想在自己短短的任期内出教育政绩，校长想，老师也想，最后带动的学生家长乃至全社会都在轰轰烈烈地办教育。今天一个名词，明天一个花样，大家都学，结果东施效颦、邯郸学步，学到最后成了"四不像"。教育名词多、名人多、行为多、督查多、折腾多，真正办教育的一线老师茫然无措，只好等着在适当的时机鼓掌叫好。均衡教育来了，我们办均衡教育；特色教育来了，我们办特色教育；现在全国上下都在呼喊教育家，于是校长和老师又纷纷出思想争当教育家。这样一个浮躁的时代怎能办好教育、怎能平心静气地教好学生！这样做的坏处是千校一面、千篇一律，名义上在办特色教育，结果大家都一样。理想的教育特色应该是"大家都不同，大家都很好"。理想的教育状态是社会宽容、平静地等待教育自身的变化，教育内部儒雅、大气地传授知识，传递智慧，培养习惯，让每个学生健康阳光地成长，让每个老师从容不迫地教书育人。

三是新课程并不神秘，要创新但更要传承，要循序渐进，不要奢望大变革，不要希望翻天覆地。许多人天真地认为，新课程能够包治百病，能够治疗一切社会痼疾。新课程来了，我们就能培养出创新人才，师生就能快乐地成长，这显然是不现实、不明智的。否定一切、打倒一切的做法很危险，而且会付出沉重代价。回想七八十年代的教育，何尝不是新课程教育。学生参与意识浓，参加了很多活动，大家收获很多，培养了学生吃苦耐劳、艰苦创业的品质。但现在社会发展进步了，教育为何又失败了？无非是人们对教育寄予的期望值太高，把教育神圣化，于是本该让孩子们做的事老师和家长做了，就是不让孩子做。许多事情往往因噎废食，比如从安全考虑，不让孩子参加集体劳动、集会和郊游，一些手工制作的玩具统统废弃不用，动辄成百上千购买成品玩具，等等。反映到课堂上，自然是老师代劳得多，满堂灌、一言堂，学生不用思考、无须动手。教育无非是让孩子们回归本位，让老师和学生做他们应该做的事而已。

四是基础教育最有发言权的是中小学老师，而不是东拼西凑、夸夸其谈的所谓课改专家和大学教授们。多年了，大学教授连自己的本职工作都没有做好，自己的责任田荒草萋萋，却忙着去点种别人的试验田，这是一种严重不负责任的表现。他是间离的，而非融入的；他是旁观者，而非参与者。他会用两面派的手法笑看试验田庄稼的丰收与歉收，他不伤皮毛而羽翼渐丰，甚至用别人的失败来充实自己空虚的理论。所以，课程改革不要听他们的。但现在很奇怪，国家在中小学搞课程改革，指手画脚的却是有些不务正业的大学教授们。他们背着电脑、坐着飞机、周游列国，贩卖他们的屠龙之术，他们一面指导中小学教师要突出学生的主体地位，要自主、探究与合作，但他们哪一场报告不是满堂灌、大讲特讲，只讲得人"两股战战，几欲先走"。所以，中学教育工作者只要按照科学、可持续发展的规律去认真地做好每一件事，让学生汲取知识、增长才干、强健体魄、养成习惯，至于后续发展的事情则是社会层面的事情，欲速则不达，功到自然成。毕竟吃鸡的不需要把母鸡背在肩上，喝牛奶的不需要把奶牛牵在手中。

总之，新课程改革要人们头脑更清晰，做正确的事，正确地做事，而不要一窝蜂、一哄而上，教育经不起这样的折腾，稍不留神几代人就毁了。教育就是培养良好的习惯，增强人们的信心，除此之外，不要奢望太多。

西部吹来课改风

——赴宁夏育才中学学习考察报告

2011年10月18日，我校教师一行24人，在龙学孝校长的带领下，前往宁夏育才中学进行为期3天的考察学习。此次交流活动旨在落实市教育局"外引内联、引强入校"的发展战略，学习借鉴兄弟学校先进的管理经验和成功的课改模式，从而推动我校教育教学水平的全面提升。

宁夏育才中学是自治区党委、政府为进一步加快宁南山区脱贫致富步伐，提高贫困地区人口素质，推进宁夏经济社会和谐发展，投资5.1亿元兴建的大型寄宿制扶贫中学。学校始建于2006年，占地760亩，总建筑面积17万平方米。教师队伍由面向全国24个省市招聘的优秀毕业生组成，现有教职工532人，其中青年教师占70%，自治区骨干教师16人，高级教师74人，一级教师80人，硕士研究生87人。学校设计理念先进，规划布局合理。人文化的教育环境，网络化的教学资源，均达到了国内领先水平。学校现有教学班128个，在校学生6400多人。建校5年来，他们的青年教师经过中国教育学会专家、上海教育学会专家、教育厅专家进行的"课堂教学""新课标""课时、单元教学设计"等多种形式培训，定期邀请名师对全校教师听诊课堂教学或亲自授课，开展专题讲座。在专家引领下，促进教师全面发展，一大批优秀青年教师脱颖而出，成为学校一线教师的中坚力量。学校探索出了学区精细化管理模式及符合寄宿制学校特点的后勤服务社会化管理模式，取得了骄人的成绩，在短期内使"为做人求知走进来，为成才报国走出去"的校训变成了现实。连续三年高考二本上线率在60%以上，教育成果显著，赢得了自治区党委、政府及社会各界的好评。

在到达银川市西夏区的当天晚上，我校教师即对育才中学的晚自习、学生晚休、校园布局进行了实地观摩，并听取赵晓龙副校长的情况介绍。19日通过进班听课、分科座谈、科室对口交流和个别了解，获取了学校成功发展的基本信息。置身育才，我们无不惊叹于他们的大气魄、大手笔和大作为。深入其中，又深刻感受到他们是如何抓规范、抓合格、抓提高。在下午进行的校际交流座谈会上,龙校长对此行的目的和我校的基本情况做了简要介绍,着重强调"我们两校在地域上相近,在校情上相似,在发展上有互补性,希望在'友好学校协议'签订后,两校能加强教师交流互动、资源共享,通过开展'同课异构'、现场会诊、专题报告等多种形式,促进我校课堂教学质量的全面提升"。随后,赵校长介绍了育才中学的发展历程和办学经验,在热烈友好的气氛中,两校签订了"友好学校交流合作协议书"。

  本次考察学习活动对我们启发很大,感触良多,受益匪浅。全体学习人员在认真总结后,认为育才中学的成功经验和管理特色主要有以下几个方面:

  一是管理上"严"字当头。宁夏与甘肃同处西北,经济文化相对落后,教师月薪低于我市同级同类人员200元至300元,但把凝练朴实的校园文化内化为全体教职员工干事创业的精神和吃苦奉献的品质,让人敬重。他们甘守清贫、献身杏坛的人生信念,认真备课、高效教学的严谨作风,令人感佩。针对新建学校招生数量巨大和年轻教师居多的实际,学校实行学区管理责任制。全校分为孔德、学益、勤行三个学区,均设高中三个年级,学区由三个副校长分别兼任校长,下设办公室、教务处、政教处、教研室等职能科室,与学校的教学管理中心、德育管理中心和后勤管理中心相对应,上传下达,并全面协调、指导、管理学区工作。学校实行全员坐班制和上下班指纹签到制,规范了工作程序,用制度和措施保障了工作落实,并当天将考勤结果在校园网公布,记入奖惩,纳入年度考核。工作时间,全校教师无一不在岗、无一不在备课,在研修教材、研究考纲、研究高考的变化。

  二是新课改实行"人人过关"。宁夏是全国实行新课程改革最早的地区之一。育才中学充分利用国家新课改实验区得天独厚的区位优势,针对青年教师居多的实际,通过开展"课堂质量达标工程"、实施"青蓝工程"、开辟"教师专业成长论坛"等活动,引进国家、上海、自治区教育厅等的教育专家进校面对面交流、手把手指导,采用专家评教师、教师评专家、人人过关等形式,一年一个老师要听120多节课,就是利用这样一些常人不易理解的做法,短短几年时间,学校完成了全校教师由传统课堂向新课改课堂教学的转变,使一大批青年教师成长为教学骨干和学科带头人。近3年,有60多名教师在全国、全区、银川市赛课中获一、二、三等奖。青年教师的快速成长,为学校的可持续发展奠定了基础。

  三是教学上自主、高效。从我们所听的32节课可以看出,育才中学教师讲课有板有眼、生动细腻，学生学习积极主动、扎实有效。注重讲练结合、教学相长。理科课堂讲授时间普遍在20分钟以内，课堂上老师将知识点和方法教给学生后，剩余时间全部集中在当堂训练上。每节课的练习题都是由简到难，形成梯度，学生做完后即可确保基本掌握。文科倡导自主学习，课堂上学生讨论，课后作业也是学生自查、互查，充分体现了以学生为主体、教师为主导的先进理念。

四是班级管理勤谨、严实。育才中学班级管理工作中心明确，坚持始终把学生学会做人和如何培养刻苦学习的良好习惯抓在手上、一抓到底。从教室的布置、学校环境的营造到宿舍文化的构成都体现了这一点。班级管理规范性强，育才中学的管理从"规范+合格"到"合格+提高"。班主任管理严格，按规定时间到位，从10个岗位点进行考核，要求班主任每天都要深入到学生中去，与学生谈话交心，工作针对性强。班主任队伍非常年轻，平均年龄不超过30岁，但是他们善于学习，锐意进取，加之交流平台多，所以成长很快。

五是寄宿制管理便捷化、人性化。育才中学是一所大型的寄宿制学校，为方便学校管理，宿舍的卫生、纪律、安全工作均由物业公司承担，政教处负责检查落实。每幢宿舍配1名保洁员和2名管理员，职责清晰、任务明确，要求标准高并能落到实处。学校允许学生在宿舍安放小床桌，方便学生在寝室学习。

宁夏之行虽已结束，但学习思考之路才刚刚开始。同为新建独立高中，在师资、生源、教学设施配备等方面相差不多的情况下，宁夏育才中学在短期内办出了成绩、形成了特色，成为宁夏基础教育的排头兵。我们应该思考的是：有些工作虽然抓了，但还没有像育才那样抓到位；有些工作虽然改了，但还没有像育才那样改到家；老师们虽然苦了，但还没有像育才那样苦出果。对照别人，反思自己，我们不能有丝毫懈怠，必须锐意进取，不断开拓创新。从六中的实际出发，我们当下要做的是：

一、强化职能，靠实责任，进一步改善科室和级组管理

育才中学用5年时间完成了从制度管理到文化管理的跨越，相比之下，我们办学两年多，仍忙于制度的修订完善，尚未进入文化管理的层面。学校今年实行了领导包级包组、教师包班包人、科室全盘协调、级组实体管理的目标管理责任制，在级组管理上，应该说起色较大，进步明显，但还存在着目标不明、压力不大、动力不足的问题。在年级组、教研组整体工作的谋划

上、师生管理的要求上、教育教学的指导上还缺乏积极性、主动性和创造性，没有真正在级组工作的高标准、严要求、创特色、出效益上下功夫、花气力，使级组管理工作进展不平衡，有的处于一般化。在包班包人上，除高三做得较好外，高一高二还没有完全责任到人，个别班主任对本班学生心中无数，一些科任教师对所教学生不闻不问，没有形成齐抓共管的合力，致使教育教学成绩平平。管理人员缺乏底气，顾虑较多，表现得畏首畏尾，迈不出步子，致使学生携带手机等问题没有得到根本性解决。级组的师生管理、班级管理、养成教育、学风建设等任务还很艰巨，教研组的教研教改、课堂教学、师生素质提高等迫在眉睫。在科室协调上，缺乏预见性、统筹性和执行力，中层干部忙于事务、疏于管理，有时责任界定不清、科室间沟通配合不够，影响了各自职能作用的充分发挥，使管理在低水平上运行。对此，我们还要学习育才中学，明确目标，增强制度管理的刚性，责任到人，抓落实、干到位、出成绩。领导要对所包级组全权负责，高起点谋划，低重心落实，全身心介入，采取有力措施，推进级组工作整体优化。年级主任、教研组长要明确"学校任命之日即是开展工作之时"，克服畏难情绪，大胆工作，科学管理。教研组要抓教师的教，年级组要抓学生的学，把重心放在课堂教学上、放在学风建设上、放在素质提高上。要高悬目标，分解任务、靠实责任、抓好落实，通过级组同心协力，真正找到适合本级学生最佳的教学契合点和突破口，包级包组领导和中层干部要支持好、指导好、协调好和服务好。全体教师要既教书，又育人，班主任要带好一个班，教师要教好一门课，同时要扎实落实包班包人责任制，创造适合学生的教育，让每一个学生都有提高。科室是学校管理的"腰部"，中层干部一定要挺起腰杆，甩开膀子干工作。要合理分工、明确责任、全盘协调、通力合作，真心实意地为学校出谋划策，为师生分忧解难，以自己的真抓实干树立威信，靠自己的优质服务感化师生。总之，全校上下，从领导到中层、级组，再到师生，要团结一心，树立自信，勇挑重担，埋头苦干，为开创六中教育教学新局面而争先恐后、顽强拼搏。

二、立足课堂，改革教法，致力促进教师专业发展

两年多来，学校在基于新课改的各类教师培训方面做了大量工作，采取集中培训、结对培养、外出学习、专家指导等措施，取得了明显的效果。但部分教师对新课改仍有一种无形的抵触，呈现出明显的"水土不服"。究其因，是对新课改的理论、目标、操作等缺乏必要的了解、认识和必需的知识

储备，加之思想上瞻前顾后，教法上因循守旧，不能很好地处理师与生的关系、教与学的关系，使课堂教学的质量与效率打了折扣。与此同时，我们只习惯于动口，懒得动脑，习惯沉迷于琐碎的事务和思维定式中，缺乏学习新知识、接受新思想、转变旧观念的勇气，部分老师面对新课改只听不做、只教不改，致使课堂气氛沉闷冷清，缺乏生命活力。对此，首先必须改革。允许改革有失误，但绝不允许不改革应成为我们的共识。学校领导、中层干部、中年教师要带头改、做示范，青年教师要积极改，跟上来。其次，教务处、教研室要制定好课改标准和课改达标考核办法，通过开展"新课改我行动"和"聚焦课堂"活动，把课堂教学改革切实抓在手上，落实在全体教师的行动上。要组织专门的听评课小组，逐人过关，先抓规范，次抓合格，再抓提高。今后，衡量教师专业发展水平的标尺要看教师的课堂教学改革。达标的要提升层次，未达标的要限期整改，站类排队、强力推进，从而营造"以老带新、以新促老、人人改革、个个争先"的课改新局面，形成"能者上、庸者让、奖优罚劣"的用人新机制。最后，搭建平台，创造条件，助教师成功成名。学校将千方百计通过校本培训、引强入校、对口交流、名师论坛、"青蓝工程"等多种途径，为教师擦眼、洗耳、换脑，特别在青年教师培养上要长远谋划，扎实推进，通过拜师学艺，建立青年教师与导师捆绑式进步的有效机制，在教学基本功比赛、课堂教学过关和专业知识测试等专业发展方面，要设立青年教师成长奖和导师成就奖。要给青年教师压担子、教方子、指路子，让他们聆听自我成长拔节的声音，享受自己不断走向成功的愉悦。学校今后将分期分批选送勤于学习、善于思考、勇于实践的教师外出考察、影子培训、挂职锻炼，使他们成为新课改的排头兵，以更好地发挥示范引领作用。

三、以人为本，转差扶优，树立学生第一思想

学生是学校的主体，也是学校的资本。虽然我校的生源参差不齐，但对家长来说，每一个学生都是他们的百分之百，要不抛弃、不放弃、不灰心、不懈怠，尽可能地提供适合每个学生的教育。在这一点上，班主任是学生管理最直接的责任人，要以高度的责任心和使命感，把规范和养成教育抓在手上，把做人和学习提高放在心上，尤其要对差生高看一眼，不让一个人掉队。科任教师要学习借鉴育才中学经验，采取"粗粮细作"和"高苗施肥"的办法，让每一个学生都有进步、有提高。所谓"粗粮细作"就是指在生源不好的情况下，通过栽培、调教和深加工，使每个学生都能在符合其个性

特点的前提下获得不同程度的进步和发展，使学生对自己的进步感到高兴，家长对孩子的成长感到满意，进而成为社会有用之人。所谓"高苗施肥"就是对学习成绩优良的学生，再扶一把，通过"施肥壮苗"，重点辅导，使他们尽快脱颖而出，成为向高一级学校输送的合格生源，并通过辐射带动，不断壮大优生队伍，提高学校的高考升学率和办学声誉。为此，各班、各级组要建立转差扶优新机制，最大可能地帮助每一个学生成长成才。

四、构建宿舍文化，营造温馨港湾，为学生创设良好的生活环境

对寄宿制学校而言，宿舍文化建设无疑是学校整体工作的重要一环。政教处要以"传承孝道、感恩父母"主题教育活动为契机，不断探索宿舍管理的新途径，强化管理，营造氛围，制订公约，形成规范，真正使宿舍成为学生的温馨港湾。"涵养淑女气质，修炼君子风度"，最能体现的地方就是宿舍，要让宿舍成为学生的"家"，成为文明之地、平安之所、切磋之吧。在宿舍管理方面，虽然做了大量工作，但是标准较低、要求不高，还需要上档次、上品位。如果宿舍管好了，文化形成了，就会使学生安居乐学、健康成长。值周督察组、班主任、管理员要恪尽职守、各负其责，把宿舍文化建设作为重点督促检查，整改提高，为明年举办首届宿舍文化节总结经验、推广典型做准备。

宁夏之行让我们看到了许多，听到了许多，也想到了许多。通过看和听，我们找到了差距，足以证明不虚此行。通过反思，我们达成了共识，就是要有办好教育的大气魄，办好学校的大作为，一步一个脚印地抓规范、抓合格，一件事一件事地抓落实、抓提高。只要我们上下一心，团结一致，锐意改革，奋力拼搏，就一定能用六中人的大手笔书写六中的新篇章。

学校教育要让学生有知识的饥渴感

新课程改革的核心是教育教学观念和思想的转变，改革的重点是教育教学方式的变化，改革的主阵地在课堂，衡量课堂教学成功有效的标准应该是学生学会，从而会学。前者指知识方面，后者指习惯能力方面，而后者显得尤为重要。让学生学会并且会学的途径无非两条：一是通过老师的循循善诱教其学会；二是学生自己通过研习揣摩学会。第一种就是传统的为师的责任，即韩愈所说的"传道授业解惑"；第二种就是新课改所体现的教学理念，即学生是学习的主体，学生在自主合作探究中掌握知识，获得习惯和能力。两者殊途同归，都是体现教育的价值，即教育就是教给（获得）一种习惯、一种能力，从而幸福地生活。"会学"是一种习惯、一种能力，拥有了这个习惯和能力就能终生坚持学习，成为一个儒雅的文化人、文明人。教育的本真就是教人向善、向真、向美，能成为一个文化人、文明人，就已经迈进了真善美的大门，登堂入室就不成问题。但教会与学会又有明显的不同，前者老师是主导，老师用力多，学生被动接受，但费时少、效率高，因为在拥有专业知识方面，老师得天独厚，老师教学生就有点自然界老鹰教小鹰、大老虎教小老虎的味道，这是生存的必要。后者学生是主体，老师不教，他们慢慢也会学会，但时间长、效率低，要苦思冥想，练习揣摩，走很多弯路，甚至还要付出一些代价。可是，一旦掌握，则终生牢记。

理想的课堂教学应该是教会与学会的完美契合，该教则教、当学则学，起承转合，天衣无缝。譬如天地运行，风云雷电，日月江河，是自然而然的事情，谁也违背不了，顺应最好。课堂上，老师教，学生学，犹如婴儿吃饭走路，大人得给示范，小孩才能模仿。"教"就是反复示范，"学"就是反复练习。在这个漫长的过程中，教和学是不能分离的，得两条腿走路。这样循环往复，便教会了许多，学会了许多，举一反三，触类旁通，也就能会学许多。因此不能一提新课改，就忽视老师教的作用，甚至不要老师教了，让学生围着课桌自学、讨论，上台展示，老师不满堂灌却满堂转。有时候我想：学生自学能学会的东西，要么是非常简单，要么是孩子普遍聪明。但现实情况并非如此，唯一的可能就是手头的参考书和标准答案多了，课后请老师补习的多了。课堂减负了，课后任务大了；老师减负了，家长负担重了。这样的教育是多么得不偿失。

理想的学校教育应该给学生呈现不同的教育教学内容，老师应该具有多方面的才能，指导教会学生生活和生存的技能。喜欢读书的让他书读得最好，喜欢唱歌的让他歌唱得最好，喜欢打球的让他球打得最好……譬如小猫上树，老虎爬山，鱼儿游泳，鸟儿飞翔，让学生做他们最喜欢、最拿手的事情。譬如花园中，富丽的牡丹，高洁的荷花，清幽的菊花，芬芳的兰花，竞相开放，争奇斗艳，大家都不同，大家都很好。但学校教育不是这样，需要培养通才，要猫儿也能上树、爬山、游泳、飞翔，岂不是强人所难，这也是教育的无奈。

理想的学校教育应该给学生提供多样化的课程，这些课程的内容必须与社会生产生活劳动相结合，让学生学习后能对今后的生产生活有所裨益，让语文学习好的学生能读书、能写作、能写应用文，让数学学习好的学生能计算、能丈量、能核算成本，让历史学习好的学生不再看着电视上的历史戏说而津津乐道，让地理学习好的学生学完常见天气系统能判断风云变幻。这虽然带有很强的功利性，但可能更直接、更实用。但现实的基础教育不是这样，他们想培养精英、培养理论家，课程内容尽管丰富多彩、琳琅满目，但屠龙之术有余，生活之术不足，学生学习后难免如崂山道士学艺、邯郸儒生学步。学校提供给学生的是满汉全席、文化大餐、山珍海味应有尽有，天天如此，学生吃腻了，吃得腰圆肚肥，他们摄入了过多的脂肪，缺少的是钙、是盐。他们看见这些东西就反胃，缺乏知识的饥渴感。所以学校教育不要试图只用知识填充学生的大脑，正如不要只用白开水填充学生的肠胃一样，清汤寡水下肚，反胃不说，连生命都难保障。现在的学生患的正是这种病，吃进去的全是一样的食物，对胃口的舒服惬意，不对胃口的自然厌食挑食，结果是要么营养不良，要么营养过剩。

理想的学校应该给学生提供多样化的教育教学方式，课堂固然是主阵地，但也应该让学生到大自然中去，到生产劳动第一线去，在实践中消化知识，在实践中掌握知识、获得能力。这样，学生对每一样内容都有新鲜感、饥渴感，有强烈的学习诉求。这样的学习方式培养的学生有高素质、高能力、高水平，能够在激烈的社会竞争中立于不败之地，脱颖而出。但现实的学校教育不是这样，因为安全、高考、家长期望、社会评价等，学生的学习方式只剩下课堂教学，难怪学生高考结束后把书撕成碎片扬向天空，一副解脱的样子，并且从此十几年对读书学习深恶痛绝，可想而知，我们给高等院校和社会输送的是怎样的"合格人才"。所以，学校教育要让学生有知识的饥渴感，要让学生觉得学习是快乐的事情，上学是向往的事情，学校是他们的精神乐园。因此，新课程改革与其是说要改变课堂的教学方式，毋宁说是要从根本上改革学校的教育方式。

构建有文化的课堂

"改进作风、提高效能、优化环境"是今年在全市开展的一项主题活动，对于我们学校而言，这也是一项非常必要的活动。面对新学校、新形势，社会给了我们更多的宽容，同时也期待我们做出更大的成绩。但我们能给社会、学生家长和上级主管部门呈现什么，这是每一个人都要认真思考的问题。学校开办三年来，调入和新分配来的老师，绝大多数作风扎实，工作勤勉，成效显著，但也有一些同志慵懒、散漫、混同于一般人，不注重自我修养，不加强读书学习，难以为人师表。

从学生情况来看，今年是我校高三学生第一次参加高考，与庆阳一中联考两次，成绩不是很理想，与我们期望的目标还有很大的距离。我校高一、高二学生存在一些问题，在课堂学习、班级教育、宿舍管理等方面还不尽如人意。基于这样的原因，学校开展主题活动是必需的，也是必要的。刚才学校宣读并下发了实施方案，我再就转变工作作风、构建文化课堂、注重德育渗透三个方面的问题讲点意见和要求。

一、切实转变工作作风，优化学校育人环境

（一）转变干部工作作风

古人讲："其身正，不令而行；其身不正，虽令不从。"没有一支作风过硬、敢打敢拼的领导队伍，就很难带出一支勤勤恳恳、工作扎实、能打能拼的教师队伍。正人先要正己，改进作风先从改进干部作风抓起，目前学校中层干部还需从以下四个方面改进工作作风：

1. 求真务实，动真碰硬

要从学校、学生家长、社会、上级部门反映最强烈、制约学校发展最明显的突出问题入手，重点研究、重点解决，一抓到底。当前要着力解决课堂教学中存在的不愿改、不能改、改不了的问题，解决班级管理中存在不敢管、不能管、管不了的问题，解决校园建设中存在的进度慢、效率低、质量差的问题，解决队伍建设中存在的拖拉、懒散、不学习、消极怠工的问题。

每一个领导干部都要坚持原则，实事求是，不遮掩、不推诿、不扯皮，真抓实干，干出成效。每一个部门都要从学校的大局出发，教育和管理好自己的人，发现问题并及时解决，不上交、不激化矛盾。

2. 深入实际，走动管理

学校管理无大事可管、无大权可抓，都是小事、都是细节，但关乎师生的事都是大事，关乎学校发展的细节都是大节。工作方法、方案、思路和智慧都是在实践中产生的，不是在办公室拍脑袋拍出来的。所以我们身子要到一线、感情要到一线、思考要到一线，深入班级、课堂、宿舍、餐厅和师生，这样才能发现问题，找到症结，才能寻找出解决问题的办法，拿出活动实施方案。这样提出的方案是得到师生认同、切实可行的。这样解决的问题是关乎民生、行之有效的。要边走边管理，边走边思考，真正做到情况在一线了解、问题在一线解决、经验在一线总结、形象在一线树立。

3. 跟踪督办，限时办结

许多工作在行政会上已经安排，校历上也有所反映，发了文件，拿了方案，但还存在着用会议落实会议、用文件贯彻文件的现象，工作一拖再拖、被动应付、敷衍塞责，周内能做的事拖到周末加班，白天能做的事放到晚上。好多事情仓促汇报、草率开展、疏于总结，结果贻误了时机，出现问题，造成影响。今后，学校要用校历和计划约束科室，科室要用工作进度推行各项工作，未按时完成或完成不好的科室人员要做出说明，必要时还要做检讨。

4. 公开承诺，接受监督

管理是服务，服务是阳光、公开的，没有见不得人的事情。只要方案、办法是从群众中来、到群众中去，得到广大师生认同，我们就大胆实施，不折不扣推行。群众提意见、发牢骚是好事，说明大家关注关心。宁要微词，不要危机。我们要畅通渠道、广开言路，公示各项工作结果，公布各项账务收支，公开工作活动流程，请师生参与，学生和家长监督。对于师生反映强烈的问题要勇于面对，积极应对，正确处理，及时改进，公开反馈，直至师生满意。

（二）转变教师工作作风

1. 纠正不按时上下班的问题

学校的作息时间是为全校教职员工和学生制定的，不只是班主任和学生，应该人人都要遵守，但一些年轻教师未能褪去学生时代的坏习惯，睡得晚、起得迟，不按时上班，甚至早退、提前下课、随便脱岗。上班期间，老师可以在教研组查阅资料,阅览室读书看报,年级组备课研讨,到科室请示汇报工作,但不能在宿舍睡大觉,在家里干私活。不能只讲人文关怀,不要制度约束。"以人为本"包含两层含义,即在不同层次上满足人的基本需求和发展人的能力。我们恐怕只理解了前者而忘记了后者。坐班制度已经形成,就要不折不扣地实施下去,每个人都应严格遵守作息时间,不能游离于制度之外。

2. 纠正升旗、开会、集体活动秩序差、喧哗等问题

教师为人师表,要在学生面前树立自己的形象,要让学生以自己的一言一行为榜样。要求学生做到的,我们首先就得做到。要切实纠正升旗时站位慢、形象差、不严肃、自由散漫等问题;要切实纠正开会时迟到早退、漫不经心、不记笔记等问题;要切实纠正集体活动时不顾大局、不识大体、言语粗鲁、举止张狂等问题。要学会换位思考,不尊重别人实际上是不尊重自己。

3. 纠正办公场所卫生差、物品摆放凌乱、不爱护公物、浪费水电等问题

各科室、教研组、年级组办公室的卫生要制定值日表,按时打扫,树立自身形象,营造干净、整洁、舒适的环境。今后,办公室负责检查各科室的卫生情况,教务处检查各教研组的卫生情况,政教处检查各年级组的卫生情况,并且每周做一次通报。"一屋不扫,何以扫天下?"办公室收拾不好,如何教育学生做好教室环境卫生。教育学生要爱护公物,老师首先得爱护办公用品、体育用品;教育学生要节约水电,不铺张浪费,教师首先得及时关灯、关电脑、关水龙头,爱惜粮食。这些事情表面看是小事,但实际上是关乎学生教育的大事。

二、不断搅动学生,构建有文化的课堂

挪威人爱吃沙丁鱼,尤其是活鱼,他们在海上捕到沙丁鱼后,如果能让它活着抵港,卖价就会高出许多。沙丁鱼生性懒惰,不爱运动,长途运输会导致死亡,有人放进了鲶鱼,在鲶鱼的攻击下,沙丁鱼为了活命——动了起来,最后都活了下来,这就是所谓的"鲶鱼效应"。运用这一效应,通过异质并存的个体"中途介入",对群体起到增添活力、激励竞争的积极作用。我们讲"鲶鱼效应",就是指教师要在课堂上引入一条"鲶鱼",这鲶鱼或是一个能够引起争鸣的问题,或是一个激发兴趣的联想,或是一个无限创意的思维,或是一个让人动手的设计。总而言之,它是一个扔进微波荡漾的"石头",一石激起千层浪,产生永久的涟漪。这样的课堂,学生是活的、动的,教学是鲜活、生动的,而不是有些课堂门紧闭,窗严关,帘子拉住,

学生面前书本摆成"长城"。上课死气沉沉，下课生龙活虎。老师没能搅动学生，自己在岸边唱独角戏，眼前既无"鱼"，心中亦无"渔"，无法提高教学质量。今年是我校的"质量提升年"，学校提出要构建有文化的课堂，在我看来，有文化的课堂首先就是通过传承文化，让学生学习增值的课堂，既有数量值，让学生学到一定数量的知识与技能，更有意义值，让学生学到的东西是有意义或受用的；既有方法值，让学生掌握会学习的方法，更有动力值，让学生产生想学习的愿望，对学习保持强烈的兴趣。其次要以文化人，让学生得到熏染和陶冶。天下染于苍则苍，染于黄则黄，学习就是一个不断浸润、化育的过程。最后要以生为本，满足不同层次学生的基本需求，同时促进学生能力的发展。有人讲，学生在学校过一种什么样的生活，就意味着学校有什么样的文化。要培养什么样的人，就给他什么样的文化环境。当然，文化课堂的构建不是刚性而是柔软的，它要靠唤醒、发现、培植、引领去实现文化内容的变化。我们不搞一刀切、不搞"大跃进"，但每一个人一定要立足于"改"，致力于"变"，静等花开，期待山花烂漫。

三、注重学科渗透，提高德育实效性

管理，就是科学地管好，有条理地理顺，让人健康、可持续地发展。要疏，不要堵；要管活，不要管死。要实现这一目标，就要不断地教育。惩戒是一种教育，赏识也是一种教育，但都要注意一个度，过犹不及。教育不是政教主任、班主任一个人的事情，要靠学校的每一个人，尤其要注重学科渗透。语文、历史等人文学科注重"以情育人""以史育人"，物理、化学、地理、生物等自然学科注重"以理育人"，音乐、美术、体育等艺术学科注重"以美育人"，政治学科更要扛起育人的大旗。德育活动要寓教于乐，要有针对性。德育是盐，是调料，要溶于汤中，才能被吸收，才能见实效，这汤就是课堂、就是活动。我们要掌握火候，什么时候放、放多少，运用之妙，存乎一心。学校也开展了许多活动，但为什么效果不明显，就是没有设计好、组织好，没有很好地发挥育人的作用，活动结束后没有很好地总结。这就是盐没有放到位，火候不到。所以，教师、管理人员要注重学科渗透，要有人文教育、科学教育和美的教育，要把"盐"放进"汤"里去，真正做到寓教于乐，真正触动学生的心灵。

以上三方面，我是"知无不言，言无不尽"，希望广大师生能对照自己，"有则改之，无则加勉"，通过这次主题活动，真正地改进作风、提高效能、优化育人环境。

开展听评课活动　建设有效性课堂

庆阳六中是2009年政府开办的一所全日制寄宿制学校，建校伊始，学校就提出了"创造适合学生的教育，为未来发展积蓄资本"的办学理念和"学比教更重要"的核心教学理念，力争使教育教学工作按照新课改要求进行。在加强师资培训、完善集体备课、创建高效活力课堂的同时，多种形式的听评课活动稳步推进，为建设我校有效性课堂发挥了积极的作用。

一、基本情况

为全面贯彻落实学校的办学理念和课堂教学要求，学校于建校初就成立了文、理两个听评课小组。听评课小组由主管教学的副校长任组长，教务教研室分管同志任副组长，代课的中层领导和教研组长任组员。听评课小组成员按教务处及教研室的安排，全程参与全校教师的摸底课、研究课、观摩课、示范课及青年教师的汇报课等听课活动。同时，听评课小组也是课堂教学督查小组。督查分课前督查，即教师集体备课、教·学案生成、学生预习等环节的督查；课中督查，即深入课堂听课、评课，落实课堂教学环节；课后督查，即教师的课后反思，学生作业、教辅资料的完成和批阅情况。并与被督察老师一道依据督察事实共同研讨精进之道。

除听评课小组成员以外，学校领导、同学科老师、青年教师和其他教师也积极听课。他们在认真进行听课反思的同时还提出了许多可行性建议。根据教务处和教研室的统计，每学期听课超过40节次的教师达到60人，学校校长、主管校长及教务教研负责同志每学期听课都在80节以上，其他老师听课最少也达到30节次。目前，听课对我校教师而言，已变成一种学习借鉴、一种督促鼓励、一种职业习惯。

持续开展了3年的听评课，既有示范课、观摩课、同课异构研究课、组内研究课，又有新上岗教师的"摸底课"和新分配教师的"晒课"。还有组内教师的说课比赛，与兄弟学校组织的"联课"活动。截至2012年7月底，全校162名科任老师的课已全部听完。3年来，教务处、教研室组织各科各类听课 523 节，其中，摸底课 97 节，汇报课 58 节，青年教师"晒课"239 节，观摩公开课 129 节。

听评课小组采用"当堂测、当天评"的方式对 162 名科任教师的课堂教学进行了扎实有效的评课。评课时，一并检查教·学案、配套资料及听课笔记。看教·学案是否有课后反思，配套资料是否随进度完成，听课笔记记载是否详细、是否有听课反思。听评课小组成员及参加听课的教师在评课时，既肯定了授课教师的优点，指出了其必须加以改进的方面，又中肯、坦诚、客观地提出一些值得大家共同探讨、商榷的问题和许多合理化的建议。在此基础上，逐渐形成我校好课的五条标准，即有恰当、适合的学习目标，且目标达成度高；有合理、科学的导学案，且学案完成情况好；有灵活多样、面向全体的教学方式，且讨论、展示、训练、检测等占相当比重；有预设、生成的学习内容，且知识与能力整合统一；有自然、贴切的学科德育渗透，既教书又育人。达到这五条标准，就是有活力的课堂，也是有效课堂。

从听评课活动的结果来看，多数教师表现出了较强的课堂教学组织能力和较高的教学水平，部分教师已初步形成了自己的教学风格，基本达到好课标准。这样的老师有 40 人，占到总人数的 25.2%。这些老师的教学过程既反映了集体备课的成果，又展示了教师灵活多变的教学实践智慧。他们能充分挖掘教材，合理整合教学资源，恰当设置学习目标，授课思路清晰，重点突出，难易适度。他们授课充满激情，能充分关注学情，并适时给以指导和帮助，学生参与热情高，能自主合作学习，课堂效率高。有一部分老师的课堂已称得上魅力课堂，可以作为各教研组的示范课进行推广。另外还有 59.1% 的老师备课扎实，准备充分，在课堂教学过程中，能紧扣学习目标组织教学，积极落实学校的教学模式和各教研组的课堂教学策略，教学效果良好。但还存在一些问题，如设置问题不够精确，给学生的思考空间少，对学生的启发、引导不足，不注重小组合作学习等。还有部分老师的课堂教学存在严重问题，或学习目标设置过难、过易，或不能紧扣学习目标进行教学，或讲解过多，学生参与太少，我校的教学常规和"课堂教学八个一"得不到落实，教学效果不尽如人意。另外，我校 85 名青年教师中，虽然经过培养有部分青年教师已脱颖而出，能够站稳讲台，但仍有相当一部分青年教师的课堂教学能力亟待提高，缺乏驾驭课堂的技巧，课堂教学脱离学生实际学情，效率低下。

二、成功做法

本着"边实践边反思、边总结边提高"的原则，我校听评课活动有效促进了学校课堂教学质量的提升。经过实践，有几个比较成功的做法启迪我们进一步思考，值得不断完善坚持。

（一）集体备课是课堂有效教学的前提

集体备课可以补充个人在处理教材时的疏漏，发挥集体智慧，选择最佳教法，研究最佳学法，同时强化教师之间密切配合，以达到水乳交融、整体优化的目的。学校要求中心主备人提前一周拿出备课稿，印好交付备课组其他成员，其他成员拿到备课稿后，认真钻研教材、教法、学法和学情，在备课稿的空白处添加备课内容。星期一备课组会议上，中心主备人发言，其他成员讨论补充，形成备课组的教·学案，由备课组长签字后进行施教。教·学案既包含了教师的教案，又涵盖了学生的学案，并逐步在向学案过渡。现在，数学组已全面使用学案，语文组的作文学案、阅读学案、英语组的作文学案和背诵学案也已开始使用，地理组编写了图像专题训练学案。今年高一要全面推行导学案，试点成功后将在全校推广。

（二）学习方式的转变是推行新课改的关键

教无定法，贵在得法。在推行新课改初期，矫枉必须过正，所以我们立足学生实际，关注学生学习，以学定教，强力倡导"学比教更重要"的观念。课堂上不看你教了什么、教了多少，而要看学生学了什么、学了多少。上课要按照学生的思路，而非教师的思路，力求达到变教案为学案、变讲堂为学堂、变传授为引导、变作业为检测。为此，我们要求科任教师在课堂教学中必须贯彻落实"3015"模式和"2025"模式，并努力做到"八坚持"，即每堂课必须备课；分层教学，至少留两类不同层次的作业；教师讲授时间不超过30分钟，把课堂时间还给学生；讲授新课时，学生发言不少于8人次；学生动笔练习不少于8分钟；处理偶发事件不超过30秒；请1名至2名学生做课堂教学总结；坚持教学反思，发现不足、减少不足。同时，总结提炼出好课标准，作为课堂教学评价的基本标准来规范教师的教学行为。当然，我们在规范了新课改课堂教学的基本模式后，仍然鼓励倡导各教研组积极探索，提出并不断完善各具特色的课堂教学改革措施，以最终实现"大家都不同，大家都很好"的理想状态。

（三）目标引领和学案导学是课堂规范的根本保证

科任教师依据实际学情确定学习目标，并在上新课时首先将本节课的学习目标分条书写在黑板上，让教师和学生都明白这节课要干什么、任务是什么。一节课的目标达成了，任务完成了，这就是有效课堂；反之，就是低效或无效课堂。这里说学习目标而非教学目标，学生是陈述主体，学生要完成什么、了解什么、体验什么等都是明确的、具体的。教学就是"教学生自己去学"。学案就是引导学生自主学习的方案，是指导学生自己动手、动脑、讨论、交流，进行学习的过程，是贯穿课堂的主线和灵魂。学校明确要求，学案编写以课时为单位，要突出指导、突出自学，有明确的学习目标，体现学法指导、自主学习、合作探究、效果检测等环节，并具有引导学习和突破问题的功能。要把分工编写与集体讨论相结合，未经备课组一起讨论的学案一律不得采用。学案的使用要结合班情、学情、课型等具体情况，灵活使用，适时调整，有增有减。学案设计和操作体现五个基本环节：一是预习自学。先学然后知不足，先学然后产生疑问。学案中预习的要求要具体明确，便于学生操作，学生能够知道学什么、怎样学、学到什么程度。二是探究合作。探究合作是贯穿于每一个教学环节中的学习方式。在自主学习基础上，实行小组合作与互助学习，有序合作，互动交流，教学相长。三是展示交流。展示以问题为起点，以独立思考、合作交流为基础，以释疑解难和提升为目的。展示的问题要精选，要选择具有思维价值、创造价值和发散价值的问题进行展示。四是反馈矫正。反馈矫正既是一个独立环节，又必须贯穿于教学过程始终。反馈检测的方式不仅是书面考试，还包括提问、观察、展示、练习等多种形式，要及时点拨矫正、精讲提升。五是拓展巩固。展示后要给学生留出一定反思时间，让学生进一步咀嚼回味，消化吸收，并设计适当的题目让学生进行巩固和拓展。以上五个环节，对于小模块的知识内容可在一堂课中完成，对较大模块的知识内容可在几节课中进行。

（四）课后反思是提高教师专业水平的有效手段

学校的教学案中，有一个版块是教学反思，老师可以叙写教学故事，展示心路历程，反思课堂失误，总结教学收获。绝大多数教师都能坚持教学反思，反思既有备课反思、授课反思，也有听课反思和评课反思。通过反思，教师能及时发现课堂教学中的不足，并想方设法减少不足。要让"反思"成为教师的一种工作方式，养成时时反思的习惯，在反思中积累、在反思中发现、在反思中成长。三年的实践来看，注重反思的教师成长特别快，他们已能在各类课例课型中驾轻就熟，解放了自己，从而也解放了学生。

三、今后课堂教学策略

当然,通过听评课,我们也发现了很多问题,针对这些问题,学校提出"先规范后提高"的课堂教学策略。要继续强力推进符合我校实际的课堂教学模式,即理科性课程采用"3015"模式,文科采用"2025"模式,课堂上,教师讲授一般不超过30分钟,一些文科性课程尽量控制在20分钟以内,学生学习多于15分钟或25分钟。要在高一年级全面推行导学案教学模式,然后在全校推广,真正使教案变学案、讲堂变学堂、传授变引导、作业变检测。要进一步加大听评课力度,按照新课改要求和好课标准开展说课、讲课和优质课竞赛,逐人过关,搅动学生,激活课堂,让教师能尽快站稳讲台,成长成功。让学生能找到"最近发展区",学习增值。

(一)进一步转变观念

课堂教学改革,理念的突破是前提,新的教育思想与传统教学实际的对接是关键。近年来,学校先后派出教师赴山东、成都、北京、宁夏等地名校考察学习,印发了洋思、杜朗口等名校教改经验学习材料,学校领导、骨干教师多次讲学习体会,大会报告,小组讨论,备课组研讨交流,通过常态课、达标课、探究课、示范课等课堂模式的展示,加快了教师与新课程相适应的心智模式、情感态度、知识结构和能力结构的构建速度。为寻求有效性教学的策略和措施,学校把校本教研的重心取向放在对学校现有教学方式的改革上,研究的核心价值取向放在如何提升教育教学的质量上。在榜样示范、案例分析、随堂实录、反思体会等一系列教学教研活动的推动下,形成互相研究、互相借鉴、互相学习的有效课堂探究氛围,也激发了大家的改革意识,达成了对课堂改革的共识。有效课堂最本质的要求是解放学生,培养学生的主体意识,变"带着知识走向学生"为"带着学生走向知识"的师生共同发展的生态性、生活性课堂。但我们仍然有必要继续通过集中培训、结对培养、外出学习、专家指导等措施,来扎实推进教师培训工作,以进一步提升广大教师对新课改理论、目标和操作的了解与认识。

(二)发挥骨干教师的示范引领作用

通过3年的听评课,有40位老师的课基本达到了标准,还有一些中层管理人员、教研组长和两届"学生心目中最喜爱的老师",他们是学校的学科骨干,分布在不同的学科,在课堂教学改革中,能成为榜样和标杆。学校将每学期安排这些老师在全校或教研组内上公开课和示范课,发挥带头和促进作用。还要邀请省内外名校名师来校讲课、听课,诊断课堂。

（三）青年教师培养工作要稳中求新

我校青年教师占比很大，他们具有基本功扎实、思维敏捷、思想观念新、创新能力强的特点，将会成为学校课堂教学的中流砥柱。通过开展师徒结对等校本培训，一大批能力突出的青年骨干脱颖而出，成为实施课堂改革的主力军。但还有一大部分青年教师仍在路上，学校要认真落实听评课制度，通过原有的师徒结对、帮扶指导、专业引领、同伴互助、自我探索等平台和途径，加大对青年教师培养的力度，树立典型，以点带面，逐步推进。我们要把三年作为一个培养周期，对青年教师的成长进行全面考核，设立青年教师成长奖和导师成就奖。对于考核不过关的青年教师，要求其再进行拜师学习。

（四）把实施有效性教学改革同学校的综合配套改革有机结合起来

有效性教学改革，绝不仅仅是一个形式的变化，随之而来的是师生思想行为方式的变化，是一项综合性工程。单纯课堂改革，"曲高和寡"难以取得成功。为此，要推进"四个结合"：

一是与文化建设相结合。在实施课堂教学改革中，迫切需要将学校文化引领作用和功能再予以加强，营造学校"文化气场"，让师生有文化的认同感。让学生实现自我管理，学会自主学习，构建满足学生充分发展需求的教育文化环境。充分体现学生在自主学习、自我教育和自主管理方面的主体性，努力把落实学生主体地位变成一种实实在在的行动。为此，班主任要深刻认识加强班级文化建设，强化环境育人的重要性，努力营造以激发学生"自主学习、合作学习"为主题的文化氛围。要结合课堂改革，重新审视原来的班级标语、班级口号，把那些虚大空的口号或标语去掉，从本班的班情学情出发，在"实在和有效"上下功夫。也可以开展班级命名、班级誓词、值日班长赠言、组名、组训等激发学生学习激情、奋发向上的活动。要根据班情学情成立学习小组，选好组长，发挥学习小组的带动作用。要开展丰富多彩的教育活动，使学生真正认识到学习是自己的事，我的课堂我做主，我的人生我把握，增强自主学习、合作学习的意识，形成良好的学习习惯，着力把自主学习、自我参与、合作交流，变成一种自觉自愿的行为。

二是与培养学生良好的学习习惯相结合。课堂改革不只是教学方式的变化，学生学习方式的变化才是根本，尤其是学生是否具有良好的学习习惯，直接影响到课堂改革的成效。因此，无论是班主任还是任课教师都要强力培养学生良好的学习习惯，尤其是自主学习、合作学习、探究学习的习惯。班主任可通过实行"学生成长足迹"制度，规范学生的学习过程，让学生合理分配和利用时间，及时计划，彻底落实，认真反思，勤于总结，从而提高学习效率。任课教师可通过实行典型题集本、纠错本或默写本，培养学生归纳总结、复习巩固的习惯。语文教师可通过开设阅读课或课前五分钟演讲，培养学生阅读的习惯和演讲的能力。

三是与备课互研相结合。备课互研要把怎样用教材教、教什么，怎样突出学生的主体性，如何实现课堂的有效性，以及讨论学案和选择训练题等，作为备课互研的重点，落实到位。把教学资源共享，作为互相学习、互相启发的智慧和力量，实现协同作战。要研究教的有效性。如何解决"教"的有效性？面对"增肥"了的教材，怎样处理？面对一片题海，哪个该讲？面对基础不同的学生，怎样分层讲解？教师应尽快从学科本位走出来，用大课程观解决教教材的问题，用整合观解决教学内容的选择问题，用师生互动解决教学方式单一问题，用学情研究解决重复训练问题，用学科分层解决学生的需求差异问题。要研究"练"的有效性，加强"有效训练，分层作业"的研究。教师要为学生精选适合不同学生层次发展的个性化作业。课内作业主要解决课标要求，课外作业满足差异自主发展需求，避免重复机械训练，引导学生跳出题海，切实减轻学生过重的学业负担。研究"学"的有效性，解决学生有效自主学习问题，学校、年级和班级要注重创建满足学生充分发展需求的教育环境，充分体现学生在自主学习、自我教育和自主管理等方面的主体性。职能部门要研究辅导课、自习课培优补差的方式方法，提高针对性和有效性。切实通过小课题研究、校本研究，努力为课堂改革提供科研支撑。

四是与落实教学常规相结合。课堂改革并不是不要常规，而是要强化常规，通过落实教学设计、编写学案、批阅学案、强化训练、业务学习、听评课等环节，促进课堂改革，提高教学质量。

总之，三年来的听评课活动任务不轻，但学校领导、教研组长及广大教师克服困难，积极参与，确保了活动的顺利进行。虽然我们建立了较合理的听评课制度，开创了有效课堂的良好工作局面，但只是起步或者是刚有起色，一些方面还不尽如人意。新课改工作任重道远，课堂教学质量是学校永恒的主题，今后仍需充分发挥教研组长和骨干教师的集体智慧，调动广大教师参与的热情和积极性，凝神于课堂变化，专注于学生发展，真正使我校课堂教学朝着有效性和高效化的目标迈进。

德育先行　课堂跟进

——赴陕西宜川中学考察学习报告

为进一步深化新课程改革，促进学校内涵发展，提升教育教学质量，近期我校教师一行31人前往陕西宜川中学进行了为期3天的考察学习。在出发前的动员大会上，学校明确指出：此次考察学习的重点是自主课堂和自主管理。考察学习的同志吃饭从俭、行车从快，在到达宜川县的当天晚上，即对宜川中学的校园布局、学生晚自习、晚休进行了实地观摩。其间，我们对宜川中学学生的一日常规进行了全程跟进式考察，参加了清晨升旗仪式和晚间激情宣誓及小班会活动，观看了"胸贴背式"大课间跑及疯狂英语朗诵，进入课堂观摩教学，每位老师走班听课至少在10节次以上。积极与宜川中学校领导、各科室负责同志、任课教师及宿管人员进行了深入交谈，收集了包括视频、图片、文字在内的大量信息，获取了学校成功发展的核心密码。

本次考察学习活动，我们收获良多，受益匪浅，启发很大。返校后，组织赴宜川中学考察学习交流的人员和"青蓝工程"中接受培养的青年教师及生物组的全体老师进行了座谈，部分教研组长和管理人员也旁听了座谈。座谈会上，各备课组代表对宜川中学此行看到的、听到的、想到的以及对宜川中学成功的做法进行了梳理，并结合我校实际，谈了自己的理性思考和今后的打算。会后，相关科室和各备课组积极讨论，形成了考察学习的心得体会。考察学习人员一致认为，宜川中学在推行新课改中能深刻领会和把握新课改的精神内涵，全面推进，重点突破，尤其是自主管理、自主课堂有理论支撑、措施推进、过程管理、办法评价、经验总结和质量效益，全校一盘棋，行动齐步走，真真切切推进新课改。与会老师听后精神振奋，大家纷纷表示在新课改进入深化和转型阶段，要学宜中见行动，在班级管理和课堂教学上步子再大一些、方子再多一些，努力创造适合学生的教育。

一、宜川中学概况

陕西省宜川中学创建于1941年，位于宜川县城中心，濒临著名的黄河壶口瀑布。学校占地面积75亩,建筑面积5万平方米,现有96个教学班,在校学生6587名,教职工385名。近年来,学校坚持"学校的一切为学生发展而存在"的办学理念,积极探寻生本教育真谛,着力构建以"自主课堂"改革为核心的高效课堂和以"自主管理"改革为核心的生本德育,在全国首创"学生自主发展模式",走出了一条内涵发展、特色发展、明校发展的创新之路。宜川中学把办学的追求定位于"明校"而非"名校",即学校明明白白办学,教师明明白白教书,学生明明白白学习。2006年9月,宜川中学晋升为陕西省重点中学,2011年11月,陕西省教育厅在宜川中学成功举办"全省普通高中教学改革与学生发展现场会"。学校被誉为"全省基础教育改革的一面旗帜""全国学生自主发展的一大样板",现已成为与壶口瀑布齐名的又一靓丽名片,每天来自全国各地的参观学习者络绎不绝。

二、宜川中学的主要做法和经验

全体学习人员在认真总结后,认为宜川中学的成功经验和管理特色主要有以下几个方面。

(一) 确立了新课程实验德育先行和课堂跟进的发展战略

新课改实施之初,学校结合自身实际提出了"学校的一切为学生发展而存在"的办学理念,同时基于对人的认识,提出"先成人、后成才、最后再成功"的德育管理策略,具体为实施"4321"工程。四项教育即养成教育,是德育的核心,培育学生具有优秀公民意识,通过禁令、班规、承诺、约定等约束学生,评比、表扬激励学生。信心教育,培养学生自信阳光心态,如升旗、课间跑口号、疯狂英语诵读、班级宣誓等。感恩教育,构建和谐融洽家园,如主题班会、家长会、报告会等。安全教育,构建平安有序的乐园,如安全主题班会、防灾演练、安全图片展等。三大建设即德育队伍建设,实行全员育人导师制,承包学困生教育,全力建设教师队伍、班主任队伍、家长队伍和社会队伍。自主管理队伍建设,学校、年级、班级都有自主管理委员会,分工明确,责任到人,最大化地发挥学生策划组织、参与评价和管理的作用。校园文化建设,通过创建班级文化、走廊文化、灯箱文化、橱窗文化、宿舍文化、餐厅文化,营造校园文化氛围,达到育人目的。两个关爱即关爱品学兼优学生和贫困学生。关爱学困生,他们认为因教育管理不当产生"差生",所以要尊重学生、包容学生、唤醒学生。一个核心即以自主管理为核心。学生行为要自主规范,学习要自主激励,生活要自主服务,文化要自主构建,成长要自主实现。正是通过这样一系列活动,学生被激发起来、搅动起来，从而转变了学习方式和行为方式，成为课改的主角。

（二）创建了"三环节导学式"教学模式

宜川中学课堂教学模式包括自主学习、讨论展示、检测小结，形成了"三环节导学式"教学模式。模式是保障，创新是灵魂，各备课组根据学科特点和班级实际对各段时间分配和环节安排进行灵活调整，创造性地开展教学。"三环节导学式"教学模式中的自主学习环节是自主课堂的前段。学生依据学案出示的学习目标和方法指导，带着问题阅读教材，采取不同方式进行自主学习，完成学案中设计的问题。这一环节，教师要对学生自学的效果进行检测，通过全批或抽查学案，采取默写、提问、黑板展示等有效措施检测自学效果，及时掌握学情，发现问题，并进行归纳整理。在讨论展示环节，教师引导学生以小组为单位，积极讨论交流学案中的有关问题，进行充分展示，通过学生点评、教师点拨，解决自主学习中的疑难困惑，最大限度地提高课堂学习效率，调动每位学生互动参与的积极性，让课堂因互动而精彩。最后是检测小结环节。教师通过口头提问、书面检测等形式对本节课的知识点进行检测，既能让学生消化巩固所学知识，又能使教师及时掌握学习目标达成情况，做出正确评价。自主检测使作业发生了质的变化，把原来的被动作业变成了能动作业和当堂检测。他们的课堂上有两个学习小组，即自主学习小组和高效科研小组，每个小组成员都有明确的分工，学生的自主学习是真实的，讨论是积极的，展示是有效的，检测是有针对性的。在这些环节中，老师不急于出手，让学生自主学习、合作探究，需要点拨指导时，也是启发、诱导，让学生举一反三、触类旁通。

（三）构建了科学高效的管理机制和评价方法

宜川中学构建了"以校为本、降低重心、低耗高效"的校本化管理机制，即条块结合的行政管理、刚柔相济的教师管理、学生为主的教学管理、学生自主的德育管理、以人为本的后勤管理。学校管理重心下移，实行年级组管理，一个年级组就是一个管理中心，一个副校长、一个教务副主任、一个政教副主任，形成一个核心，教学管理一起抓。年级组内安排教师值周，检查学生日常行为规范，认真落实学校管理制度、年级管理规定和班级管理条例。政教工作周考核结果由值周教师检查结果、学生自主管理委员会考核结果、饭厅考核结果、宿舍管理考核结果和保卫科考核结果五部分组成，这五项占60%。其余40%由级部政教副主任根据班级各种表现情况进行考核。政教主任对全校班主任进行加减分项综合考核。班级管理要求班主任主要是研究学生、研究教材、研究教学、细化管理（让学生自主管理），创造性地开展工作。教师集中精力做好课堂教学设计，提高学案编写质量，研究学情，检测反馈。充分相信学生、发动学生、发展学生，以学生自主管理为核心，经过自荐、演讲、竞聘的程序产生学校自主管理委员会、年级自主管理委员会和班级自主管理委员会。各级自主管理委员会设有主席一人，副主席两人，核算部长一人，下设学习部、文艺部、生活部、体育部、纪律部。课间操、升旗、班会等事务全部由学生承包，什么时间做什么事，由谁组织，做到什么程度，谁来考核，都有明确的安排和分工，人人有事干，事事有人管，每位学生既是干事者，也是管理者。他们的宗旨是做好小事形成习惯，塑造品质成就大业。这种管理体系最大限度地激发了学生的创造性与主动性，完全使学生以主人翁形象融入学校与班级中。这种机制既解放了教师，让教师能集中精力思考教学和育人的策略、方法、技巧，又转变了教师教和行为方式。

三、我们的努力方向

学习考察的同志一致认为，要借鉴学习宜川中学自主管理、自主课堂的模式，创造适合学生的教育，既不能妄自菲薄，也不能妄自尊大，总的原则是立足于改，致力于变，力求实效。我们必须从我校"创造适合学生的教育，为未来发展积蓄资本"的办学理念和"学比教更重要"的核心教学理念出发，按照我校"育学生成长成才，助教师成功成名，促学校内涵发展"的办学目标，认真做好整体规划，各科室、各级组和全体师生都要明确方向，心往一处想、劲往一处使，从学校层面上强势深化新课程改革。其中，自主管理、自主课堂在高一年级先学先试，边改革边总结，积累经验后下学期在全校进行推广。当务之急是在以下几方面力求要有大突破。

（一）深化教师培训，加快教师观念转变

学校经过三年多的理论创新和实践探索，通过"名师工程""青蓝工程"建设，教师观念发生了明显变化，课堂教学改革取得了一些成效，尤其是部分教师教学方式发生了重大变化。但是，目前的教学改革依然存在着"面"和"质"的问题："面"是指从大的范围上来看，真正取得课堂教学改革成功的教师数量有限；"质"是指课堂教学改革的深度不够，需要进一步提升质量和丰富内涵。当下，影响教学改革的核心问题是部分教师观念转型不到位、理念建构跟不上，尤其在改革进入攻坚克难阶段，一些老师"小改即安"，满足现状，不够冒尖，不敢深入，影响了课堂教学改革的进程和速度。课堂教学改革需要优秀的教师队伍，加强教师队伍的建设，转变教师观念及行为方式势在必行。观念决定行动，观念上改变的一小步，将是行动上前进的一大步。教育的主阵地是课堂，课堂的引导者是教师。高效课堂就是要在有限的课堂时间内，让学生获得更多的发展，而不仅仅是知识。旨在让45分钟发挥效益，把学生从"时间+汗水"的应试模式中解救出来，把时间还给学生，把灵性、兴趣、发展还给学生。课堂不再是"知识本位"，教学不再是灌输和死记硬背，学生不再是"知识的奴仆"，教师不再是"知识的贩卖者"和"二传手"。课堂上学生应"经历"并且"经验"，学习的过程充满生命的律动，因律动而感动，因情感的介入而生动和灵动。只有打破传统的教学模式，积极倡导自主、合作、探究式的学习方式，才能激发学生，激活课堂，创造适合学生的教育，才能实现"为未来发展积蓄资本"的办学目标。近几年，学校通过"走出去""请进来"等高端培训和举办"班主任论坛""名师讲坛"等校本培训，一批教师脱颖而出，成为课改先锋和学生喜爱的老师。但学校青年教师占教师总数的70%以上，因此培养青年教师的任务十分艰巨。学校将通过原有的师徒结对、帮扶指导、专业引领、同伴互助、自我探索等平台和途径，开展青年教师优质课竞赛、课改标兵评选、学科带头人评选等活动，树立典型，以点带面，逐步推进，不断加大对青年教师的培养力度，使他们很快成为课堂改革的主力军和排头兵。

（二）构建"五环三课"导学模式，提高学案编写质量

在我校课堂教学原有的"2025"和"3015"时间模式的基础上，积极探索构建"五环三课"学案导学模式。"五环"指学习过程，第一环节是预习自学。先学然后知不足，先学然后产生疑问。学案中预习的要求要具体明确，便于学生操作，学生能够知道学什么、怎样学、学到什么程度。第二环节是探究合作。探究合作是贯穿于每一个教学环节中的学习方式。在自主学习基础上，实行小组合作与互助学习，有序合作，互动交流，教学相长。第三环节是展示交流。展示以问题为起点，以独立思考合作交流为基础，以释疑解难和提升为目的。展示的问题要精选，选择具有思维价值、创造价值和发散价值的问题进行展示。第四环节是反馈矫正。反馈矫正既是一个独立环节，又必须贯穿于教学过程始终。反馈检测的方式不仅是书面考试，还包括提问、观察、展示、练习等多种形式，要及时点拨矫正、精讲提升。第五环节是拓展巩固。展示后，给学生留出一定反思时间，让学生进一步咀嚼回味、消化吸收，设计适当的题目让学生进行巩固和拓展。"三课"指课程类型，即自主学习课、展示交流课、检测巩固课。课程类型不同，学习过程的侧重点相应不同。但不论怎样的课型，学校的具体抓手就是导学案。教师根据导学案来指导，学生按照导学案来学习。导学案是引导学生学习的方向盘和路线图，既有目标又有方法。要为学生设计适合自主学习的方案，教师务必认真钻研课标和教材，合理加工教材，科学补充教材，对教材进行二度创作。导学案要经过教师分工备写、小组讨论确定、使用前再次调整等多次生成才能应用。因此，备课互研至关重要。备课互研要把怎样用教材教、教什么，怎样突出学生的主体性，如何实现课堂的有效性，以及讨论学案和选择训练题等，作为备课互研的重点，落实到位。把教学资源共享作为互相学习、互相启发的智慧和力量，实现协同作战。一要研究"教"的有效性。如何解决"教"的有效性，怎样处理"增肥"了的教材。面对一片题海，哪个该讲。面对基础不同的学生，怎样分层讲解。教师应尽快从学科本位走出来，用大课程观解决教教材的问题；用整合观解决教学内容的选择问题；用师生互动解决教学方式单一问题；用学情研究解决重复训练问题；用学科分层解决学生的需求差异问题。二要研究"练"的有效性。要加强"有效训练，分层作业"的研究。教师要为学生精选适合不同学生层次发展的个性化作业。课内作业主要解决课标要求，课外作业满足差异自主发展需求。避免重复机械训练，引导学生跳出题海，切实减轻学生过重的学业负担。三要研究"学"的有效性。解决学生有效自主学习的问题，学校、年级和班级要注重创建满足学生充分发展需求的教育环境，充分体现学生在自主学习、自我教育和自主管理等方面的主体性。职能部门要研究辅导课、自习课培优补差的方式方法，提高针对性和有效性。

（三）细化强化学生的养成教育，把每件小事都做出育人的味道

课堂改革不只是教学方式的变化，学生学习方式的变化才是根本，尤其是学生是否具有良好的学习习惯，直接影响到课堂改革的成效。俗话说"习惯养得好，终身受其益"。学校是培养人才的地方，要成才须先成人，只有把学生的养成教育抓好了，才能为下一步学生实行自主管理，乃至高效课堂打下坚实的基础。宜川中学之所以取得目前的成绩，它最大、最鲜明的特点就是"自主"。2004年至2008年间，宜川中学举全校之力，一直在抓学生的养成教育。

学校85%的学生来自农村，虽然他们较为朴实，但卫生、礼仪、学习、纪律习惯还没有养成，一些做法与学校要求相距甚远，这就要求所有教师既要言传身教，又要俯下身子，进行"手把手"教育。教育和管理要从大处着眼、小处入手，从点滴做起，培养学生良好习惯，力争学生在卫生、文明

礼仪、身体锻炼、安全、学习和纪律等习惯的养成方面有较大进展。学生管理和教育可以成立年级、班级自主管理委员会，让学生自主管理。学校领导、科室级组、班主任都要有学生自主管理的意识，把每一件事情、每一项活动都做出育人的味道。从台前移步到幕后，从包办到放手，从安排管理到指导合作，让学生真正成为学习、生活的主人。学校静待花开，允许学生犯错，直到他们符合规范要求。课堂教学上要尝试成立两个小组，即合作学习小组和学科研究小组。每天晚自习学案下发后，学生通过学案使预习有具体的方向和路线，带着问题研读教材，然后将预习过程中发现的疑难问题及时反馈给自主学习小组或学科研究小组。通过合作学习小组的"督促激发"和学科研究小组的"专家指点"来推动学生自主合作、探究学习习惯的养成。无论是班主任还是任课教师，都要强力培养学生良好的学习习惯，尤其是自主学习、合作学习、探究学习的习惯。班主任可通过实行"学生成长足迹"制度，规范学生的学习过程，让学生合理分配和利用时间，及时计划、彻底落实、认真反思、勤于总结，从而提高学习效率。任课教师可通过实行典型题集本、一题本、纠错本或默写本，培养学生归纳总结、复习巩固的习惯。语文教师可通过开设主题阅读课或课前五分钟演讲，加大学生阅读量，培养学生阅读的习惯和演讲的能力。同时，灵活运用"门诊辅导"或"集体会诊""专家坐诊""个别回访"，对成绩优异学生实行"高苗施肥"，对基础薄弱学生进行"粗粮细做"，让每一个学生都能找到适合自己学习和成长的方式。学校要切实做到全员育人、全方位育人、全过程育人，把德育教育落实于课堂学科教学中，并以此建立学校养成教育的长效机制。

（四）缔造完美教室，积极营造学校自主管理文化氛围

学校文化的构成要素是多方面的，班级文化应该是学校文化的核心元素。班主任要深刻认识加强班级文化建设、强化环境育人的重要性，努力营造以激发学生"自主学习、合作学习"为主题的文化氛围。"新教育"倡导者朱永新先生在《缔造完美教室》的报告中指出：一所学校，是由一间间教室组成的。每一间教室都是一所小学校、一个小社会。一所学校的品质，在很大程度上是由一间间教室的品质决定的。他还说："一间教室，一个个生活于同一间教室中的人，应该是一群有着共同梦想，遵守能够实现那个共同梦想的卓越标准的志同道合者。他们彼此为对方的生命祝福，为生命中偶然的相遇而珍惜珍重，彼此做出承诺，共同创造一个完美的教室，共同书写一段生命的传奇。"受此启示，班主任要结合课堂改革，重新审视原来的班级标语、班级口号，把那些虚大空的口号或标语取掉，从本班的班情学情出

发，在人性、实用和有效上下功夫。积极开展班级命名、宿舍命名活动，设计班徽、班旗，确定并学唱班歌，征集班训、班级誓词，用学生作品布置教室，开展班级庆典，利用班会课、活动课开展丰富多彩的教育活动，建构教室文化。教室文化是一个班级的使命、价值观、愿景的集中整合与体现。通过教室文化乃至宿舍文化的构建，使学生真正认识到学习是自己的责任、自己的事，我的课堂我做主，我的人生我把握，增强自主学习、合作学习的意识，形成良好的学习习惯，着力把自主学习、自我参与、合作交流，变成一种自觉自愿的行为。学校要在建构课堂教学模式的同时，重视研究性学习、校本课程的开设和社会实践、社团活动的开展，这种全新模式着重培养学生的自主合作探究意识。让这些课程和活动既成为培养学生创新意识和实践能力的载体，也成为学校的亮点特色和文化符号。学校橱窗文化、灯箱文化等的建设，要尊重和体现学生的原创，多表现学生的作品和形象。学校组织的参观、远足拉练、文艺演出等教育活动要尽可能地让学生设计组织、参与总结。学校的一切文化艺术活动都要围绕"创造适合学生的教育"来开展，为学生自主发展、自主成长搭建平台。

　　对宜川中学的考察结束了，但学习借鉴才刚开始。我们做了大量的工作，但老师包办代替的多，我们追求完美，却忘记了学生的成长过程本身是不完美的；我们尽管也做了很多事情，但没有把每一件事情做细做实，成功的方面也没有好好坚持。虽然也积极借鉴学习了许多先进学校的经验，但往往学得了榜样的复杂，却未必学得了榜样的简单。教育最简单的就是两点，一是信任学生，二是教给习惯。他山之石可以攻玉，愿宜川中学学习的收获能成为种子，在学校这块沃土上生根发芽、开花结果。

深化新课程实验的策略

为加强学校对新课程实验的指导，确保实验沿着科学的方向有序推进，促进学校教育特色化、多样化发展，提高教育质量，根据市教育局《关于进一步深化普通高中新课程实验的通知》精神，结合办学实际，特提出我校深化新课程实验的具体策略。

一、凝心聚力，攻坚克难，坚定不移地推进新课程实验

从2010年学校实施新课程实验以来，先后派出教师赴山东、成都、北京、宁夏等地名校考察学习，印发了洋思、杜朗口等名校经验材料，学校领导、骨干教师一起谈认识、讲体会，或大会交流、小组讨论，或共同研讨，通过常态课、达标课、探究课、示范课等课堂模式的展示，加快了教师与新课程相适应的心智模式、情感态度、知识结构和能力结构的构建速度。为寻求有效性教学的策略和措施，学校把校本教研的重心取向放在对现有教学方式的改革上，把研究的核心价值取向放在如何提升教育教学的质量上。在榜样示范、案例分析、随堂实录、反思体会等一系列教学教研活动的推动下，形成了共同研究、互相借鉴的有效课堂探究氛围，激发了大家的改革热情，达成了对课堂改革的共识，即有效课堂最本质的要求是相信学生，解放学生，培养学生的主体意识；有效的课堂就是要学生自主学习、自我成长，就是师生相互探讨、共同发展的课堂。两年多来，学校的教育教学方式和学生的学习思维方式发生了明显变化，新课程实验已进入总结经验、完善制度、突破难点、深入推进的关键阶段。但是，由于受传统观念、师资水平、学生认知水平等方面的影响，改革发展还不平衡，存在着小改即安甚至停顿不前的问题。因此我们有必要继续通过集中培训、结对培养、外出学习、专家指导等措施，扎实推进教师培训工作，以进一步提升广大教师对新课改理论、目标和操作的了解与认识，凝心聚力，攻坚克难，坚定不移地推进新课程实验。

学校领导要进一步提高思想认识，坚定信念，加强对新课改理论和成功

经验的学习，提升课改领导力，真正成为新课程实验的组织者、实践者和领头人。职能部门要精心指导，亲力亲为，全力推进新课程改革。广大教师要增强课改的紧迫性和责任感，仔细研读新课标和《庆阳六中新课程实验工作方案》，积极投身课改实践，认真思考和处理好课改的每一个环节，大胆实践，勇于创新，努力提升专业水平和实施能力。全校上下要站在对学生人生负责、对国家和民族未来负责的高度，加快转变观念，采取有力措施，坚定不移地将高中新课程实验推向深入。

二、突出重点，突破难点，坚持不懈地深化新课程实验

（一）全面完善课程体系，科学安排模块教学

按照三级课程体系要求，开齐开足上好国家课程。严格落实高中课程方案，上好必修课程，不得随意增减课程课时，维护课程方案的严肃性。要认真研究新课程标准和新课程教材，深刻领会教材编排意图，切实处理好部分学科新教材编排知识体系不连贯、教材内容跳跃性大、课时紧张等问题。在实施模块教学时，要对教材内容进行梳理和整合，细化模块教学目标，重新确定模块和每节课的教学重点和难点，科学分配模块各部分内容学时，恰当选择和运用有效的教学方式方法，确保完成教学任务，提高教学效益。制定选修课程方案，编印《学生选课指导手册》，加强对学生选课的指导，确保学生有机会多选修学习一些与高考紧密相关的科目和模块。班主任、任课教师要在与学生的密切接触中观察和认识学生，判断他们的个性，了解他们的兴趣、爱好和特长，帮助制定符合学生自身特点和社会需要的课程选修计划，选取最能挖掘学生潜能的学习内容和方式。一是进行与新考纲配套的各级选修课的重新设置，让学生根据自己的爱好兴趣更多地拓展学科知识，开阔视野。二是体育类课程要逐步实施学生走班选修，着力培养学生的体育爱好、运动兴趣和技能特长，让每个学生学会至少两项终身受益的体育锻炼项目，养成良好体育锻炼习惯和健康生活方式。三是通用技术课要在理论学习提高学生科学素养的基础上，重点培养学生动手操作能力和实践创新能力，每学期都要有学生成果展示。四是音乐、美术学科要在提高学生鉴赏水平和审美能力的基础上，重点让学生学唱爱国及健康有益的歌曲，学会简笔画等基本技能，让学生终身受益。高一年级除信息技术在第二学期开设选修模块外，其他学科全部开设必修模块。高二年级"必修、选修"协调并进。高三年级要按照新颁高考方案，第一学期完成必修和选修，第二学期进行高考总复习，尤其要重视落实英语听力训练，增强教学备考针对性，让学生在掌

握基础知识和基本技能的同时，提高分析问题、解决问题的能力。

（二）完善校本课程，编印校本教材

校本课程的开设主要分为人文素养类、科学素养类、生活技能类、身心素质类、艺术修养类、信息技术类、学科拓展类等，学校积累了一定的经验，但还存在"只开花不结果"的问题。今后要根据学校人力资源优势和办学理念，重点开设能彰显学校办学特色、满足学生学习兴趣需求的校本课程。班会课要形成序列，分级实施，螺旋上升；心理辅导课要契合学生实际，走进学生心灵；气象观测通报要形成常态，科学准确；星月观察要充分利用现有资源，对学生进行知识普及。在继续开好庆阳民俗文化览胜、照片PS处理、学唱英文歌曲、经典诵读、门诊辅导、小合唱以及柔道、太极拳等校本课程的基础上，开发开设书法、庆阳旅游、庆阳红色文化、植物栽培、动物标本制作、中国孝文化等校本课程。开设的校本课程要有课程目标、课程内容、课时安排、教学评价及学分认定的讲义、活页、指导手册、活动方案等，按照学校课表组织实施，课程结束时进行成果展示。在开设课程的同时，积极探索编写校本课程教材，争取每年有2—3本校本教材通过学校鉴定并投入使用。近期，要组织编印《经典阅读》（语文组）、《走进西方文化》（英语组）、《天文知识入门》（地理组）、《庆阳民俗文化览胜》（政治组）、《庆阳红色遗址、遗迹介绍》（历史组）等。同时要着手《中国孝文化解读》《庆阳旅游》《学生日常生活基本技能》《安全教育读本》等校本教材的编写。

（三）开展综合实践活动，认真抓好研究性学习和社团活动

综合实践活动是国家级课程，是八大领域之一，主要培养学生搜集处理信息、自主获取知识、分析解决问题、表达与交流和逻辑思维的能力。尊重学生的日常生活，引导学生从日常生活中选取感兴趣的课题或问题进行探究，努力把学科知识与日常生活整合起来是综合实践活动的重要使命。学校要在总结两年来综合实践活动开展经验的基础上，重点做好研究性学习和社团类实践活动。研究性学习分两步实施，即专题培训、项目设计和课题研究。高一年级主要从研究性学习的概念、意义、类别、方法、实例分析等方面对学生进行专题培训，开展活动策划、设计。高二学生要立足需要，自愿组成小组并申报研究课题。研究内容在原有的自然环境类、社会生活类、历史文化类、科学技术类、个人发展类等基础上，重点要在学校饮用水、食品检测、花园土质测定、教具模型制作、校园楼宇布局规划、学生文学社、读书沙龙和学校文化活动策划设计等方面下功夫。学校在每学期的第三周进行

研究性学习开题报告评比活动，第十六周进行结题报告评比活动，以鼓励学生在合作探究的学习过程中学得知识、习得技能，为未来发展积蓄力量。

社会实践要在继续做好军训、运动会、远足拉练、假期社会调查、"家务劳动周"等传统活动的基础上，开辟建立学生劳动基地和志愿者服务基地，让学生走出教室，走进大自然，走进田间地头，走向厂矿企业，参加社会实践，开展社区服务，增长见识，提高综合能力。同时积极创造条件，开办宿舍文化节、校园艺术节和科技博览周活动。学期内要依托学生社团开展丰富多彩的社会实践活动，以体现学校办学特色和教育的多样化。要指导学生成立文学社、读书社、小记者站、校园广播站、主持人社、合唱团、舞蹈队、器乐小组、体操队等，定期开展活动，丰富校园文化生活。学校根据教师特长并按照双向选择的原则选聘指导老师，指导老师负责社团活动的全面工作，负责安排社团活动计划，制定活动流程。各个社团每学年组织两次社团展演，展示时间分别是高三毕业前夕和元旦前后。

（四）致力改革课堂教学，切实提升育人质量

在宜川中学考察学习后，引发了我们的思考和震动。为此，学校决定在高一年级先学先试，明确提出构建"五环三课"学案导学模式。通过一学期实践，教师的教学方式和学生的学习方式发生了深刻变化，学生的自主合作探究意识明显增强，精神面貌显著改观，下学期要安排高二、高三的骨干老师继续赴宜川学习，同时在全校推广学案导学模式，并不断探索完善。要真正落实自主、合作、探究的课堂教学新理念和总要求，引导教师正确看待和处理课堂教学中教师教与学生学的关系，突出学生的主体地位，强化教师的指导作用，准确把握教材和课时内容，选择科学的教学方法，切实纠正满堂灌、机械重复、肤浅交流、虚假活动的教学现象。要从创新课堂教学模式入手，先"入格"掌握基本要求，再"出格"形成教学特色，后"升格"达到教育理想境界，不断增强课堂教学有效性。要遵循学生认知规律和教学规律，根据学生个性差异因材施教，优化教学活动，落实三维目标，创设有利于学生积极参与的教学环境，鼓励学生独立思考、主动学习。语文学科要推广"单元主题阅读"教学模式，加大学生阅读量，其他学科要推广"先学后教，当堂训练"教学模式，提高课堂教学效益。课堂教学要尝试成立两个小组，即自主学习小组和学科研究小组。通过自主学习小组的"督促搅动"和学科研究小组的"专家指点"，推动学生养成自主、合作、探究的良好习惯。无论是班主任，还是任课教师，都要强力培养学生良好的学习习惯，尤其是自主学习、合作学习、探究学习的习惯。要关注每个学生，坚持

培优转差。任课教师要通过实行典型题集本、纠错本或默写本，培养学生归纳总结、复习巩固的习惯。灵活运用"门诊辅导""集体会诊""专家坐诊"和"个别回访"，对成绩优异学生实行"高苗施肥"，对基础薄弱学生进行"粗粮细做"，让每一个学生都能找到适合自己学习和成长的方式。高三年级重点做好目标生的短板学科补习和艺术传媒学生的集中补习，高二年级通过学科竞赛辅导，将尖子生的培养落实到位，高一年级要开设"门诊辅导"，帮助学生挖掘学习潜能。无论采取什么模式和方式，都要始终高悬目标、牢记质量，为学生的终身发展奠基。

（五）强化学生养成教育，全过程落实德育教育

课堂改革不只是教学方式的变化，学生学习方式的变化才是根本。学生是否具有良好的学习习惯，直接影响到课堂改革的成效。课堂要改革，管理要跟上，没有好的管理，改革必然落空。教育和管理要从大处着眼，小处入手，从点滴做起，以期学生在卫生、文明礼仪、身体锻炼、安全、学习和纪律等习惯的养成方面有较大的进展。学生管理和教育可以成立年级和班级自主管理委员会，让学生自主管理。学校领导、科室级组、班主任都要有学生自主管理的意识，把每一件事情、每一项活动都做出育人的味道。从台前移步到幕后，从包办到放手，从安排管理到指导合作，让学生真正成为学习、生活的主人。学校要切实做到全员、全方位、全过程育人，把德育教育落实于课堂学科教学中，以此建立学校养成教育的长效机制。缔造完美教室，积极营造学校自主管理文化氛围。学校文化的构成要素是多方面的，班级文化应是学校文化的核心元素。班主任要深刻认识到加强班级文化建设、强化环境育人的重要性，努力营造以激发学生"我要发展，我要成长"为主题的文化氛围。班主任要结合课堂改革重新审视原来的班级标语、班级口号，从本班的班情学情出发，在"实在和有效"上下功夫。积极开展班级命名、宿舍命名活动，设计班徽、班旗，确定并学唱班歌，征集班训、班级誓词，用学生作品布置教室，开展班级庆典，利用班会课、活动课开展丰富多彩的教育活动，建构教室文化。通过构建教室文化、宿舍文化和社团文化，使学生真正认识到学习是自己的事，我的课堂我做主，我的人生我把握，进而强化自主学习、合作学习意识，形成良好的学习习惯，着力把自主学习、自我参与和合作交流变成一种自觉自愿的行为。学校橱窗文化、灯箱文化等建设，要尊重和体现学生的原创，多表现学生的作品和形象。学校组织的参观、远足拉练、文艺演出等教育活动要尽可能地让学生设计、组织、参与、总结。学校的一切文化艺术活动都要创造适合学生的教育，为学生自主发展、自主成长搭建平台。

学校积极创办读书沙龙，倡导教师精读教育原著，借鉴先进经验，撰写读书笔记，开展"三好三活"读书心得交流。班主任在学期开始时要制定本班学生读书计划，设立图书角，建立班级《读书感悟积累集》。学校定期开展学生"月读书成果展示"和购书、读书、捐书三位一体的读书活动，结合德育工作开展"五个一百""中华诗词进校园""诵读经典名句"等读书活动，培养学生爱书、读书的好习惯。要进一步开放学校图书馆，开门借书、开架阅读，让图书"动"起来、"漂"起来、"活"起来。

（六）创新师生评价机制，加强教学监测

根据《甘肃省普通高等学校招生考试改革方案（试行）》和《庆阳市初中学业水平检测与高中招生制度改革实施方案》，制定、完善符合学校实际、具有校本特色、操作性强的学生综合素质评价实施细则，使用好《学生综合素质评价手册》，完善学生成长记录袋，将综合素质评价与教育教学管理有机结合，公平、公正、全面地反映学生的发展状况。及时准确地对学生进行学分认定，体现学生修习过程，将学生学习时间、课堂参与表现、学习态度及学习状态、作业完成情况、听说能力和实践操作测试、当堂检测、单元测试、阶段测试等纳入学业评价。

建立教师个人业务档案，将个人工作计划、总结、"摸底课"和"晒课"成绩等，详尽记入教师档案。定期组织学生代表，采用定性和定量评价相结合的方式，对所有科任教师的课堂教学进行综合评价。定期举办新课改论坛、班主任论坛和名师论坛，为教师的健康成长搭建平台。继续开展"青蓝工程"和"名师工程"，三年为一个周期，开展青年教师优质课竞赛、学生心目中最喜爱的老师评选、课改标兵评选和学科带头人评选活动，创建名师工作室，发挥榜样示范带动作用。定期召开学生代表会和家长会，发放调查问卷，征求学生及家长对教育教学的意见和建议，调整教育教学思路，确保教学科学、健康、有序地运行。

（七）强化研究指导，完善督查落实制度

成立学校学科专家指导小组，经常开展课改调研视导活动，引领学科教学研究，提升教研工作水平。要针对新课程实验过程中的实际问题，建立以课例或案例为载体，以小课题为抓手，以自我反思、同伴互助、专业引领为基本要素的校本教研制度，引导教师学会把问题转化成课题，用研究推动实践，用实践丰富研究，促进教研工作常态化、生活化。发挥文理两个听课小组作用，继续开展公开课、示范课、研究课和同课异构听评课活动。要多与

"外引内联"学校、省市内优秀学校开展教学教研活动,学习借鉴先进经验,提升学校课改实施水平。要加强教辅资料的使用和管理,根据省市有关文件精神,按照"一科一辅"和价格标准要求,鼓励教师自编、自创,精心筛选资料,整合教学资源,坚决纠正滥用教辅资料、题海战术等做法,切实减轻学生过重的课业负担。要加强课改常规管理,每一项活动都要有计划、有过程、有结果、有总结。

三、加强领导,通力协作,为深化新课程实验提供有力保障

高中新课程实验是一项系统工程,需要统筹规划,通力协作,综合施策,合力推进。

(一)健全组织机构

进一步健全课程实施领导小组机构,加强对新课程实验的领导和管理。学校教务处、教研室、政教处、团委等职能部门要明确工作职责,细化职责分工,完善工作程序,发挥职能作用,与其他科室级组分工协作,不推诿、不扯皮,勇于担当,大胆创新,不断提高对新课程实验的执行力,努力开创新局面。

(二)完善各项制度

根据新课程实验深入推进的需要,进一步完善管理评价制度,使之导向明确、便于操作、实用性强,为学生综合素质评价和教师业绩评价提供有力的制度保障。对新课程实验贡献突出的教师,在确定教师工作量、职称聘任、评优选模等方面予以优先考虑。对学生的评价要体现过程性、发展性原则,而非千人一面、千篇一律。

(三)加强队伍建设

在选拔任用科室级组干部时,要注重把爱学习、善思考、有激情、愿改革的教学骨干、业务尖子选拔到管理岗位上来。要加强教师培训,继续采用"走出去""请进来"等高端培训和举办论坛、讲座等校本培训的形式对教师进行新课程培训,尤其要加大对青年教师和通用技术、信息技术、体音美、综合实践活动等课程教师的培训,使教师的专业素养和教学水平更好地适应和满足课改需要。在条件允许的情况下,学校选派部分管理人员到"外引内联"学校或课改优秀学校挂职锻炼,相互学习,取长补短。

整合课程资源 深化教学改革

课程资源是决定课程目标能否达成的重要因素。充分利用现有的课程资源，因地制宜，开发新的课程资源，实现新课程改革下的教学资源的优化与整合，是深化课程改革、提高教学质量的有效途径。

一、教学资源

课程资源也称为教学资源，它指一切可以利用于教育教学的物质条件、自然条件、社会条件和媒体条件，是教学材料与信息的来源。按这四块来划分，可以分为物质的、自然的、社会的以及信息的或者多媒体的。学校范围内的资源，包括教师、学生、校园文化、各种教学场所、设施设备，其中教师和学生是校内最大的资源也是最重要的资源；学校范围外的资源，如图书馆、博物馆、科技馆、工厂、农村、部队、科研院校。有些能看得见，如教师、教材、教室以及与教学有关的课程标准、教学参考书、配套资料、教学教具、设施设备等；有些看不见，如知识、技能、经验、活动的方式与方法、情感态度价值观、培养目标以及师生互动过程中生成的成果等，都比较抽象，很难理解。结合学校教学实际情况，我认为可开发、整合、优化利用的资源有以下几种。

（一）教师资源

我校现有专任教师193人，这些教师由两部分组成：一部分是调入的教师，另一部分是分配的大学生。从不同学校调入的老师，自身资源和在原有学校所形成或获得的资源，是其他老牌学校无法比拟且很重要的一笔资源。大学分配的青年教师，也是学校最大的资源，由于他们上的大学不同、地域不同，带回来新的信息、前卫的观念和文化内涵，直接冲击着学校文化的形成，这也是一种必不可少、不可小觑的课程资源。

（二）学生资源

我校学生来自不同县区，有山区农村、城市郊区，传统文化和现代文化的融合，进入学校以后，也是一笔丰富的课程资源。例如学校举办的"我的中国梦"文艺活动展示，高一两名学生讲的相声，老师们都认为特别好，后来他们在高三毕业典礼上再次登场。这两名同学的这种资源成果实际上绝大部分是在初中三年形成的，在我们学校找到了一个发展的舞台和平台，使他们这种资源能够最大化地开发出来。还有的是经过学校三年培养出来的，比如今年刚毕业的两名学生，他们在高一就崭露头角，经过高中三年的培养得以成才，其中既有个人的禀赋，也有经由学校打造而形成的一种宝贵资源。

（三）学校的教学设备和设施

学校共装配了33间电子白板教室、22间电子黑板教室，有完备的校园广播系统和网络系统。这些都是进行新课改必不可少的信息来源和重要的平台。但对电子白板、黑板的使用不能由过去"满堂灌""人灌"变成现在的"机灌"，过去在课堂上是翻书本、翻教材，现在是翻图片，不能因噎废食，从一个极端走向另一个极端而放弃不用。此外，学校还有16个理化生实验室，每科有一个探究实验室，这些实验室装备比较先进，实验仪器完备，实验药品的配备完全能够满足教学需要，探究实验室配备电脑，是进行理化生实验教学必不可少、可供开发利用的资源。有一段时间，理化生实验通过电子白板、电子黑板进行展示和演示，程序上很省事，演示后教室里面闻不到化学药品的味道，听不到游标卡尺或其他实验仪器的响动，但实践效果不好，实验课应当到实验室上，把老师的演示变成学生的动手，让学生自己体会、体悟。比如生物，一些实验课还没有完全开起来，很少听到生物实验教学生培育、解剖东西。学校有地理星象仪室、天文观测台和2个计算机教室，但现在仅用来让学生上计算机课而没有其他用途。目前，学校装备7个通用技术室，配置了一些基本的生活用品、机械用品，如电钻、万用表、冰柜、洗衣机、刻录器、刨床等，此外，学校还有汽车模拟驾驶室、汽车电路图。关键在于如何更好地开发、利用这些资源。学校图书馆藏书12万册，师生阅览室3个。体操馆两层，目前仅是开发出来一部分功能，教师时常在里面打羽毛球，有学生参加的活动却比较少。学校有3个多媒体报告厅和现代化的餐厅，前段时间举行了烹饪大赛，取得了很好的效果。今后通用技术课相关内容可以在学生餐厅开展，如家政服务、饮食等。学校既然可以在学生中举办烹饪大赛，也可以在老师之间开展类似活动，通过交流学习长知识、长才能、长本事。学校有名目繁多的花草树木，生物组和地理组联合进行了命名，这些都是应该开发、利用的生物、地理教学资源。学校聘请了16个公益性岗位临时工，他们劳动技术能力强，通用技术课、综合实践活动可聘请他们给学生上动手实践课、做示范，比如树木嫁接等。目前学校在校外建立了稳定的参观场所，例如庆化厂、污水处理厂、博物馆、科技馆。与此同时，学校还和陇东学院建立了良好关系，计划邀请陇东学院教授为学生做科技报告，指导研究性学习、制作生物标本室。学校周边均为农田，在种植、收割的季节可以带学生收玉米、拉麦子，通过这些实践活动，体验农村生活，增长见识，树立珍惜粮食的节约意识。庆阳有乡土文化、红色旅游，政治组、历史组已经开发出相应的校本教材，香包、剪纸、刺绣、书法、泥塑、剪纸等都是可供开发利用的资源，关键在于如何开发整合优势资源。

有一些师生活动取得了成果，学校有必要把这些成果固定化。有些活动开展得很成功，比如篝火晚会，深受学生欢迎；运动会，春季运动会和红色运动会同样很有特色，但是仅局限于开运动会，没有通过运动会形成学生运动会前、运动会后的锻炼热潮。最为学生津津乐道的就是远足拉练，今后应该把这种形式固定下来，定期举办。高三毕业系列活动，要在原有的基础上有所创新、有所突破。这些活动形成的经验、方法、成果都是可供开发和优化整合的资源。只有这样，课程建设和德育教育才能形成序列，让学生做自己喜欢、感兴趣的事情自然能够做出特色。

二、学校现有资源的优化和整合

（一）挖掘整合国家课程资源

教材只是其中的一个例子，有些省份使用人教版教材，有些省份使用苏教版教材，但考试还是同一套试卷。常常听到老师抱怨，现在的课程很难上，篇幅很短、内容很少，只有寥寥几句，老师要讲好、讲透课文就需要大量开发、挖掘课程资源。因为老师要给学生一杯水，自己就得是一股汩汩流淌的小溪，而不仅仅是一桶水。要成为一条小溪，老师就要对教材开发、挖掘、整合，才能形成自己的东西。为什么不同的老师教同样的学生，最后的成绩有所差别，原因在于不同的老师对国家级课程教材的开发、利用和整合有差别。经验丰富的老师会查阅大量资料，并加入自身对课程的理解；经验欠缺的老师通常是照本宣科，教给学生的知识都在书上，老师还没有开口讲，学生就已经知道了，自然调动不了他们的兴趣和积极性。有经验的老师使学生对课堂感兴趣，他们不知道老师要把他们带到野外的游泳池游泳，还是在室内游泳馆游泳，大家都充满着好奇和欲望，因此一堂课饶有兴致，讨论激烈，学生学到了很多知识，这正是差距所在。华东师大陈玉琨教授说，学习的愉悦是人生愉悦的重要组成部分，贪玩是孩子的天性，可怕的是让学习变成可怕的事。教育的智慧在于把学习变成好玩的事，过去的苦教苦学已经不能适应现在的学情了，所以新课程改革对教师的专业素质要求进一步提高，充满挑战性，老师只有不断加强学习才能更好地适应新课改要求。

（二）开好校本课程

目前，开设校本课程已成为许多老师的负担，学校在安排校本教材开发工作时，有些老师很为难、不愿意承担，为何出现这样的情况？因为有些课程老师自身也不感兴趣，比如电影赏析，老师可能对看电影不感兴趣，此时在他眼里不是把电影赏析当作一种教育，而是为了应付工作任务。如果老师对此感兴趣，则选择的电影就会很精彩，能够形成一种系列，循序渐进，先放什么后放什么都很明确，而且会和学生交流、座谈，让大家畅所欲言。比如开设棋类选修课，如果老师的技术水平一般，对此也不感兴趣，必然无法指导学生，开设这样的课自然也没有好的成果。相反，有一些课却开得很成功，比如柔道、武术、音乐合唱、书法等，学生喜欢这些课程的原因是老师有这方面专长，老师很乐意上课，学生也听得兴趣盎然。在其他学校，如庆阳一中开设的校本课程《十大元帅介绍》，主讲是英语老师朱老师，他记忆力好，能把一些名人的趣闻轶事讲得头头是道。所以他讲"十大元帅"非常有趣，学生喜欢听他的课，这样的课就会有成果。还可以再举个例子，庆阳一中化学老师刘老师，她开发的校本课程是《葡萄酒的酿制》，在每年秋季开半学期，因为每年秋季她就会在家酿制葡萄酒，起初是尝试，后来很成功，逐步掌握了方法和窍门，她愿意和更多人分享成果，所以就给学生开设了这门选修课，材料和酒具都是自己准备，乐此不疲。我们学校也有这样的老师，只是没有被发现。上次到宜川中学学习，在回来的路上，陈老师为我们唱了一路陕北民歌，唱得相当有水平。我想，如果由陈老师开设《陕北民歌欣赏》校本课程，效果会非常好，相当一部分学生学会了唱陕北民歌，陈老师准备好讲义讲稿，在陕北民歌的起源、发展、内容和形式等方面进行学习研究，逐步形成自己的见解、成果甚至专著，这样既成就了学生，也成就了老师。因此学校的目标就是开发出适合老师和学生的校本课程。

另一个就是对现有的校本课程进行整合，例如养成教育、孝亲敬老等要纳入校本课程。综合实践类，如军训、远足、班会、心理健康辅导等同样要纳入校本课程。社团活动类在上一学期已纳入校本课程，取得了良好效果。学科拓展类，如竞赛辅导、培优补差和体艺技能类的女子排球、体操舞蹈、轮滑、滚铁环、踢毽子等，将来要形成学校的特色课程。此外，已经开发形成校本教材的要有计划地开设校本课程。下一步，除整合这些课程外，就是要规范管理，凡是纳入校本课程的都要有课程标准、课时计划、教学内容、学分认定和教学成果。

(三) 立足校情学情开展研究性学习

研究性学习包含两个方面，一是项目设计类，二是研究类。无论怎样，都是基于问题的研究性学习，目的在于解决课程中、生活中的问题。尤其是学科里的一些问题，进行研究比较省事、开口很小，比如一些学科课后设置的探究性题目，老师布置任务，班上分几个小组进行研究，这个过程就是研究性学习。当然，我们没有必要开展大规模研究学习，往往题目越大过程越长，例如关于马莲河流域水质调查的研究，结果一直都在盯着校园里的臭水沟，并没有实地到马莲河，所以研究空洞且没有实际意义。关于庆阳市红绿灯设置调查的研究，往往没有实地调查，闭门造车。因此第一是学科的探究，要针对学校的校情和学情。第二是实际生活类，解决实际生活中的一些问题。比如课堂上学生睡觉、学生上学带手机、近视眼的调查和防治措施等实际问题，都可以纳入研究性学习范围。研究这些问题需要有具体的抓手、丰富的资料来源，便于老师指导，学生学习兴趣浓，研究也容易出成果。而且研究这些问题还有培养学生思辨思维能力的作用，让学生在研究性学习中明白对与错。

甘肃省的新课改已经施行三年，而全国早期的课改已近十年，将十年的课改成果和不同学校的课改经验全部照搬过来，什么都要做、什么都要好，不是走了形式就是一样都做不好，特色不特、亮点不亮。我们在宜川学习参观，同校长交谈时聊到研究性学习的问题，他给我们讲了许多有益的做法和经验，归根结底就是用课堂教学的自主学习来代替。他认为研究性学习的核心在课堂，课堂教学做好了都是研究性学习。课堂上学生自主学习，导学案上有很多专题要讨论、交流、合作、展示，这就是研究性学习。每学期多开展几次参观学习、考察和远足拉练，学生有收获、有作品，这同样是综合实践活动，形成的稿子自然是校本课程。所以，研究性学习不需要另起炉灶，课堂教学是纲，其他是目，纲举目张。

三、从第一代到第三代课改的八个标志

第一代是改变课堂结构，标志一是先学后教，标志二是讲学稿，实质是改变了课堂结构。从传统"教"上动刀子，通过调整课堂结构，改进教学手段和方式，实现教学从低效到有效的跨越。建校之初，我校给课堂教学提

了"学比教更重要"的理念，就是力求改变这种课堂结构。我们由过去的教案改变为教学案，实际就是讲学稿。讲学稿是集教案、学案、笔记、作业测试和复习资料为一体，师生共用教、学、研合一的载体。

第二代是改变教学关系，标志三是学中心，标志四是少教多学，标志五是导学案，实质是改变了教学关系。这一阶段在学为主体、教为指导的基本理念指导下，实现从"教中心"到"学中心"的飞跃，构建了课堂教学体系。我们提出的"学比教更重要，素质比分数更重要，过程和结果同等重要"的理念，就是一种"学中心"的理念。现在推行的导学案，实际就是践行这样的理念。

第三代是改变教学意义，标志六是取消导学案，标志七是去教师主导，标志八是放大自学，实质是改变了教学意义。导学案是杜郎口中学的产物。去年12月，杜郎口中学有一个研讨会，崔校长表示要取消导学案。他的讲话在当时引起了不小的震动。全国各地到杜郎口中学主要是学习导学案，如今导学案取消了，以后在你们这里学什么，这个问题影响到全国各地。那么，我们现在使用的导学案到底取消不取消？在这里可以明确告诉大家，杜郎口中学的导学案前后用了十多年，我们的导学案用不了十多年，起码也得用五六年。对于我们来说，导学案就是武功秘籍，就是剑谱。高明的武功是手中无剑谱，心中有剑谱。我们现在还是初学者，武功还不够高明。但最终导学案还是要取消，那就是当我们已经使用到出神入化的地步，不用导学案心中就有导学案，课堂上自主预习、自主学习、讨论交流、展示、检测、总结、拓展延伸等，一路下来，游刃有余，到那时导学案就会是累赘。你把它揣在怀里和别人打起来不太方便，有时候还掉了，所以这时候就不需要剑谱，不需要剑，不需要武器，这时候就可以取消导学案了。因此，今后我们的导学案要加强，尤其在编写质量上，教研组、备课组要严格把关，编写出高质量的导学案。

社会发展了，地球变小了，学生获得资讯的途径增多了，在一定范围内老师获得的知识可能没有学生多，所以老师主导的结果反倒束缚住了学生，因此去教师主导放大自学很有必要。如果大家有这样一种思路，今后的课改推行起来就方便多了。普通高中新课程目标是："为学生的终生发展奠定基础，进一步提高国民素质，面向大众，培养健全的人格和国民基本素养，为造就数以亿计的高素质的劳动者，数以千万的专门人才，和一大片拔尖人才奠定基础，培养个性丰富的，能够创造幸福生活和享受幸福生活的完整的现代中国人。"过去我们讲板凳要坐十年冷，上学辛苦，以后就幸福了，现在讲幸福就在当下。学生从幼儿园、高中到大学,学习是人生必不可少的阶段,为什么要吃苦、受罪。过去培养的是社会主义合格的接班人,现在培养的是数以亿计的高素质的劳动者,过去是精英教育,现在是大众教育、普惠性的教育。培养目标发生变化,真正要提高的是人的能力和素质。上课能倾听别人的发言是一种倾听的能力,和别人交流是一种沟通的能力,自我学习、动手实践是一种创造的能力。所以,去教师主导、放大自学是我们致力的方向。

四、今后课堂教学中必须注意克服的几种现象

6月,我在当高级评委时,陈老师论文答辩提交了的论文《在语文课堂教学中值得思考的七种现象》,我看了以后认为他讲得很准。这七种现象在我们学校,不仅语文教学中有,其他各科教学中也都有,我借用过来,希望能引起大家的深思:

第一种是表面自主的现象。课堂容量大,教学流程快,学生不思考,老师不主导。老师提出一个问题,马上有学生举手,站起来结果回答不了。或者没有学生举手,老师指定一名学生回答,结果学生回答错了。为什么会错?因为没有思考。老师提出问题后,要留出一定时间让学生看书、查阅资料、思考,甚至要把自己思考的东西仔细梳理,学生才能张口就来。可是有些老师赶流程、赶进度,提出问题就要学生作答,实际追求的是自主的一种表面形式。

第二种是无效合作的现象。不需要合作的问题让学生合作,比如鸦片战争在哪一年爆发?大家先讨论,讨论后展示。这种讨论完全没有必要。这个字念什么音?大家集中讨论一下。显然这些讨论同样没有必要。无充分阅读,无自主思考,这就是无效合作。

第三种是随意探究的现象。没有必要探究的问题偏要探究,剑走偏锋,如在《孔雀东南飞》一节课中,探究"今天如何当婆婆",看起来热闹、花哨,一节课时间大家就对"今后我们怎样当婆婆"津津乐道,而对造成刘兰芝、焦仲卿婚姻悲剧的原因分析得却很少。重过程、轻结果,反正张三说的也对,李四说的也对,王五说的也对,最后老师不置可否,都对。重活动、轻思维,课堂热热闹闹,静静地思考不见;重课外、轻课内,热衷于趣闻轶事,这样的课堂实际是无效课堂。

第四种是曲解对话的现象。话语霸权主义严重,好学生不断发言,差学生无权发言,这样的结果导致差生对学习不感兴趣。对话到底,方式单一,

学生只在乎发言,不在乎倾听。倾听也是一种交流,学生上课要学会倾听,静静地听,轻易不要打断别人的发言。

第五种是纵容个性的现象。传统的东西不要,谁越有个性谁越有创新,大家齐声鼓掌叫好,有时有些人为了猎奇,一味求新,甚至课堂上出现一些学生想说什么话就说什么话。比如一些课堂上探讨价值观,有些学生说"钱就是好东西,我就追求钱",等等,老师、学生都笑了一通,但不置可否,只认为这些学生有创新意识。

第六种是脱离文本、任意发挥的现象。脱离教材,过多补充内容,任意曲解文本,趣闻轶事说了不少,正经严肃的话题表述不多。

第七种是削弱基础的现象。课堂上形式很热闹、花哨,结果一些基本知识、技能、素养和素质得不到落实。比如文史类课,提高学生的会话、表达能力是最基本的要求,一些课堂在这一方面能力培养却很少。而理工科课程培养学生科学思维能力,尤其是想象能力和思辨能力,实际却缺乏辩论、争论甚至争得不可开交的局面。理越辩越明,要教学生不迷信书本、不迷信权威的质疑和挑战意识。

华东师大著名教授陈玉琨先生认为,教学不搞世界杯,教学要搞奥运会。教学应该是全体老师的教学,也是全体同学的教学,我们不是观众而是参与者,课堂教学不要搞成世界杯,只是若干个球星在表演,大家都在当观众、欢呼雀跃。教学要搞全民都来狂欢的奥运会,把课堂变成知识的超市、能力的舞台和生命的池塘,大家都应该为达成这个目标而不懈努力。

智慧引领 精细管理
——赴上海奉贤中学考察学习报告

为进一步深化我校新课程改革，促进学校内涵发展，提升教育教学质量，我校教师一行6人，在龙校长的带领下于2013年10月下旬前往上海奉贤中学，进行了为期4天的考察学习。本次考察学习活动，我们感触良多、受益匪浅。返校后，考察人员对此行看到的、听到的、想到的以及奉贤中学成功的做法进行了梳理，并结合我校实际，谈了自己的理性思考和今后打算，现报告如下。

一、奉贤中学概况

上海市奉贤中学创办于1914年，是一所具有深厚文化底蕴和相当知名度的历史名校，现为上海市实验性、示范性寄宿制高中。学校占地314亩，建筑面积6.4万平方米，绿化率达70%。校园环境优美，绿化景观赏心悦目，河、湖、路、桥纵横交错；建有风格现代、大气的教学楼群、图书科技楼、报告厅、生活辅助建筑和体育场馆；拥有多媒体教室、计算机房、语音室、DIS实验室、劳技工场和"三网合一"的校园网络系统等高标准的信息化教学设施设备，是一所现代化、人文化和生态化的大型寄宿制高中。

学校现有教学班48个，学生近2300名，教职员工228名。学校弘扬"贤"文化精神，坚持"敦本重学，奉文育贤，主动发展"的办学思想，形成了严谨的校风，并赢得了良好的社会声誉。学校12次蝉联上海市文明单位，现为上海市二期课程教材改革研究基地、中小学行为规范示范学校、中小学心理辅导协会示范学校、航天科技教育特色学校、德育先进集体等。近年来，学校本科上线率达到99%，重点大学上线率稳定在50%左右，先后有一批学生以优异成绩考入北大、清华、复旦等名校。

二、奉贤中学的主要做法和经验

(一) 细化职责，实行扁平化的管理运行机制

学校设行政管理中心、课程教学中心、教师发展中心、学生发展中心和质量保证中心五个职能科室。其主要职责是进行业务指导、评价、服务和协调，提供智力和精神支持，站在校长的角度去协调、指导工作。各年级部相当于一个小学校，与中心平级，设年级主任和书记。各年级部主任和书记全权负责本年级的教育教学和其他方面的管理工作，实行教育教学的全过程跟踪。各年级部在业务上接受各处室的领导，而在具体工作中可根据本年级的具体情况创造性地开展工作，年级部在职、权、责、利上有较大的自主管理空间。在各处室的指导下，年级部主任领导本部门人员，确立以班主任为核心、以学科组长为主力的教学管理框架。班主任主要负责管理班级日常事务，学科组长主要负责本学科教学工作的安排与开展。在扁平化、低重心的管理体系下，学校教学工作得到层层落实，高效运行。

(二) 坚持改革，确保教学效益和质量的不断提升

1. 基础性课程的校本化

为增强基础性教育课程对不同学生的适应性，奉贤中学制订了《学科课程校本执行纲要》，积极完善"二二三四"导学制课堂教学范式。"二二三四"导学制课堂教学范式主要由"两点、两度、三动、四导"构成，其中"两点"指低起点夯实基础、高视点培养能力；"两度"指小坡度设置台阶、高密度训练思维；"三动"是学生动手实践、动脑思考、动嘴表达相结合；"四导"是通过教师"导读、导思、导研、导行"使学生"善读、善思、善研、善行"，实现学生由被动接受到主动探究的转变。在具体操作中，其实施从环节、目标、操作策略和活动示例四个维度展开。学校积极构建"自主、合作、体验、发展"的课堂教学新模式，提出"教学目标达成度高，知识、能力、人格同步发展，各种教学方法有机融合，预设和生成相统一，面向全体学生"五个好课标准。教师力求做到情景化导入激发动机，低起点起步面向全体，高视点落实三维目标，小坡度阶梯减少难度，高密度递进优化过程，生活化导学联系实际，问题化导思激发潜能，挑战性导研探究创新。

同时，为实现精致化教学，学校聚焦作业的有效性。全校科任教师参与了《基于学案导学的有效性作业设计》项目的探索与实践，总结出课时作业、中长期作业、挑战性作业和分层作业的设计要求和应用细则。在统计、

研究学生错题的前提下，各备课组选择基础性、典型性的错题，帮助学生进行错题回炉和知识梳理。年级部负责对作业量和形式进行调控，当发现作业总量超过规定的量时，协调各学科做删减，确保每天作业总量在合理的范围之内。

2. 校本课程的微型化

在集拓展、体验、研究为一体的"三位一体"校本课程实施的同时，学校开设了旨在激发学生发展潜能的微型课程。微型课程每4课时为一个轮次，一星期共开设3个轮次。每个轮次开始前，学生进行自由选课，然后采用走班制上课。微型课程根据课程内容分为自然科学类、社会科学类和竞赛辅导类。自然科学类侧重于对一些前沿科学理论和技术的认识与探讨，如信息技术热点透视、转基因与人类社会等。社会科学类侧重于对一些时事热点问题、区域热点问题的分析与研究，如大话货币、最新考古发现等。微型课程的开发遵循教材取向、学生取向和教学过程取向，充分挖掘教材本身的资源优势。如美术课程中的中国名画鉴赏可以与语文教材中描绘祖国大好河山、自然美景的诗词、散文结合起来，也可以和历史课程中的名画大背景、历史人物结合起来，使学生认识到多学科对待同一主题的多元选择。微型课程主要是为不同志趣学生的需求服务，激发他们的潜能，使其学习能力达到新的高度和境界。

3. 艺体劳技课程教学的专项化

高一第一学期采用行政班上课，科任教师对学生进行通识模块教学，并对学生需求进行调研和分析，合理规划专项课程。从第二学期开始，学生以个人兴趣为出发点，在体育专项、艺术专项和劳技专项中选择一项学习，每周两课时连上，以半个年级为一个群体进行走班学习。为确保学生有健康的体格，学校将体育课的课时增加到每周四节，每两课时连上。专项教学使学生"喜欢体艺，但不喜欢体艺课"的怪现象逐渐消失，大部分学生在自己喜爱的艺体项目上得到了长足发展。

（三）优化资源，激发学生主动发展的潜能

1. "奉文育贤"德育课程，激发学生的动力潜能

以德育回归生活世界为重点，以学生与生活对话为切入点，面向学生的过去生活、现实生活、未来生活，系统构建高一"明贤"，与学校对话；高二"立贤"，与名人对话；高三"践贤"，与社会对话的育贤课程项目，使德育教育生活化、课程化。同时，通过一系列的主题教育、节庆活动，不断改善学生的生活经验、生存状态和生活质量，引导学生树立远大理想，体验

生命价值，养成勇于担当、敢于负责和坚韧不拔的意志品质，激发动力潜能，使学生向善、向美，真正做到"立德树人"。

2. 人生规划体验课程，确定远大生涯的发展目标

学校在学生认识自我的基础上，在高一起始阶段设置"八个一"的人生规划体验课程，即参加一个学生社团，参加一系列名人通识讲座，做一次职业取向分析，读一本行业名人传记，交一个行业的朋友，访问一个行业专家，参加一次大学专业考察，做一份人生发展规划和年度发展计划。在"八个一"体验课程实施过程中，年级部开设了"规划人生"系列讲座，定制《人生规划手册》，举办"走进名校"活动，举行"明贤励志，规划人生，与名校对话"主题升旗仪式和班会，分组交流总结阶段性活动成果，引导学生结合自己的个性特点和现实可能性，为自己插上兴趣和优势的翅膀，朝着梦想努力飞翔。人生规划体验课程的实施，极大地激发了学生的志趣发展潜能，为每个学生的发展提供了广阔的开发空间。

3. 缔造温馨教室

学校在创设适宜的物质环境基础上，把教室建设成为师生温馨幸福的家园、体验生命的乐园、卓越发展的校园。学校强调建立班级精神文化制度，为学生的潜能开发提供精神动力；建立学生多元发展的评价制度，让每一位学生得到成功的体验；建立模拟社区专职班级干部制度，并对班干部做精确到位的指导、培训，让学生在参与管理中感知责任；建立主题班（团）会制度，促进学生健全人格的发展；建立互助团队制度，让学生在开放、平等、民主的环境中，发展自己的潜能；建立班级座位安排标准和程序，让学生在公平公正的环境中感受温馨；建立师生不可突破的底线制度，让师生在规范自己的言行中赢得尊重，班级成了学生心理潜能的加油站，成了对学生潜能开发的温情港湾。

4. 严格的宿舍管理

奉贤中学的做法详尽、细致又实用。宿舍管理员的职责是负责学生宿舍内务、纪律、安全、财物检查、督促、登记、考核等工作，24小时巡查。生活辅导老师的职责是在政教处领导下，关心指导寄宿生的思想、学习和生活；参加政教处召开的寄宿生、班主任会议，及时总结，不断反馈；晚上检查纪律、点名、查铺，对无故缺席者做好记录，了解原因，妥善处理。总之，从早晨开始到晚上休息，生辅老师要把好早起关、内务关、劳动关、睡觉关和处理关。班主任在全面了解的基础上，通过民主评议的方式产生各宿舍的舍长和班级宿舍自主管理委员会，并制订相应的管理职责。班主任利用

班会课组织学生学习生活规程、宿舍管理的相关制度，并深入寝室关心学生的集体生活，指导内务整理、宿舍文化布置，倾听学生需求，及时解决问题。建立宿舍内务纪律每日反馈机制，便于班主任及时把握并处理违纪现象。督察组全面督导宿舍管理工作。督察组成员于晚休前进入学生宿舍，督查各岗位人员和值班人员的到岗情况，巡视是否存在违纪现象，加强批评教育，并做好相应记录，实施全面检查监督。

（四）搭建平台，促进教师的专业发展

1. 充分利用专题讲座，不断促进教师素养的提高

学校定期和不定期聘请各界专家为全校教师做系列讲座，如师德修养系列、创新素养系列、"育贤"通识系列、教育专题系列和心理辅导系列等，为教师多元知识体系的拓展奠定基础。

2. 规范化的专业培训，为教师的快速成长创造条件

学校在对见习教师实施"一对一带教"的同时，对其他教师持续进行"分层带教"，如校级学科带头人带骨干教师、市特级教师带校级学科带头人等。坚持跟踪听课，听课前先备课，听课后有针对性地反思。此外，各学科与全市名牌专家建立长期合作机制，结合学科特点定期给高三任课教师开展讲座，关注高考热点，进行专业引领，以达到事半功倍的效果。

3. 多元化的评价方式，为教师的专业发展提供保障

教师的评价和考核分为基础性评价和挑战性评价。基础性评价主要是师德、教学、德育、培训、工作量、学业成绩等常规项目，采用自评、互评、学生评、考评等方式，结果与奖励、职称等挂钩。挑战性评价主要指课题研究、项目研究等发展、突破的方面，按照学校导向，教师自主申报，专家组进行评估，分等级排名。教师的任用采用学校与教师签订聘任合同，年级部与教师签订聘用合同的聘任制度。

三、我们的努力方向

（一）面向全体，对师生深入解读学校办学理念

通过开展"学习大讨论、追梦大行动、师生大评比"活动，进一步统一思想。向高一新生解读我校"创造适合学生的教育，为未来积蓄发展资本"的办学理念，激励广大师生坚持"立德、启智、健体、尚美"校训的价值追求，致力构建"艰苦创业、自强不息"的学校核心价值观，打造"独立思考，勇于实践"的六中精神，培养"自强、人本、严谨、和谐"的良好校风，坚持文化立校，以"文"化人，让知识背后的内涵化为人性、

化为人格、化为人心。文化不是直接说出来而是自觉做出来的。六中的文化就是六中人的志趣和情怀，是师生认同的学校的灵魂。全体师生要紧紧围绕学校办学理念，将学校各类文化内化在言行举止中、体现在实际行动中。

（二）修订完善各项制度，凸显多元性和发展性评价

遵循激励性、发展性原则，采取多元评价，帮助教师发现自己工作中的优点和存在的问题，改进教育教学行为，提高教育教学质量。鉴于教师工作的复杂性，在评价方法上必须采用定量和定性相结合的办法，同时要对教师的全部工作进行多指标、多方位的综合分析和判断，这样才能使对教师工作质量的评价更科学、更准确，更能反映教师工作的真实情况。在评价过程中，将教师自评、备课组互评和学校评价有机结合起来。

（三）优化业务流程，建立科学规范的管理运行机制

进一步树立"以制度激发人去做事，以目标引领人去做事，以尊重感化人去做事"的思想，不断强化"领导包级包组、教师包班包人、科室全盘协调、级组实体管理"的目标管理责任制，进一步完善"高定位科学决策，低重心和谐运行，近距离高效服务，走动式精细管理"的管理模式。全体管理人员要深入师生，走进课堂，善于发现问题，勇于面对问题，妥善解决问题。处室级组和班主任要树立争先进位、追求卓越的思想境界，抓主抓重，务实求真，把工作的着力点放在师生管理、学风建设、养成教育和课改实验上，力求工作高标准、严要求、创特色、出效益。

（四）狠抓制度落实，向课堂教学要质量和效益

认真落实学校《关于进一步深化新课程实验的实施意见》《关于开展新教育实验的实施方案》和《关于新课改督导存在问题的整改方案》，把新教育实验与新课程实验结合起来，不断革新课堂教学模式，在提高课堂教学效率上再思考、再发力。在对高一年级所有科任教师进行"新课改达标验收"过程中，要严格按照已形成的"好课标准"逐项考核。邀请校级领导参加各组集体备课会议，引导老师对导学案的设计、习题的选择进行深入探索，使课堂教学丰富、厚实、细腻、有内涵，打造高效有趣的文化课堂。在高二年级进行周测试和单元章节测试，并恢复月考制度，帮助学生查缺补漏，不断夯实基础知识。改革命题制度，增设试题期望分值，提高试题命制质量。

（五）挖掘课程资源，改进校本课程实施方案

校本课程的开发和实施可以有效地解决"只有共性、缺乏个性"的课程体系所造成的"千校一面"的现象。开发具有实践性、综合性、可选择性的校本课程有利于促使学生的全面发展、自主发展和个性发展，弥补国家课程中综合性、实践性的不足。校本课程的开发应首先评估学校、教师和学生的实际需求,要有学生代表参加课程的审议,并且最后把一部分课程的选择权交给学生。尝试开设丰富多彩的微型课程,拓宽学生学习领域,开阔学生视野,丰富学生生活,挖掘发展潜能,为未来发展奠定基础。

  此次奉贤之行是一次学习、借鉴,更是一次反思。奉贤中学管理层智慧引导,高效运行,促进了学校的全面发展和可持续发展,"五个中心"和四个年级部精细管理,执行有力,确保了教育教学质量的稳步提升。上下联动,沟通交流,全校一盘棋、一股绳,教师敬业,学生乐学,校园生机勃勃,课堂激情无限。我们深知,将先进的办学理念落实到学校的实际工作中,是一项长期而艰巨的任务。这有赖于上级部门对我们的指导和支持,有赖于学校领导集体的智慧与执着,更有赖于教师团队综合素质的发展与提升。我们将积极践行精细化的管理模式,在落实办学理念,创办特色学校的进程中矢志不渝,追求卓越。

孔子教给我的五堂课

孔子所处的那个时代,是一个动荡的时代,也是一个变革的时代。那时,到处崇尚强权,追逐功利,极尽攻伐竞争之能事。导致道德沦丧、礼崩乐坏、战火纷飞、民不聊生。在这个动荡变革的时代,有许多人提出不同的主张,虽然还谈不上"百家争鸣",但亦初见端倪,孔子的思想不是当时的正统思想,他只是众多主张中的一种。为了宣传他的主张,也为了救"争斗"之弊,孔子带着他的一帮弟子,奔走各国,到处传播仁心仁政的种子。尽管他知道,在他的有生之年,很难看到它们开花结果;尽管他知道,以他一介布衣儒士的身份,很难扭转乾坤。但其不屈不挠的济世情怀,"知其不可为而为之"的救民心志,却使他更显真儒气概。

今天,我们处在一个改革开放大潮涌动的时代,西方的各种思想、学说、流派纷至沓来,冲击着人们的传统观念。尤其是教育已成为社会关注的热点和焦点,它影响的不仅是学校、教师,更波及家庭、社会。择校、选班、借读、补课等出现的新现象愈演愈烈,新课改、新教育、布局调整、均衡发展等新名词人们耳熟能详,生本教育、生命教育、快乐教学、高效课堂等教育思潮和教学模式让我们"乱花渐欲迷人眼",搅得我们心里迷茫、浮躁。教育从来没有像今天这样热闹,人人得而谈之,家家津津乐道。学校也是今天学这个,明天学那个,但都没能好好地坚持,甚至丢掉了我们原来的好做法。静下心来想,我们是不是走得太快,以至于我们的灵魂跟不上我们的步伐。回过头来看,我们是不是可以从中国优秀的传统文化中吸收精华,从我们的老祖宗那里汲取营养和智慧,尤其是从我们的先师孔子那里学习做老师的秘诀,让我们的心灵得到净化,让我们的教育变得不再浮躁奢华、备受诟病。21世纪初,75位诺贝尔奖获得者曾相约法国巴黎,联袂宣言:如果人类要在21世纪生存下去,必须回头到2500年前汲取孔子的智慧,通过"入乎其内,出乎其外"的体验,才能使"一般陷于现代社会心理病态的人们能够求得一个解脱的答案,建立一种卓然不拔、矗立于风雨艰危中的人生目的和精神"。今天我想通过讲述孔子的几个小故事,以期能引起大家对如何当老师的一些思考。

故事一：

《庄子·让王篇》原文：孔子穷于陈蔡之间，七日不火食，藜羹不糁，颜色甚惫，而弦歌于室。颜回择菜，子路、子贡相与言曰："夫子再逐于鲁，削迹于卫，伐树于宋，穷于商周，围于陈蔡。杀夫子者无罪，藉夫子者无禁。弦歌鼓琴，未尝绝音，君子之无耻也若此乎？"颜回无以应，入告孔子。孔子推琴，喟然而叹曰："由与赐，细人也。召而来，吾语之。"子路、子贡入。子路曰："如此者，可谓穷矣！"孔子曰："是何言也！君子达于道之谓达，穷于道之谓穷。今丘抱仁义之道以遭乱世之患，其何穷之为？故内省而不穷于道，临难而不失其德。天寒既至，霜露既降，吾是以知松柏之茂也。陈蔡之隘，于丘其幸乎。"孔子削然反琴而弦歌，子路扢然执干而舞。子贡曰："吾不知天之高也，地之下也。"古之得道者，穷亦乐，通亦乐，所乐非穷通也。道德于此，则穷通为寒暑风雨之序矣。

一次，孔子受楚昭王邀请，到楚国去访问，途经陈、蔡两国。而陈、蔡两国的大夫，害怕孔子被楚国重用，会对本国不利，所以，他们派兵将孔子和他的弟子们，围困在陈、蔡之间。孔子一行，连着七天没生火做饭。熬的野菜汤里，也没有一粒米，弄得不少弟子无精打采，面有菜色。而此刻，孔子却依然在室内，弦歌不止。

这时，弟子颜回在屋外择野菜，见子路与子贡两人在一起嘀咕："先生两次被鲁国驱逐，在卫国也未能待下去，在宋国讲学，连背靠的大树都被人砍倒。到周地拜访，又受老子的数落。现在，又被人围困在陈、蔡之间。先生倒好，依然在这里弦歌鼓琴，自得其乐。难道做君子的，就这样的没有羞耻心吗？"颜回听到这里，无言以对。只好进到屋里，告诉孔子。孔子听后，推琴长叹道："子路、子贡呀，难道你们真的是小人？召他们进来，我有话要跟他们说。"子路、子贡进屋。子路抱怨地对孔子说："老师，我们行到这种步田地，可以说是穷途末路了吧！"孔子听到这里，厉声喝道："子路！这是什么话？君子明于道谓之通，昧于道谓之穷。我们抱仁义之道，处在这少仁少义的乱世，遭受磨难，这是很正常的事，何穷之有？内省无愧于道，临难不失己德，大寒至，霜雪降，因此才会知道松柏之真强茂。这次，我们遭遇这般磨难，难道不也会是件很幸运的事吗？"

说完，孔子毅然返身回到琴案，操琴而作。子路闻后，也随之持兵器，昂然合拍而舞。子贡见此，愧然自叹道："我真是不知道，天有多高，地有多厚呀！"

这就是孔子，宁可自己一生穷苦受累，寂寞凄凉，被人误解不识时务，也要担当起继承发扬传统的优秀文化、优秀政治智慧的大任，为万世开太平，奠定良好的文化基础。孔子这种在任何环境下，不计个人得失，始终注重世人的德行培养，注重社会纯正思想的引导，从根本上拯救世道人心的行径，这在当时，也是很少有人理解的。甚至，一些个人道德修养较好的道家隐士，对此也颇有微词。然而，"知其不可为而为之"，"达则兼济天下"，穷则不"独善其身"，仍然信念坚定，不改初衷。这正是孔子，也是后来真正儒者们的过人之处。宋代的大儒张载说，知识分子要"为天地立心，为生民立命，为往圣继绝学，为万世开太平"。我们今天处在物质极为丰富的时代，名利的诱惑、世人的攀比、社会的诟病，都会动摇我们的理想信念，但和孔子对照，我们是不是应该反躬自省，我们的职业理想坚定不坚定，我们有没有树立起终身从教、乐教的信念？如果我们在理想信念方面还不够坚定，还想着做生意赚大钱，或者一面教书一面还想入非非，那么以自己的昏昏，怎能让学生昭昭？所以，孔子教给我的第一堂课就是要坚定职业理想信念不动摇，担当起教书育人的大任。

故事二：

《论语·先进篇》原文：子路、曾晳、冉有、公西华侍坐。子曰："以吾一日长乎尔，毋吾以也。居则曰：'不吾知也！'如或知尔，则何以哉？"子路率尔而对曰："千乘之国，摄乎大国之间，加之以师旅，因之以饥馑；由也为之，比及三年，可使有勇，且知方也。"夫子哂之。"求，尔何如？"对曰："方六七十，如五六十，求也为之，比及三年，可使足民。如其礼乐，以俟君子。""赤，尔何如？"对曰："非曰能之，愿学焉。宗庙之事，如会同，端章甫，愿为小相焉。""点，尔何如？"鼓瑟希，铿尔，舍瑟而作，对曰："异乎三子者之撰。"子曰："何伤乎？亦各言其志也。"曰："莫春者，春服既成，冠者五六人，童子六七人，浴乎沂，风乎舞雩，咏而归。"夫子喟然叹曰："吾与点也。"三子者出，曾晳后。曾晳曰："夫三子者之言何如？"子曰："亦各言其志也已矣！"曰："夫子何哂由也？"曰："为国以礼，其言不让，是故哂之。唯求则非邦也与？安见方六七十如五六十而非邦也者？唯赤则非邦也与？宗庙会同，非诸侯而何？赤也为之小，孰能为之大？"

有一天子路、曾晳、冉有、公西华陪孔子坐着。孔子说："我们谈谈各自的理想吧！"子路急忙回答道："（一个拥有）千辆战车的中等国家，夹处在几个大国之间，别国把战争强加给它，上天又在兵灾之后降给它饥荒之灾，如果让我来治理这个国家，等到过了三年，可以使人民个个都有勇气，并且知道做人的道理。"孔夫子微微地笑了。（又问）："冉有，你怎么样？"（冉有）回答说："一个纵横六七十里或五六十里的小国，如果让我来治理这个国家，等到过了三年，可以让这个国家的百姓富足。至于如何搞好礼乐只能等待贤人君子来干。"（孔子又问公西华）："你的志向如何？"（公西华）回答说："我不敢说我能够做好某件事情，但是我愿意学着做好某件事。不论是诸侯祭祀祖先的事，还是诸侯会盟、朝见天子的事，我希望能穿着礼服，戴着礼帽，做一个作赞礼和司仪的人。"（孔子又问曾皙）："你的志向怎么样呢？"曾皙弹瑟的声音渐渐弱了下来，他把瑟放下，挺腰直跪，回答孔子说："我的志向跟他们三位说的不同。"孔子问："有什么妨碍？不过是各人谈谈自己的志向啊！"曾皙回答说："暮春的时候，夹衣已经穿得住了。我愿意和五六个成年男子、六七个少年，在沂水中沐浴，在舞雩台上吹吹风，然后唱着歌回家。"孔子长叹了一口气，说："我赞成曾皙的志向啊！"子路、冉求、公西华三个人都出去了，曾皙留在后面。曾皙说："他们三位的话怎么样？"孔子说："只不过是各自谈谈志向罢了。"曾皙说："老师为什么要笑仲由呢？"孔子说："治国要用礼，可他出语不谦让，所以我要笑他。难道冉求所讲的就不是国家吗？哪里见得纵横六七十里或五六十里就不是国家呢？公西赤所讲的不是国家吗？有自己的宗庙，有同别国的盟会，不是诸侯国家又是什么呢？如果公西赤只能为诸侯做小事，那谁能为诸侯做大事呢？"

故事三：

《论语·公冶长》原文：颜渊、季路侍。子曰："盍各言尔志？"子路曰："愿车马、衣轻裘，与朋友共。敝之而无憾。"颜渊曰："愿无伐善，无施劳。"子路曰："愿闻子之志。"子曰："老者安之，朋友信之，少者怀之。"

颜渊、子路两人侍立在孔子身边。孔子说："你们何不各自说说自己的志向？"子路说："愿意拿出自己的车马、衣服、皮袍，同我的朋友共同使用，用坏了也不抱怨。"颜渊说："我愿意不夸耀自己的长处，不表白自己的功劳。"子路向孔子说："愿意听听您的志向。"孔子说："（我的志向是）让年老的安心，让朋友们信任我，让年轻的子弟们得到关怀。"

故事四：

《说苑》原文：孔子北游，东上农山，子路、子贡、颜渊从焉。孔子喟然叹曰："登高望下，使人心悲，二三子者，各言尔志。丘将听之。"子路曰："愿得白羽若月，赤羽若日，钟鼓之音上闻乎天，旌旗翩翻，下蟠于地。由且举兵而击之，必也攘地千里，独由能耳。使夫二子为从焉！"孔子曰："勇哉士乎！愤愤者乎！"子贡曰："赐也，愿齐楚合战于莽洋之野，两垒相当，旌旗相望，尘埃相接，接战构兵，赐愿着缟衣白冠，陈说白刃之间，解两国之患，独赐能耳。使夫二子者为我从焉！"孔子曰："辩哉士乎！仙者乎！"颜渊独不言。孔子曰："回！来！若独何不愿乎？"颜渊曰："文武之事，二子已言之，回何敢与焉！"孔子曰："若鄙，心不与焉，第言之！"颜渊曰："回闻鲍鱼兰芷不同箧而藏，尧舜桀纣不同国而治，二子之言与回言异。回愿得明王圣主而相之，使城郭不修，沟池不越，锻剑戟以为农器，使天下千岁无战斗之患，如此则由何愤愤而击，赐又何仙仙而使乎？"孔子曰："美哉，德乎！姚姚者乎！"子路举手问曰："愿闻夫子之意。"孔子曰："吾所愿者，颜氏之计，吾愿负衣冠而从颜氏子也。"

一次，孔子北游农山，随从的弟子有子路、子贡、颜渊。来到山顶，孔子极目远眺，喟然感叹道："登高望远，见天地之悠悠，难免发千古之幽思。此情此景，同学们，何不在此说说各自的志向，让老夫聆听一二。"子路见老师说得如此感慨，便率先回道："子路不才，愿有一天，遇到这样的场景：战场上，旌旗飞扬，席卷大地；战鼓钟声，响彻云天。白羽箭，如月光倾洒；赤羽箭，如日光飞动。此时，唯有我子路，能率领众军，英勇驱敌，一鼓作气，夺回千里失地。而子贡与颜渊两位同学，可作为我的随从高参。"听了子路的豪言壮语，孔子点评道："壮哉！勇士，一个奋不顾身的雄杰。"子贡看着踌躇满志的子路，笑了笑，然后轻步上前说："子贡不才，愿有一天，见齐国与楚国合战于苍莽原野，两军对垒，实力相当。正当旌旗相望，战尘相接，千钧一发之际，我子贡，身着白袍白冠，从容游说于白刃之间，不费一兵一卒，顿解两国纷争。此时，子路与颜渊两位同学，可为我临阵助势。""俊哉！辩士，一个神貌若仙的英才。"孔子点头称赞。颜渊听完子路、子贡的述说，站在后面，继续静默无语。孔子见此，便对他说："颜渊！过来。你难道就没有理想可说吗？"颜渊近前回道："文事、武功，两位同学都已说得很好了。我哪里够资格，参与其中？""不是吧？"孔子笑着道："你似乎对他们不敢恭维。但说无妨。"颜渊沉吟了一会儿，说："我听说，咸鱼与兰花，是不能放在同一个箧子里收藏的。尧舜与桀纣，也是不可能在同一个国家里共理政事的。两位同学的志愿与颜回理想是有差异的。颜回希望：自己能在一个小国，辅佐一位圣明的君主。使君主在上，可道应天下；使臣子们在下，能德化群生。百姓讲信修睦，人民安居乐业；兵器铸为农具，城池复为良田；怀恩近邻，柔接远方；周边各国，无不感召德义，寝兵释战；天下从此无斗战之患。如果能有这么一天，那么，又有什么苦难，需要子路同学去冒死拯救？又有什么战难，需要子贡同学去劳思化解？""美哉！大士。"颜渊的一番话，令孔子嗟叹不已。子路此时，举手问道："请问先生，您的志愿，又是如何？"孔子回道："愿颜渊得志！我将背着行李典籍，跟从颜渊这孩子。"

　　孔子和学生谈论的是志向，实际也是老师在帮助指导学生制定学业和职业规划。孔子学生制定的人生规划有大有小，有短期有长期，有功利的有理想的，但都是在孔子指导下说出的，虽然孔子赞成曾皙和颜渊的志向，但并没有否定其他学生的说法。这是孔子教给我的第二堂课：帮助指导学生制定三年发展规划，不一定就只有考大学一条路，条条大路通罗马，我们不能用一把尺子来衡量，要让学生找到适合自己发展的路径。

　　故事五：

　　《列子·仲尼篇》原文：子夏问孔子曰："颜回之为人奚若？"子曰："回之仁贤于丘也。"曰："子贡之为人奚若？"子曰："赐之辨贤于丘也。"曰："子路之为人奚若？"子曰："由之勇贤于丘也。"曰："子张之为人奚若？"子曰："师之庄贤于丘也。"子夏避席而问曰："然则四子者何为事夫子？"曰："居！吾语汝。夫回能仁而不能反，赐能辨而不能讷，由能勇而不能怯，师能庄而不能同。兼四子之有以易吾，吾弗许也。此其所以事吾而不贰也。"

　　孔子有一个弟子叫子夏。有一天，他问孔子有关他的一些同学们的修养情况。他问道："老师，颜回同学为人怎么样？"孔子沉吟了一下答道："颜回的仁爱之心比我要好。""那子贡呢？"子夏接着问。"他呀！他的辩才比我好。"孔子笑着说。"那子路同学呢？"子夏又接着问。孔子开心地笑着说："要说勇武精神，我们都不如他。""那子张呢？子张难道也有过老师之处？"子夏满脸狐疑。孔子顿了顿，说："子张同学，为人处世，庄重严谨的作风，比我这个做老师的要强。"子夏听到这里，禁不住站了起来。他曲躬作揖地问道："老师，这我就不明白了。既然那四位同学都有超过老师的地方，那么为什么，他们还要师从老师您学习呢？"孔子见子夏这样，忙举手向下按了按，并和蔼地对子夏说："子夏！你别着急，先坐下，听我慢慢说。颜回同学虽然很仁慈，但有时他过分的仁慈，导致的不忍之心，使他变得一味地迁就他人，影响了自己对事态做出正确的决断，反而害了别人。所以说，他虽能仁，却不能忍。"孔子接着对子夏说："至于子贡，他的口才的确很好,可谓辩才无碍。他精通语言的妙用,却不识语言的局限,不懂得沉默的力量。所以,他能辩不能讷。"孔子继续说:"子路他英勇过人,敢作敢为,是个不可多得的将才。但有时不懂得谦冲退让,持弱守雌,蓄势而动。这样难免会意气误事。所以说,他能勇,不能怯。""而子张呢,"孔子说到这里沉了沉,然后说:"他过于庄重严谨,以致清不容物。不能和煦接众,不能容纳有污行的人,让人见之生畏,敬而远之。所以,他能庄,不能谐。""因此,"孔子最后总结道:"如果将这四位同学的长处都加起来,来兑换我的修养,我也是不愿意的。这也是为什么他们要一心跟从我学习的原因。"

故事六:

《论语·先进篇》原文:子路问:"闻斯行诸?"子曰:"有父兄在,如之何其闻斯行之?"冉有问:"闻斯行诸?"子曰:"闻斯行之。"公西华曰:"由也问,闻斯行诸?子曰,'有父兄在';求也问闻斯行诸,子曰'闻斯行之'。赤也惑,敢问。"子曰:"求也退,故进之;由也兼人,故退之。"

有一次子路问孔子:"听到什么道理就行动起来吗?"孔子说:"你有父亲兄长在,你怎么能听到这些道理就去实行呢!"冉有也来问:"听到什么道理就行动起来吗?"孔子说:"应该听到后就去实行。"公西华问:"子路和冉有问了同一个问题,我弄不明白,想请教先生一下。"孔子说:"冉有为人懦弱,所以要激励他的勇气。子路武勇过人,所以我让他谦退。"

《论语·为政篇》原文:孟懿子问孝,子曰:"无违。"樊迟御,子告之曰:"孟孙问孝于我,我对曰无违。"樊迟曰:"何谓也。"子曰:"生,事之以礼;死,葬之以礼,祭之以礼。"

孟懿子问什么是孝,孔子说:"孝就是不要违背礼。"后来樊迟给孔子驾车,孔子告诉他:"孟孙问我什么是孝,我回答他说不要违背礼。"樊迟说:"不要违背礼是什么意思呢?"孔子说:"父母活着的时候,要按礼侍奉他们;父母去世后,要按礼埋葬他们、祭祀他们。"

孟武伯问孝,子曰:"父母唯其疾之忧。"

孟武伯向孔子请教孝道。孔子说:"对父母,要特别为他们的疾病担忧。(这样做就可以算是尽孝了。)"

子游问孝,子曰:"今之孝者,是谓能养。至于犬马,皆能有养,不敬,何以别乎?"

子游问什么是孝,孔子说:"如今所谓的孝,只是说能够赡养父母便足够了。然而,就是犬马都能够得到饲养。如果不存心孝敬父母,那么赡养父母与饲养犬马又有什么区别呢?"

子夏问孝,子曰:"色难。有事,弟子服其劳;有酒食,先生馔,曾是以为孝乎?"

子夏问什么是孝,孔子说:"(当子女的要尽到孝),最不容易的就是对父母和颜悦色,仅仅是有了事情,儿女需要替父母去做,有了酒饭,让父母吃,难道能认为这样就可以算是孝了吗?"

这就是孔子的因材施教,他因为对学生了解得透彻,所以知道对不同的学生采用不同的方法。

孔子近乎完美的实行"因材施教",其基础就是对学生的充分了解。孔子说:"不患人之不己知,患不知人也。"他认识到"知人"的重要,因此他十分重视"知"学生,认真分析学生个性,甚至只用一个字即可准确地概括,足见其备学生之细致认真。只有充分了解学生之"材",才能因其"材"而施教。如果缺乏了这个必备的前提,何谈"因材施教"呢?现代教育,从理论上早已接受了这种观点,但在实践中几乎都把备课看作备教材、备教案,很少是备学生,不了解学生的个性差别,千篇一律地灌输知识,至于哪些学生能接受,哪些学生不能接受,学生接受多少,很多教师不去考虑。这就是孔子教给我的第三堂课:因材施教,让每个学生都能成才。

据《列子》记载:子贡倦于学,告仲尼曰:"愿有所息。"仲尼曰:"生无所息。"这则小故事翻译过来就是子贡对学习产生了厌倦之心,他便告诉孔子:"但愿可以不学习,休息休息。"孔子说:"人生下来,就是学习,不可以浪费生命去休息。"是啊,生前何必久睡,死后必会长眠,学累了可以玩,玩累了可以学,学、玩累了,可以换个方法玩和学,直到差不多了,该入土为安了,也就该休息了!有这么一段话说得很好,愿与大家分享:活鱼逆流而上,死鱼随波逐流。真的很累吗?累就对了,舒服是留给死人的。苦才是人生,累才是工作,变才是命运,忍才是历练,容才是智慧,静才是修养,舍才是得到,做才是拥有。如果感到此时自己很辛苦,告诉自己:容易走的都是下坡路,坚持住,因为你正在走上坡路。

我们不仅要不断学习,向书本学习、向同行学习、向社会学习,更要向学生学习。孔子幼年时家境贫困,难以受到良好的教育。然而他非常好学,常拜他人为师,哪怕是向年仅七岁的小孩项橐求教。他曾经"问礼于老聃""访乐于苌弘""学琴于师襄""学官制于郯子"。孔子到了周公庙,事事都向人请教,有人讥笑他不知礼。孔子答复是,不懂的就问,正是礼。孔子说:"三人行,必有我师焉,择其善者而从之,其不善者而改之。"他还说:

"发愤忘食,乐以忘忧,不知老之将至。"这种学习态度和精神是值得敬佩并且学习的。

《史记·孔子世家》记载:孔子学鼓琴师襄子,十日不进。师襄子曰:"可以益矣。"孔子曰:"丘已习其曲矣,未得其数也。"有间,曰:"已习其数,可以益矣。"孔子曰:"丘未得其志也。"有间,曰:"已习其志,可以益矣。"孔子曰:"丘未得其为人也。"有间,有所穆然深思焉,有所怡然高望而远志焉。曰:"丘得其为人,黯然而黑,几然而长,眼如望羊,如王四国,非文王其谁能为此也!"师襄子辟席再拜,曰:"师盖云《文王操》也。"

孔子曾跟师襄学琴,某天师襄教给他一首曲子,让他自己练习,他足足练了十来天,仍然没有停下来的意思,师襄忍不住了,说:"你可以换个曲子练练了。"孔子答道:"我虽然已熟悉它的曲调,但还没有摸到它的规律。"过了一段时间,师襄又说:"你已摸到它的规律了,可以换个曲子练了。"不料孔子回答:"我还没有领悟到它的音乐形象。"如此又过了一段时间,师襄发现孔子神情庄重,四体通泰,好似变了人样。这次不待师襄发问,孔子就先说:"我已经体会到音乐形象了,黑黝黝的,个儿高高的,目光深远,似有王者气概,此人非文王莫属也。"师襄听罢,大吃一惊,因为此曲正好名叫《文王操》,而他事先并未对孔子讲过。这就是孔子教给我的第四堂课,活到老,学到老。学无止境,虚心请教,甘当小学生,反复揣摩,悟出新境界。

故事七:

《吕氏春秋·任数》故事梗概:孔子厄于陈蔡之间,七日不火食。孔子昼寝,颜回讨米而归。在米饭即将煮熟之时,孔子瞥见颜回取米而食,便佯装不知。颜回献上饭时,孔子曰:"今日梦见先君,当先祭之。"颜回曰:"不可,饭已被吾先食!方才柴草炭灰落入饭锅。弃之不祥,回便取而食之。"孔子叹曰:"所信者目也,而目犹不可信;所恃者心也,而心犹不足恃。"

有次孔子受困在陈蔡一带的地区,有七天的时间没有尝过米饭的滋味。有一天中午,他的弟子颜回讨来一些米煮稀饭。饭快要熟的时候,孔子看见颜回居然用手抓取锅中的饭吃。孔子故意装作没有看见,当颜回进来请孔子吃饭时,孔子站起来说:"刚才孟李祖先告诉我,食物要先献给尊长才能进食,岂可自己先吃呢?"颜回一听,连忙解释说:"夫子误会了,刚才我是因看见有煤灰掉到锅中,所以把弄脏的饭粒拿起来吃了。"孔子叹息道:"人可信的是眼睛,而眼睛也有不可靠的时候,所可依靠的是心,但心也有不可靠的时候。"

圣人也有出错的时候，但错了不可怕，错了还掩饰还装腔作势才可怕。圣人也要不懂的时候，《列子》上同样记载了一则我们大家都熟知的故事：

孔子东游，见两小儿辩斗，问其故。一儿曰："我以日始出时去人近，而日中时远也。"一儿以日初出远，而日中时近也。一儿曰："日初出大如车盖，及日中则如盘盂，此不为远者小而近者大乎？"一儿曰："日初出苍苍凉凉，及其日中如探汤，此不为近者热而远者凉乎？"孔子不能决也。两小儿笑曰："孰为汝多知乎？"

孔子到东方游学，途中遇见两个小孩儿在争辩，便问他们争辩原因。有一个小孩说："我认为太阳刚升起来时离人近，而到中午时离人远。"另一个小孩则认为太阳刚升起时离人远，而到中午时离人近。一个小孩说："太阳刚升起时大得像一个车盖，到了中午时小得像一个盘盂，这不是远小近大的道理吗？"另一个小孩说："太阳刚出来时清凉而略带寒意，到了中午时就像把手伸进热水里一样热，这不是近热远凉的道理吗？"孔子听了不能判定他们谁对谁错，两个小孩笑着说："谁说你知识渊博呢？"

《史记·仲尼弟子列传》记载孔子检讨反省自己的话："吾以言取人，失之宰之；以貌取人，失之子羽。"子羽、宰予都是孔子的学生，子羽因为长得很难看，所以孔子对他的态度十分冷淡，后来子羽只好退学，回去自己钻研学问。而宰予因为长得仪表堂堂，又能说会道，因此孔子很喜欢他，认为这个学生将来一定很有出息。然而，事情的发展却出乎孔子的意料之外，子羽是一个热爱学习和喜欢独立思考的人，他离开孔子后更发奋努力学习、钻研，成了一个很著名的学者。很多青年因此而慕名到他门下求学，他的名声也在诸侯之间传开了。相反，宰予却非常懒惰。尽管孔子非常认真地教，可是他的学习成绩极差，孔子曾再三劝导他，但他都不听，气得孔子把他比作没有用的朽木。后来，宰予靠着他的口才，在齐国做官，可是没多久，就因为和别人一起作乱，被齐王处死了。孔子听到宰予的死讯，很感慨地说："从子羽身上使我明白，不能以外貌来衡量一个人；而宰予的事也告诉我，不能只凭一个人所说的话来衡量他。"

在这里我们看到了一个真实的孔子，一个真实的老师和一个可爱的老师。但孔子善于反思，勤于学习，他知道人最大的敌人不是别人，不是时间、距离，而是自己，人只有不断地反省，才能战胜自己，从而超越自己。只有明白了这一点，才能明白全部。这就是孔子教给我的第五堂课：不要让师道尊严迷糊了我们的双眼，"弟子不必不如师，师不必贤于弟子"，"闻道有先后，术业有专攻"，我们应放下架子，不断反思，不断超越自己，与学生同学习、共进步。

　　孔子的德行如巍巍乎泰山，让人高山仰止，景行行止；孔子的学问如汤汤乎流水，瞻之在前，忽焉在后。他博大精深，钻之弥坚，仰之弥高。他教会我的不只是这五堂课，但我学会了这五堂课，就可以开始做真正意义上的老师了。

"三课"是"五环三课"模式的核心

前段时间,卢局长带领市局业务领导和市直学校校长对市直学校就文化建设、课堂教学改革、学校管理及教师专业发展等方面进行了调研督查,随后发了一个通报,我校在一些方面差强人意,大部分工作不尽如人意。学校经过认真的分析,觉得主要原因还是落实不到位。11月底,龙校长分别带领教学和德育方面的中层管理人员及部分老师分赴宁县早胜初中和镇原城关初中深入学习。在回校的座谈会上,我就分管的工作进行了反思,学校存在的问题除落实不到位外,一些工作的安排也不尽合理。针对这些问题,我提出了今后工作的思路和着力点。

集体备课要发挥备课小组的作用。备课小组接受双重领导,业务指导上隶属各教研组,如学习、听评课、活动开展、业务检查评估、学术讨论交流等。行政关系上隶属年级组,包括选任备课组长,安排集体备课,组织教学活动,检测、评价学生学业,调配师资力量,安排临时工作,检查考核日常工作等。周一的教研活动由教研组长负责,主要任务为组织学习,探讨教学策略、方法、思路,解决教学中存在的困惑、问题,商讨工作计划、进度、总结、对策,指导培训青年教师,通报分析教学中存在的失误,肯定成绩,检测评价教学成果等。周内各备课组要安排1次至2次的集体备课,备课组长负责,年级主任统筹协调安排,主要任务是中心主备课人发言,备课组共同讨论修订完善导学案。互助研修,探讨教材、课标、教法,交流学情,质疑问难,取长补短。这两项活动每次都得有主题内容,前者由教务处会同教研组长安排,后者由年级主任会同备课组长安排,每次活动组长负责,可轮流主持,安排专人记录。教务处和年级组要做好检查通报、评比工作。备课组的考核评价方案由教务处牵头、年级主任配合进行制定,年级组负责考核,学校统一奖励。

课堂教学要严格按照学校推行的"五环三课"学案导学模式中的"三课"进行。通过近两年的实践,老师们对"五环"已烂熟于胸,运用也很娴熟、妥当,主要问题是"三课"落实不到位或没有落实。自主学习课不再编印统一的导学案,按征订资料的自主学习版块进行,学生需熟读课本、资料,勾画圈点,解决自己能解决的问题,划出或提出自己不能解决的问题,提倡独学,不主张讨论。老师在教室巡回检查,督促学生看书学习,可个别指导,不能讲解,不得在讲台上做其他事情,包括备课、改作业等,自主学习的内容、数量由科任老师决定,可长可短,一节课完成即可。展示交流课必须有导学案。备课组要精心备好导学案,主要内容是学习目标、合作学习、探究学习、质疑问难和课堂小结。其中质疑问难的内容可以是学生自学中存在的问题,也可以是老师根据学生掌握情况提出的问题,其余的四个方面必须提前商定好。导学案的编印模式需要再做调整,参照以往的教学案,在右边增加个性设计栏,老师二次或三次备课时,根据所教班级的学情和自己的个性风格添加补充相关内容,学生可以补充一些知识点,也可以随时记录自己的理解和心灵火花。教师不再书写教案,但必须独立书写教学反思,可一课一思,也可几课一思,但每周最少得有一篇真实且质量较高的教后反思。导学案的收缴打印交给年级组,由年级主任负责、备课组长签字、级部干事打印分发。学校平时和集中检查评价时只检查导学案和教后反思。展示交流课要充分发挥合作小组的作用,或发言,或争论,或扮演,或展示,留给学生充裕的时间,根据实际情况确定上课节数,不宜一刀切,急着给学生讲答案、讲方法。老师也可根据授课内容和学生掌握的程度精心讲解。这是三种课型的核心环节,必须提前扎实备课,编写好导学案,组织好课堂。检测巩固课不再编印导学案,可选择取舍课本后的练习题和资料中的检测题,让学生独立完成,老师巡回指导,现场批阅,发现好的做法或者典型错题,可在黑板上演示,发现共性的问题则必须讲解,同时可进行知识的迁移延伸。以上三类课型适用于教授新课,复习课、实验课、活动课以及音体美、通用信息技术课另当别论。高三复习可借鉴这种方法。

通过以上三种课型的实施,可以很好地落实"先学后教,当堂训练"的课堂教学策略。一些学科如语文、政治、历史、地理等,课后可不再布置作业,把时间留给数学、英语、物理、化学、生物等学科。这样,自习课学生可以自主学习、完成作业、读经典作品或者做一些学科活动。

班级要抓好"合作学习小组"和"学科研究小组"的建设。合作学习小组以4人至6人为宜,人员应相对固定。班主任在调整座位时要指定组长负责,充分考虑小组成员性格、修养、学业水平等,进行合理科学的搭配。班主任和学科老师要定期对合作学习小组的表现进行评议,开展评比,在每年的学期中对先进学习小组进行奖励。学科研究小组因学科而定,重点放在数理化等学科上，成员一般由2人至3人组成，必须是学科的优秀学生，主要作用是在课堂上、晚自习上当小老师，让学生教学生，这样既培养了尖子生，也帮助了差生。

经过几年的探索实践，学校的课堂教学改革积累了一些经验，取得了一定的成绩，出现的问题都是发展中的问题，我们必须不断地反思、研究、探索，在发展中去解决这些问题。最可怕的是不能发现问题，老师们都"过河"了，管理层的同志还在"摸石头"。

第二部分
职教之思

田舎と思ひ出

第二部分

西峰职专礼赞

巍巍子午岭，茫茫董志塬。毗邻小崆峒，坐落彩虹南。办学三十载，薪火代代传。筚路蓝缕始，竭蹶又艰难。躬耕育桃李，星火终燎原。陇专是名校，西职国重点。两校重组合，强强联手办。校训入人心，理念更超前。进德兼修业，崇技尚能贤。专业十余种，紧盯市场变。机械加工精，焊接种类全。护理与财会，汽修和机电。乘务服务类，工艺与学前。特色专业好，骨干专业严。迈向国际化，中德把手牵。外教来授课，推广新双元。国家政策好，远近都能念。学生免学费，补助又当先。升学加就业，双轮驱动远。参加高考试，单招能推免。校企深合作，就业最关键。苏浙北上广，学生笑开颜。

周祖旧邦地，南梁纪念园。悠悠北石窟，汤汤蒲水畔。开门办学校，外引又内联。名师荟萃地，钟灵毓秀园。德国去培训，取得真经还。推行新课改，行动导向前。理实一体化，技能要为先。师父带徒弟，工匠精神传。国家示范校，时代谱新篇。项目来带动，多方去调研。全员抓管理，培养模式变。五育齐联动，德育首当先。孝亲又敬老，读写讲实践。班会课程化，训导日日练。重在抓素养，诚实和友善。肃肃君子风，依依淑女范。风气蔚然成，社会多称赞。校外培训多，校内实训严。田间地头边，剪枝和种田。厂矿企业里，手把手来练。进入新时代，撸起袖子干。中华强国梦，复兴能实现。

庆阳职院校训石赋

　　积土成山，风雨兴焉，积水成渊，蛟龙生焉。山不在高，有仙则名，水不在深，有龙则灵。山水相依，钟灵毓秀，层峦叠嶂，人才辈出。此处物华天宝，云蒸霞蔚，乃兴教办学胜地。学院为五校合并，风起云涌，气象万千；学子从八方辐辏，生龙活虎，兰桂腾芳。师道尊严，传道授业解惑；学艺笃行，崇技尚能致用。建校五年，规模初具；擘画未来，宏图大展。聚天下英才，立德树人，教学相长；育大国工匠，抱道不曲，惟精惟专。适逢海绵化改造项目完成，环境育人，相得益彰。立石勒铭，以为永固。

戒尺进课堂进校园
引领学生健康阳光成长

近年来，学校全面贯彻党的教育方针，坚持德育为首、育人为主、立德树人的指导思想，积极引导学生践行社会主义核心价值观，在学生中持续深入开展"孝亲敬老·诚实守信"德育主题教育，在教职工中开展"立师德、铸师魂"孝亲敬老宣讲活动，对学生开办《弟子规》大讲堂，这些活动扎实推进，收到了良好的教育效果。为进一步巩固德育教育成果，增强德育工作的针对性和实效性，立德树人，崇尚师道尊严，学校决定试点开展"戒尺进校园、进课堂"专题教育活动，试点成功中期总结形成经验后在全校推广。

毋庸讳言，近几年社会对教育的诟病越来越多，师生之间、学校与家长之间的矛盾也与日俱增，社会似乎对教师这个职业戴上了有色眼镜，大量负面新闻见诸报端，因为老师的几句批评，学生就公然顶撞老师、哄闹课堂或者离家出走甚至跳楼轻生；因为孩子的一面之词，家长们去学校闹事，找教育局投诉，到最后输的是老师，赢的是家长，害的是孩子，荒的是教育。也因为这样，老师们不愿管不敢管的现象增多，长此以往，受损害的还是孩子。我们的学生还是未成年人，在老师引导他们从"他律"走向"自律"之前，必定会带有强制性要求，教育惩戒就是学校和教师对未成年学生进行指导和矫正的方式。"惩"是"惩罚"，"戒"是"警戒"，"惩戒"就是通过惩罚以引起警戒，是教育的一种手段，不是目的。让戒尺进课堂，目的就在于利用这种教育手段，发挥其惩戒、威慑作用，教育和警示学生"崇尚师道尊严，敬畏校纪班规"，做到"心有所敬，言有所畏，行有所止，事有所为"，引领他们阳光做人、健康成长；引导广大教师树立管理教育学生的责任心和担当意识，敢管能管善管，为教师适当的惩戒教育撑腰，提振师道尊严；让广大家长正确认识教师管教、惩戒学生的必要性，须知，跪着的教师教不出昂首的学生。

《礼记·学记》中说："凡学之道，严师为难。师严然后道尊，道尊然后民知敬学。"我们必须明白，严管就是厚爱，放纵即是惯子。因此，我认为教育需要惩戒。"惩者，以正其心也。"教育的本质就是"正其心"，惩戒就是让学生知道犯错误应该承担责任，帮助他们自己成长、自己做主、自我负责，独立面对各种挫折与惩罚。首先，戒尺是批评教育的辅助手段，是规矩、纪律。让戒尺进入课堂，既是传统文化进校园的载体，也是对德育工作的一个大胆创新，更是老师和学生之间的一种约定。其次，戒尺是鞭策自律的一种工具。在中小学教育阶段，学生自控能力和是非辨识能力都不成熟，经常需要"他律"来调控其行为。因此教育惩戒作为"他律"力量将有助于学生分辨是非善恶，使学生形成良好的道德认识、情感和行为，以利于学生成长。同时，戒尺这个特殊的教育工具，也是一种权威的象征，不仅是对学生的警示，也约束老师要做到为人师表，对老师的工作和职业道德提出了更高的要求，作为手握戒尺的老师必须要有良好的心理素质和科学的育人理念。

当然，戒尺不是老师手中的"尚方宝剑"，对在什么情况下可以使用戒尺、谁可以动用戒尺、启用戒尺的注意事项等，学校制定了详细的活动实施方案，要求惩戒人必须掌握适度适时适合原则，以威慑和警示为主，并建立惩戒记录，适时向家长通报；惩戒部位是手心，惩戒对象是违反"六戒"的学生，惩戒人是本班班主任，同时要做好惩戒后的批评教育工作和思想沟通工作，让受戒学生心服口服并能引以为戒。

子不教，父之过，教不严，师之惰，现代教育需要家校合力共育共管。老师要手握戒尺，眼中有光，严慈相济，管教同步。家长要有足够信任，充分理解，给予老师惩戒的空间和权力，积极配合改正孩子的错误，共同完成教育工作。学生要在读书中学会做人，做人时要懂得规则，规则中要懂得敬畏，敬畏中不负人生。家校携手共进、同心同行，共同努力，净化教育空气，创设和谐规范教育空间。

惩防并举 破立结合
全力做好未成年人保护工作
——全市未成年人保护工作情况专题协商议政交流发言

　　未成年人是祖国的花朵、未来的建设者、社会主义事业的接班人，做好未成年人保护工作，对于促进未成年人健康成长和社会稳定、家庭幸福、国家发展意义重大。近年来，我市未成年人保护工作取得了长足进步，无论在硬件场地机构设施，还是软件政策机制人员等方面都做了大量工作，未成年人保护工作总体成效显著、态势良好。但从职业教育工作者的视角看，我们招收的学生无论是中职阶段还是高职阶段，都存在明显的习惯较差、素养欠缺和文化基础薄弱等问题，给教育教学带来了诸多困难和挑战。深究其原因，绝大多数都是孩子们在成长过程中受到了诸如家庭重大变故、社会不良习气、挫折遭遇打击、管教关爱缺失的影响，缺乏来自家庭、学校和社会的足够保护与培养。因此，我想应该从惩防并举、破立结合两方面来不断加强未成年人保护工作，为孩子们健康茁壮成长创造更好的环境与空间。

　　一方面要各方总动员，整合司法、公安、网信、学校、家庭和社会机构各方资源及力量，严厉打击各种涉及未成年人的违法犯罪行为，大力整治各种不良社会现象。一是严厉打击拐卖儿童、吸毒贩毒、卖淫嫖娼、有组织犯罪、家庭暴力等各类涉及未成年人的刑事犯罪，从严从快从重予以惩戒，形成震慑。二是严厉打击网络诈骗、电信诈骗、恶俗直播、淫秽广告等网络空间涉及未成年人的违法犯罪和不良现象，尽最大努力为孩子们创造文明清朗的网络学习社交环境。三是严厉打击未成年人中间的校园欺凌、校外霸凌、暴力威胁、放高利贷、人格侮辱等各类违法犯罪行为和不良恶俗习气，对有问题的极少数严格管教，尤其是触犯法律的未成年人，要惩戒和教育监护人，绝不能放任自流、不予追究。

　　另一方面，家庭、学校和社会要三方联动、无缝衔接、形成闭环、凝聚力量，全方位、全过程保护未成年人成长，构建起完整管用的未成年人保护体系和工作格局。一是家庭要担起教育培养孩子的第一责任，突出家庭教育主战场作用，通过家长学校（网校）学习提升监护技能，切实担当监护人的监护责任，为未成年人提供稳定、和谐、充满爱的家庭环境，让孩子从小建立安全感、归属感和幸福感，塑造健全的人格和良好的性格，为未成年人健康成长打下根基。二是学校要担起未成年人教育培养的主体责任，守好守牢学校教育主阵地，落实立德树人根本任务，开办家长学校、家长网校，建立学校德育考核评价和家校共育网络机制，注重学生思想品德教育、行为习惯养成、法律意识培养、劳动体验教育和体育健康教育，为学生终身发展奠定基础。三是社会各界要按照各自的职责担起未成年人保护的共同责任，将社会教育作为有益补充，切实建设适应未成年人成长的硬软件设施场地和环境；将法制教育作为强有力保障，惩防并举、破立结合，追究过错监护人责任，建立社区矫正机制，筑起未成年人健康成长的安全屏障。

甘肃省中职学校领导能力提升研修班学习体会

2019年8月25日至30日，我有幸参加了由甘肃省教育厅主办、兰州石化职业技术学院承办的甘肃省中职学校领导能力提升研修班，聆听了12位专家的12场高质量报告，参与了分享讨论，撰写了心得体会。

总体来说，这次培训有以下几个特点：一是专家阵容强大，多来自教学一线的管理者，有职教情怀和职教经验，在职业教育方面作出过突出贡献，对职教政策把握精准，方向明确，职教实践能力强，在职教领域是行家里手、专家。5天时间，共有12位专家与我们近距离交流分享，实属机会难得。二是讲座内容全面，信息量大，有对"职教20条"的解读，有教师队伍建设，有扩招100分的解读，有校企合作、现代学徒制，有教学诊断与整改，更有教学信息化和"1+X"证书内容解读，可以说涵盖了职业教育的方方面面，尤其是对甘肃省"职教25条"的分析与解读，让人耳目一新，信心倍增。大家认为，我省在习近平总书记视察山丹培黎学校后，政治敏锐性强，反应快、动作大，这些政策一旦通过并落地，甘肃职教必将大有可为、大有作为。三是参与面大，保障有力，忙而有序。全省近200所中职学校250多名中职校长、副校长参训，是近几年来参与面最大的一次培训。据介绍，研修班明年还将继续举办，参与人将包括所有中职学校的班子成员。由此可见，省教育厅对办好中职学校的信心和期望。兰州石化职业技术学院承办本次培训，提前精心准备，抽选精兵强将担纲主持和班主任，安排食宿，保障日常供应，处处尽显细节，让人感觉温馨而感动。天下职教是一家，兰州石化职业技术学院作为我省职业教育的导航校和领头羊，既能仰望星空又脚踏实地，给参训学员留下了难以磨灭的印象。培训期间有早习、晚讨论，大家畅所欲言，增进了友谊，加强了沟通，累并快乐着。

为使此类培训取得实际成效，建议：一是校长固然需要培训，但更需要培训的应该是教育局的主要局长、科长、股长。因为他们是政策的传达者、制定者，也是执行者。他们熟悉了职教的各项政策，办学就有坚定的支持者、引领者，就能减少很多"中梗阻"，更有利于职教政策的落地生根、开花结果。二是做好中高职贯通即"2+3"的调研分析及政策制定工作。要综合考虑百姓的合理需求、中职学校的实际要求和高职学校的招录情况，不能简单地"一刀切"。目前，"2+3"政策绑架了高职院校和政府部门，它固然迎合了老百姓和学生的需要，但带来的问题很明显：中职学校无法颁发毕业证，学历教育是不完整、不科学的；中职学校在经费上有很大损失，没有人为它们超额的招生费用买单；贯通必须是全方位、而非年代上的，应该包括教学计划、人才培养方案和"三教"政策等。因此，应当调研并出台放之全省皆适宜的中高职贯通政策。三是建立省市县（区）级联席会议制度，定期研究职教。职业教育是另一类型的教育，单靠职教人无法走快、走远。校长可能只善于管校园内的事，校园外的事就会捉襟见肘。因此，联席会议制度应当固定化，这样职教发展才会成为现实。

关于推进我市体育产业发展情况的思考

——在庆阳市政协会议上的发言

为进一步了解我市体育事业发展情况，助推体育产业不断发展壮大，2018年3月26日至27日，市政协教科文卫组织部分市政协委员赴正宁、合水、西峰三个县区，调研全市体育产业发展情况。调研组先后深入调令关、秦直古道、体育场馆、陇东冰雪健身基地、西峰城南绿地进行了实地观摩并听取县区情况汇报，掌握了第一手资料，并形成了体育产业发展调研报告。现将个人参与调研的感受和建议汇报如下。

一、整体感受

近年来，我市高度重视体育产业发展，不断加大体育基础设施投入，体育产业基地建设规模不断扩大，全民健身运动理念深入人心，人们的生活观念、健身方式发生了较大变化。较大规模产业基地的建成开发与文化、旅游、饮食、生态保护融为一体，走上了可持续发展道路，为我市体育产业的发展夯实了基础。

（一）体育品牌赛事精彩纷呈，社会影响和经济效益初步显现

"秦直古道中国（庆阳至合水）乡村马拉松赛"、自行车越野赛等大中型体育品牌赛事吸引了国内外运动员8000多人次、观众约15万人次。中央及部分省市40余家新闻媒体进行了宣传报道，这些具有浓郁地方特色的赛事，吸引了市内外群众的广泛参与，推介并提升了庆阳的知名度和影响力。

（二）群众性健身活动方兴未艾，体育产业大众消费渐呈主流

伴随着我市经济的发展，广大群众对体育产业的需求正在持续增长，人均消费水平呈上升趋势。群众对新形式、有特色的体育健身项目更感兴趣、参与程度更高。各地区、单位和民间组织的体育活动丰富多彩，民营健身俱乐部发展势头良好，体育产业大众消费渐呈主流。

（三）竞技体育赛事成功举办，带动性消费不可估量

市体育馆、体育场建成后，我市成功举办了"省十二运"和全省第三届大学生体育运动会等一系列全国级、省级大型赛事。同时，积极组织运动员参加甘肃省中长跑、竞走冠军赛等大项的比赛。通过举办这些赛事，有效拉动了体育产业发展和全市体育消费快速增长，为推动体育产业繁荣发展、促进经济有效增长提供了绝好的契机。

通过市政协组织的调研活动，委员们普遍认为近几年我市体育事业发展较快，体育产业走上了良性发展之路。但由于宣传力度不够、群众参与面不大，体育事业影响力有限，带动性消费和体育产业发展仍然有巨大的空间。本次调研，委员们开阔了眼界、增长了见识，在座谈中畅所欲言，有许多真知灼见，对推动体育产业发展有积极的作用。委员们一致认为调研及时，很有必要，今后应多组织类似的活动。

二、几点建议

体育产业的发展离不开体育赛事的带动，更离不开全民健身运动的蓬勃发展。基于此，我提以下几点建议。

（一）继续办好体育品牌赛事和群众健身活动

深入挖掘我市资源优势和项目优势，积极承办、协办国家级和省级大型赛事，进一步夯实全民健身基础，营造全民健身氛围，切实提升全民健身意识和参与体育热情。将体育品牌赛事融入健康主题、旅游主题、文化主题和发展主题，发挥好自媒体作用，利用庆阳圈子、《陇东报》公众平台、微信平台等群众喜闻乐见的宣传形式，加大活动宣传、科普宣传和赛事宣传力度，推动健身、健康的理念深入人心。

（二）重视体育产业人才培养

深化体育赛事交流、研学交流，采取"引进来、走出去"相结合的办法，着力培育一批有较高执教水平和较强影响力的专业化体育团队和知名教练。把庆阳体校从庆阳职业技术学院分离出来，重新开办体校，招收体育特长学生从小训练，积极参加省内外体育赛事，加强体育专业人才培养，打造规模适宜、结构合理的人才梯次队伍，推动我市竞技体育取得新突破。

（三）大力完善基础设施建设

规划建设好全市尤其是基层公共体育场馆，统筹安排使用好现有的专业体育场馆和校园体育设施，制定开放计划和时间表，提高综合利用效率，扩大面向社会开放的窗口期，促进专业设施与全民健身深度融合。鼓励和提倡新开发楼盘在附近建设小型广场，便于居民娱乐健身。在小区院内、大型商场、世纪大道等公路边、绿地周围、学校和机关院内等场所安装健身路径，投放健身器材，让群众随时随地能健身、能娱乐。

（四）配备体育专业人才

针对群众健身养生方面信息芜杂的问题，体育管理部门应定期通过自媒体和信息平台，发布科学正确的健身建议，开展健身指导，组建基层群众健身活动指导机构，培养配备专业的体育指导员、健身教练，引导群众正确、科学健身，不断提升全民健身活动的针对性和实效性。同时定期组织群众广泛参与体育比赛活动，推动群众自发组织的健身运动项目向宽向深发展。

（五）强力推进学校体育提升工程

近几年，学校体育事业发展有下滑的趋势，中小学生体质健康堪忧，这些问题必须引起我们的高度关注。学校体育是体育事业和国家发展的主力军、生力军，也是体育产业发展不可小觑的力量。要加强体育传统项目学校及青少年体育社团的建设，保障校园体育设施齐备，督促中小学开足、开齐体育课，保证学生体育运动时间，确保两操、两活动常态化，培养学生掌握两项终身受用的体育技能。开展广泛参与的传统趣味性体育活动，如双人绑腿赛跑、运球跑、踢毽子、掷沙包、滚铁环等组织便利、参与广泛、安全性高的活动，切实把"德、智、体"全面发展落到实处。对学校学生的体质健康状况和发育水平进行定期检测、评估和发布，帮助学生有针对性地开展体育运动锻炼，促进学生身心健康发展。健全体育教师培养、培训、考核制度，促进体育教师业务素质发展，建立一支业务精湛、适应素质教育要求的体育教师队伍。

（六）关注机关单位和企事业单位职工身心健康

大力倡导"快乐工作、健康生活、适量运动、科学健身"的理念，在职工群体中积极推行工间操，开展篮球、排球、乒乓球等球类比赛，组织春秋游，亲近大自然。必要的时候，可组织职工进行一些户外拓展训练，让职工感受到单位大家庭的关心和爱护，以健康的身体和心态积极投入工作中。

关于整合西峰城区职业教育资源的建议

西峰城区现有职业学校六所，其中公办职业学校为西峰职专、庆阳职业技术学院和庆阳林校。民办职业学校是庆阳机电工程学校、北辰职校和女子职校。普通高中公办的有一、二、三、四、六、七中及附中七所学校，民办的有育才、北辰两所学校。每年8月，这些学校都面临争抢西峰城乡初三毕业生的问题，而招生难成为制约职业学校发展的瓶颈问题。以2016年西峰城区为例，初中应届毕业生5000人，高中计划招生3500人，剩余1500名左右的学生或进入城区职业学校，或进入周边县市乃至邻省职业学校，或辍学后流入社会，僧多粥少，职业学校招生压力极大。此外，职业学校布局极不合理，数量多，专业开设重复，部分职校设备短缺、师资缺乏、校舍简陋、管理混乱、质量不高，在招生时存在虚假宣传、无序竞争的现象。

为此，建议：一是鉴于庆阳职业技术学院现已转型成为高职类院校，应集中精力做大做强高职教育，建议市政府停止庆阳职业技术学院中专阶段招生计划。庆阳林校属省直学校，建议按省厅有关规定与行业学校优化组合，升格为高职院校，办出林业学校特色。庆阳机电工程学校、北辰职校、女子职校均属民办学校，师资力量、实训设备、教育资源相对不足，投入量大，质量不高。而西峰职专属公办学校，师资、设备充足，但学生数量少，目前在校学生1500人，实际设计规模可达2500人。目前，人员富余，设备部分闲置，建议要真正发挥西峰职教中心的作用，四校结成联盟，集团办学、资源共享，让西峰城区孩子享受优质的职业教育。

二是职业学校的办学目标是服务当地发展，促进学生就业。西峰城区缺乏大中型企业，即使引进的中小型企业也缺乏技术技能工人，而职业院校在培养学生时又要安排学生顶岗实习、工学交替，缺乏相应的校外实训基地。建议西峰城区建设工业园区时能与职业院校建设统筹规划、同步发展。这样职业学校为工业园区提供人力资源，工业园区为职业学校学生提供见习、实习、就业场所和机会，建设厂中校、校中厂，优化资源配置，共建共育共享，实现企业和学校的互利共赢、共同发展。

进一步关注城区小学生早餐质量问题的建议

  小学生正处在长身体的关键时期，一日三餐食材品种齐全、食物营养丰富对身体健康成长至关重要。但每天上午7时许，如果从城区各小学门口经过，就会发现大部分学生并不着急进校门，而是聚集在学校附近的小卖部、流动摊位买早餐。他们用家长给的零花钱，买一些包装简易、色彩鲜艳，还附赠玩具的小食品或者麻辣食品，比如"牛板筋""亲嘴片"等。马路两侧的流动摊位上，烤面肠、鸡翅、饼子、油煎臭豆腐、糯米团等食品，现做现卖，油烟味混合重口味的调料吸引了饥肠辘辘的学生们，他们把小摊围个水泄不通。马路上拥挤不堪，塑料袋和纸屑随处可见，这种现象不但严重影响了学生上学和放学的交通安全，也不符合饮食卫生要求，严重危害小学生们的身体健康。加之学校门前的马路都比较窄，人、车流量大，很容易造成交通事故。

  学校附近的小卖部几乎都不是食品专营店，售卖的零食没有卫生安全保证，不安全、不健康，尤其是价位在1元上下的，滥用香精、色素、添加剂等，大多数没有产地、生产日期和保质期，属"三无"产品。流动摊位售卖的油炸食品也存在诸多隐患，原材料不卫生、油品低劣，小贩们在制作这些食物时，也没有戴口罩、手套，且暴露在开放环境下。反复高温加热用油，使油脂炸焦变黑，增加了致癌物和有害物质的含量，极易诱发疾病。食物经高温油炸，蛋白质炸焦变质营养价值降低，脂溶性维生素也遭到破坏。因此，这些食品能提供给学生的营养极少且不全面、不均衡，甚至可能对小学生的身体产生危害。

  学生在校外购买早餐，究其原因，无外乎三点：一是城区小学大多未开设食堂，没有给学生提供早餐，学生们只能选择在校外购买早餐。二是大部分家长不重视孩子的早餐问题，或者没有时间为孩子准备早餐，为图方便更愿意给孩子零钱在外购买早餐。三是流动摊贩的食品口味重，能勾起小学生的食欲。

  基于以上现象和原因，提出几点建议：一是城区小学应创造条件开设食堂，效仿农村学校营养早餐，为学生提供奶制品、粮谷类、肉蛋类、蔬菜及水果等营养餐，保证学生吃到安全放心、干净卫生、营养均衡的早餐。二是提倡学生在家吃早餐，鼓励家长早起半小时为学生准备牛肉干、面包、鸡蛋羹、小米粥等制作简单、营养丰富的早餐。三是呼吁全社会关注学生早餐问题，形成社会、学校、家庭三方合力，教育引导学生不在校外流动摊点购买油炸食品和"三无"小零食。卫生、工商、城管等相关部门应加大对学校周边店铺及流动摊点的监管力度，积极开展学校周边食品安全专项治理，保障学生食品安全。四是学校应加强校园食品安全管理，大力开展食品安全教育，宣传普及食品安全知识，提高师生和相关从业人员食品安全意识，营造良好的校园食品安全氛围。

赴德国学习交流报告

2017年5月14日，在汉斯·赛德尔基金会的统一安排下，受德国基金会东北亚处处长朗格先生的邀请，我赴德国黑森州大盖劳汉斯·塞德尔基金会培训基地进行交流学习。5月15日上午，在黑森州技术培训中心举行了简单的开班典礼，为期19天的职业学校校长在德学习交流活动正式开始。

其间系统地了解了德国教育体系，深入探索了德国职业教育的"双元制"，即企业和职业学校作为职业教育的两个重要机构，承担着对职业学生的技能培训。近几年也出现了一个跨企业培训机构，主要承担小型企业的培训任务，由行会或企业共同出资兴办。拜访了制定培训标准和培训计划的权威机构：联邦职业教育研究所。德国有职业教育法，也有培训条例，各职业学校、培训企业都按法律、条例进行培训。研究所不仅制定法律，同时还实施职业规划项目，指导初中毕业学生从社会能力、方法能力、个人能力三个方面进行潜力分析，并开展拓展训练项目，对学生进行观察、分析，根据孩子表现出来的优势，初步判断其适合从事什么专业。然后让学生到18个大类的企业里进行体验，有专业人员与学生一对一反馈性交谈，给学生指导性评价。随后，我们赴黑森州的职业技术学校、梅明根职业技术学校、梅明根职业技术高中、梅明根职业中专技术员学校、凯普腾州立第一职业技术学校等参观、学习、听报告，系统地学习了行动导向教学法、职业教育质量保障、学校质量管理体系、项目教学法、团队建设、毕业考试的组织、六步教学法以及新出现的"三元制"模式等内容，观摩了16节课堂教学，与4位德方校长和基金会东北亚处处长朗格先生交谈。可以说，收获颇丰，启发良多。同时还穿插参观考察了几家培训企业，详细了解企业参与培训的方方面面。

为期19天的行程安排特别满，一边看一边听一边记，一边参与提问、讨论，晚上回来后学员之间座谈交流，消化反刍，基本上理清了德国职业教育体制、体系。虽然我们不能照搬照抄、复制嫁接，但其中以行动为导向的系列教学方法在培训中的运用可以借鉴模仿。下面我介绍几种教学法。

行动导向教学法不是指某一具体的教学方法，而是由一系列教学方法及技术组成的。其主要内容包括项目教学法、文本引导法、卡片展示法、头脑风暴法、案例教学法、角色扮演法、模拟教学法等。它是职业教育的主要教学方式方法。以行动为导向的教学，其理论教学和实践教学是不可分割、融为一体的。让学生在行动中学习，教师在指导学生行动时教知识、教理论。教知识，就是教学生怎么做；教理论，就是回答为什么这样做。

　　行动导向教学是指以教师构建的特定的学习情境为主线，以真实或模拟的职业活动为载体，学生通过自主学习并在完成项目的过程中达到习得知识、形成技能、提高能力的目的。在行动导向教学中学生是学习的主体，教师是项目实施的主持人、组织者、协调者，教师的作用不是减弱而是工作方式转变了。一方面教师要整合知识和职业活动、情境，构建"学习单元"；另一方面，行动导向教学是一种个性学习方式。不同学生在学习过程中存在差异，教师在项目实施过程中不仅要照顾大多数学生，对有学习困难的学生也要及时给予方法上的指导和专业知识的辅导，这样才能使学生齐头并进。

　　六部教学法指六个阶段的学习过程，也有称七步教学法和四阶段教学法，但其中核心就是六步，老师参与不参与决定了学生参与的多少。第一步是获取信息，老师不参与；第二步是计划，老师不参与；第三步是决策，老师参与；第四步是执行，老师不参与；第五步是检查，老师不参与；第六步是评估，老师参与。老师共参与了两个方面，从中可以看出老师在关键环节的指导评价作用。

　　项目教学法是师生通过共同实施一个完整的项目工作而进行的教学行动。在职业教育中，项目是指生产一样具体的、具有实际应用价值的产品的工作任务，在技术领域很多小产品或一些复杂产品的模型都可以作为项目，如门（木工专业）、模型汽车（机加工专业）、报警器（电子专业）、测量仪器（仪器仪表专业）以及简单的工具制作等。在商业、财会和服务行业，所有具有整体特性并有可见成果的工作都可以作为项目，如商品展示、产品广告设计、应用及软件开发等。项目教学法是德国职业培训中运用最多、最广的一个方法，许多机加工类专业的学生都给我们展示了他们一段时期内所加工的产品样本，包括设计图纸、过程记录等。

　　引导课文教学法是借助一种专门教学文件即引导课文，通过工作计划和自行控制工作过程手段，引导学生独立学习和工作的项目教学方法。其任务是建立起项目工作和它所需要的知识、技能间的关系，让学生清楚完成任务应该掌握什么知识、具备哪些技能等。这是获取文本有效信息的有效方法，广泛运用于理论类教学。张贴板教学法也叫卡片教学法,在张贴板订上由学生或教师填写的有关讨论或教学内容的卡通图片,通过添加、移动、拿掉或更换卡通图片进行讨论,得出结论的研讨班教学方法。头脑风暴法是教师引导学生就某一课题自由发表意见,教师不对其正确性进行任何评价的方法,是一种能够在最短的时间里获取最多思想和观点的工作方法,是聚合思维训练的一种好办法。案例教学法即通过对一个具体教育意境的描述,引导学生对这些特殊意境进行讨论的一种教学方法。角色扮演法,培养学生学会如何正确地去确认角色,学会了解角色内涵,从速进入角色,圆满完成角色承担的工作任务,为学生进入未来的职业岗位乃至适应今后的变化,奠定良好的基础。模拟教学法就是力图为学习者创造一个使学习反馈充足的环境,实习教学,也叫情境教学法,创设适合学生的情境是这个教学法的核心。

  通过这次交流学习,开阔了眼界,增长了见识,习得了新的教学方式方法,德国虽然很遥远,两国文化背景各不相同,但职业教育的核心理念是相通的。他山之石,可以攻玉,下一步我将继续探索如何使德国优秀职教经验与方法和我校实际有机融合,推动学校工作进一步发展。

写在同济大学校长综合能力提升
研修班培训之后

  2017年10月12日，为期一周的校长综合能力提升研修班开班，来自甘肃省中高职院校的64名校长、副校长参加了培训。本次培训由甘肃省教育厅组织，同济大学和景格培训学校承担培训任务，通过专家讲座、学校考察、研讨交流、案例分析等多种形式，旨在提升职业院校整体办学质量和办学水平，提高校长的政治、业务理论素养及宏观策略和管理能力。短短的5天时间，专家水平高，理论造诣深，报告讲座高端前沿，娓娓道来，如沐春风。离沪之际，我写了一首小诗，表达学习激动之情，现录于兹：

  丹桂正飘香，丝丝凉意来。陇原职院校，汇聚到上海。景格唱好戏，同济搭舞台。孝川开唱鼓，彬彬绘未来。汉民高大上，宪伟真不赖。最美林院士，师生不见外。其他培训师，难以数过来。开班结业礼，破冰笑开怀。美女主持人，对面看过来。梅泓唐东平，班主任常在。一谢教育厅，规划早安排。二谢景格校，五天好招待。三念同济苑，期待再回来。更想老同学，何时饮开怀。祝愿陇职校，遍地春花开。

  回校之后，反复研读专家老师的讲稿，梳理近三年我校走过的不平凡路程，觉得与专家教授所讲有契合，也有差别，现择要讲述，以期在贻笑大方之后能得到专家同仁的指导，使学校发展得更好更快。

  西峰职业中专是一所由政府主办的全日制国家级重点中等职业学校、中德合作项目学校、国家中等职业教育改革发展示范项目建设学校。先后被国家、省市教育主管部门确定为"全国职业教育建筑技术实训基地""甘肃省开放式共享型职业教育实训基地""庆阳市职业学校数控技术实训基地"，多次被评为"甘肃省教育系统先进集体""甘肃省职业教育先进集体""甘肃省艺术教育先进集体"等荣誉称号。

  学校创办于1984年，校园占地152亩，建筑面积4.98万平方米，拥有各类实训室64个，设备1.38万多台（套）。现开设现代制造、交通运输等6大类12个国家统招大专专业和12个中专专业。现有教职工273人，学生

1823 名。2014 年示范校项目建设以来，学校不断创新人才培养模式，在焊接技术应用、汽车维修与运用、电气运行与控制、学前教育 4 个重点建设专业分别形成了"工学结合、能力递进""校企合作、产教结合""'双元制'行动导向""园校合作、一专多能"的 4 种培养模式和校企合作办学、合作育人、合作就业、合作发展的运行机制。

2015 年，学校新一届领导班子审时度势，重新明确办学定位，提出"创办适应社会发展需要的职业教育，让每个学生都成人成才"的办学理念，凝练了"进德修业，崇技尚能"的校训，制定了"守纪律、讲规矩、亲自干、领着干、抓落实、干到位、求实效"的工作作风，出台了学校 2016—2020 年五年发展规划，确定了"1 至 3 年有起色，3 至 5 年有影响"的中长期发展目标。借助国家大力发展职业教育和创建国家改革发展示范校的契机，学校坚持高起点谋划、低重心运行、科室统筹协调、级组条块管理、分类划等考核、团队绩效奖惩的管理原则，积极开展"孝亲敬老·诚实守信"教育活动，狠抓师德师风建设，切实转变工作作风，努力壮大办学规模，不断提高教学质量，教育教学工作呈现出方兴未艾、蒸蒸日上的良好态势。

一、抓管理强素质，建设高水平师资队伍

（一）坚持以制度管人，按制度办事

学校推行"分层管理、分块负责、分类考核"的管理模式，建立并坚持"校级领导值班制、中层领导值周制、校长办督查制、责任过错追究制"的"四制"原则，实行了值周督查、通报和现场交办制度，处室负责人学期述职制度，制定出台了《西峰职专抓落实、干到位、求实效工作守则》。2016 年 9 月，以激发工作活力、历练干事能力为目的，学校对所有处室工作人员实行了轮岗交流，并对部分中层干部岗位进行了调整。

（二）加强师资建设，提升教师队伍专业化水平

加强与德国汉斯·赛德尔基金会的交流与合作，积极争取"国培"和"省培"计划，开展教师培训。近年来，学校先后选派 46 名教师及管理人员赴德国学习，参加国家、省级示范校项目骨干教师培训 130 人次，参加省教育厅组织的"校长能力提升培训计划"和"双师型"教师培训 11 人。打造"两支队伍"，实施"两个工程"，即打造师德高尚、素质精良、勇于创新、无私奉献的专业教师队伍和学校放心、学生爱戴、家长信赖的班主任队伍；实施"名师工程"和"青蓝工程"，前者侧重专家引领，后者侧重校本

培训，旨在形成我校合理的师资梯队和能管善导的班主任队伍。

二、抓德育求实效，促进学生全面发展

学校以《中等职业学校学生德育大纲》为指导，坚持立德树人、德育为首的工作思路，以日常行为规范教育为突破口，以开展丰富多彩的教育活动为抓手，构建了以政教处为主，法制处、团委、年级组、学生会、班主任、值周督查组及家庭相结合的德育工作网络。

（一）加强年级组、班主任队伍建设

选配责任心强的年级组管理人员，在全校范围内选拔能力强、素质高的教师担任班主任，通过举办班主任论坛，大家共同探讨德育教育过程中好的做法及遇到的困难、困惑，有效提高了班主任的工作热情和班级管理水平。

（二）以"孝亲敬老·诚实守信"活动为抓手开展德育教育

制定了"一读二写三讲四践行"实施方案："一读"即阅读经典，以阅读《论语》《弟子规》《三字经》等传统经典篇目为主，从古圣先贤的思想中汲取力量，内化于心，外化于行。"二写"即写心得体会，把阅读过的经典篇目，提炼成自己的思想，提出自己的看法和感悟。"三讲"即讲阅读感受，明确行动目标。既要围绕经典阅读进行讲解，又要不断延伸和丰富讲解内涵，通过讲历史、讲现实、讲身边人和事的方式寻找自身不足，解决自己怎么办的问题。"四践行"即通过举办演讲赛、辩论赛、故事会、读书会、报告会、看电影、拍摄微电影等实践活动，丰富"孝亲敬老·诚实守信"教育活动内涵，激发广大学生参与活动的热情和积极性，增强活动实效。

（三）坚持不懈抓常规教育

对新生进行入学教育，组织学习各项管理制度，开展军训、日常行为规范教育、安全教育、礼仪教育及集体主义和爱国主义教育，使学校德育工作从学生入校第一天就能有效地开展。加强班级管理，注重一日晨训，开展主题班会、文明班级、文明宿舍、孝亲敬老之星评选，典型引路，榜样示范，让学生学有样板、赶有目标。三年来，教育基本实现了"晨训经常化、活动序列化、班会课程化、评比规范化"的目标。

（四）发挥活动育人和环境育人的作用

重视校园文化阵地建设，充分利用广播站、校园网、电子屏、校刊、宣传栏等阵地对各专业组建设、优秀教师、模范班主任、优秀学生及优秀毕业生的事迹进行广泛宣传，并在校园醒目位置悬挂《合格党员标准》《中等职业学校教师职业道德规范》《中职学生仪容仪表规范》《中等职业学校学生

公约》等宣传展板。班主任结合专业特点指导学生进行教室和宿舍布置，为学生创造良好的学习和生活环境。

三、抓教学重技能，提升育人质量

（一）以听评课为切入点，加强教学常规管理

完善了听课、评课制度，确定了校级领导、中层干部、教研组长及普通教师的听、评课任务。由教务处牵头，教研组密切配合组成听课组，听课形式多样，有示范课、汇报课、推门听课等，课后及时组织评课反馈。认真抓好教学计划制定、备课、上课、作业批改、课后复习等教学环节的管理，合理安排活动课和晚自习教学内容，落实教研组集体备课制度。每学期开展一次学生评教活动，并将评教结果纳入教师业务考核。

（二）以提高学生动手能力为落脚点，强化技能教学

调整加大了实训实践课程比例，在自习课中安排实训内容，定期举办技能展示周活动，展示学生技能训练成果，促进师生技能水平的提升。近年来，参加国家和省市技能大赛，成绩突出。2016年，参加第十二届全国中等职业学校"文明风采"竞赛，获优秀组织奖，8名学生获得优秀奖，2名教师获得优秀指导教师奖；参加第十二届甘肃省中等职业学校"文明风采"竞赛，7名学生获得一等奖，10名学生获得二等奖，1名老师获得优秀指导教师奖。

（三）以提升教学质量为目标，扎实开展教研教改工作

积极探索德国"双元制"教学模式在我校部分专业教学中的运用和实践，在电气运行与控制、汽车应用与维修、学前教育、护理4个示范专业进行行动导向教学法培训并开展课改试点，在实施过程中不定期地进行听评课交流与座谈，并初步形成了课改经验，随后在全校其他专业进行推广。

（四）大力开展青年教师培养工程，促进青年教师成长

认真组织青年教师开展"结对帮扶、拜师学艺""教案、课件展评"、教学基本功培训、"三字一话"等活动，提高青年教师基本素质，力争实现学校提出的使青年教师"一年走上讲台、三年站稳讲台、五年成为骨干"的目标。

四、抓招生破瓶颈，扩大办学规模

2014年学校秋季招生269人，2015年秋季招生390人，新的领导班子组建以来，面对生源萎缩的大环境和学校招生陷入困境的局面，创新工作思路，拓展工作方法，招生工作有了较大起色，2016 年秋季招生 881 人，2017 年秋季招生 934 人，实现了"1 至 3 年有起色"的奋斗目标。

（一）强化宣传引导，提升招生实效

积极寻求区政府及区教体局的支持，向西峰区初级中学派驻招生专干，一方面到派驻学校担任初三级班主任助理，挂职锻炼；另一方面进行全方位的招生宣传，动员学习成绩靠后的学生和有志于上职业学校的学生进入我校学习。成立招生小组，赴外县招生，分片包干，落实责任。下达招生任务，实现全员联动招生。充分调动全体教职工的招生积极性，发挥教职工人数多、社会关系辐射广的优势，校领导通过思想引导、集中动员、制定招生奖惩、招生与年终考核挂钩制度等措施，构建了全员招生机制。

（二）深化合作办学，提升办学层次

新领导班子上任后，以发展现代职业教育思想为指导，着力提升办学层次和办学品质，努力拓展与高职院校合作，打通中职学生上升通道，先后与定西高等师范专科学校、临夏现代职业技术学院、武威职业学院、兰州资源环境职业技术学院、庆阳职业技术学院、兰州外语职业学院、甘肃钢铁职业技术学院等高职院校签订联合办学协议，开设"2+3"学前教育、汽修等 12 个专业大专班；与福建南平机电学校联办，开设了铁路乘务、航空乘务专业。通过努力沟通、积极衔接，学校现已成为兰州石化职业技术学院、兰州资源环境职业技术学院、武威职业学院的优质生源基地，为我校学生被优先录取进入上述院校学习深造搭建了广阔平台。

（三）扩大就业渠道，提高就业质量

近年来，学校坚持"以服务为宗旨，以就业为导向"的职业教育办学方针，通过校企合作、定向招生、订单培养，为企业量身培养合格劳动者，实现了学校教学与企业用人的近距离、无缝隙对接。为服务学生尽快适应企业工作生活，加深学校对合作企业进一步了解，促进产教结合、产教互长，学校在建立老师陪伴驻厂、跟踪服务就业安置机制的同时，定期派遣工作人员赴就业单位进行就业回访。对不满意现有工作岗位的学生进行二次安置，细致贴心的后期服务保证了学生稳定就业、高质量就业。

五、抓培训拓渠道，凸显职教特色

近年来，学校充分发挥职教优势，承担各级各类社会培训及赛会培训 3747 人次，凸显了职教特色，取得了良好的社会效益。

(一) 社会培训

学校在抓好常规教育教学工作的同时,坚持以庆阳经济发展产业升级为导向,以满足职工、农民工需求为宗旨,创新培训模式,加大培训投入,通过校内集中办班、送教下乡、送教进企业等多种途径,积极开展各类培训工作。

(二) 赛会培训

加强与德国汉斯·赛德尔基金会的交流与合作,采用"请进来,在学校举办培训班,走出去,参加赛会各项目培训班"等办法,开展教师培训。近年来,先后举办了中国西部职业学校幼教师资培训、校长培训、老年护理专业骨干教师培训等多期培训班,培训各职业学校领导和教师158人。

未有凌云壮志,只有实干决心。3年来,西峰职专人殚精竭虑,披荆斩棘,一步一个脚印,一年一级台阶,就这样走出了办学的低谷,开始走上坡路,"有起色"的办学目标已经实现。下一步,我们将抓管理、提质量、促保障,办有影响力的职业中专,路远事艰、任重道远,但只要我们不忘初心,奋力拼搏,"有影响"的办学目标定能实现。

把党史学习教育融入高校立德树人实践

习近平总书记指出：在全党开展党史学习教育，是党中央立足党的百年历史新起点、统筹中华民族伟大复兴战略全局和世界百年未有之大变局，为动员全党全国满怀信心投身全面建设社会主义现代化国家而做出的重大决策。高校肩负着立德树人的根本任务，大学生正处于人生的"拔节孕穗期"和"三观"形成的关键时期。修好新时代青年大学生党史教育必修课，是落实立德树人根本任务、加强和改进大学生思想政治教育、培育和践行社会主义核心价值观的应有之义，有助于培养青年学生爱党、爱国、爱中国特色社会主义的思想感情。

为此，高校要高度重视党史学习教育，将党史学习教育融入立德树人实践之中，贯穿于人才培养全过程，通过"一读二讲三写四践行"四个环环相扣又循环往复的过程，引导青年学生牢固树立和践行社会主义核心价值观，担当时代大任，投身建设大潮。

一、读，从党史中品出"味道"

历史是一本严肃的教科书，中国共产党党史正是一部描述中华民族走出劫难、挺起脊梁的鲜活教材，记录着新中国从无到有、从小到大、从弱到强的光辉历程，是中国道路、中国话语最鲜活的现实表现。抓好党史学习教育，首先要从"读"入手，开设课程系统读，举办讲座引导读，推荐书目重点读，播放视频形象读，要推动党史国史进教材、进课堂、进头脑，充分发挥课堂教学主渠道作用，综合运用启发式、情景式、讨论式、表演式等教学方法，将党史知识渗透到教育教学内容中，提高学生参与度。让学生原原本本研读习近平《论中国共产党历史》《中国共产党历史大学生读本》等著作，准确把握党史主题主线和主流本质，引导青年学生品出真理的"甜味"和信仰的"纯味"，品出奋斗的"涩味"和胜利的"香味"，知史爱党、知史爱国，激发起主动承担中华民族伟大复兴历史使命的精神动力。

二、讲，从党史中培育"信仰"

要充分利用好"第二课堂"，用心设计主题团日和主题班会活动，组织学生参加党史知识竞赛、党史诵读大赛、主题征文和演讲等活动，引导青年大学生自觉成为党史学习教育的主角。要邀请专家开展专题辅导报告，通过讲成立史，感悟缔造者的崇高信仰；讲革命史，明白革命家的艰苦卓绝；讲建设史，体会建设者的守正创新；讲复兴史，坚定青年人的报国志向。要结合"00"后大学生的特点和成长规律，利用互联网和大数据思维，拓展党史学习教育空间，积极开发党史教育网上在线课程和在线资源，讲好党的故事，传播党的声音。通过召开主题班会、团会等形式，让学生讲学习感悟、讲心得体会、讲信仰追求、讲爱党爱国情怀。

三、写，从党史中领悟"智慧"

好记性不如烂笔头。中国共产党的历史蕴含着坚定的信仰和意志、清晰的目标和方向、巨大的勇气和力量，既有我们"从哪里来"的精神密码，也有我们"到哪里去"的时代路标。在原原本本地读和真情实感地讲的基础上，更要认认真真地写。要写好听课笔记，梳理百年党史脉络，引导形成大历史观、大党史观，充分认识到党的历史是民族复兴的时代呼唤和接力传承，是历史和人民的必然选择；要写好读史心得，用心体会特定历史条件下发生的重大事件，用情感受党和国家不同历史时期涌现出的英雄人物的丰功伟绩，抒发爱党爱国情怀；要写好学习计划和人生规划，让青年学生知道自己从哪里来要到哪里去，锤炼过硬专业本领，担负起民族复兴的历史重任。

四、践行，从党史中汲取前行的"力量"

践行，也就是学史力行，这是最后的落脚点。把课堂教学与课外实践活动结合起来，把党史教育与爱国主义教育、理想信念教育、中华传统美德教育、日常行为养成和劳动技术主题教育结合起来，把深刻的教育内容融入丰富多样的活动之中，使党史教育更加生动活泼、富有成效。开展线上线下重走长征路，明白革命事业"艰难困苦，玉汝于成"；开展劳动教育，当好志愿者，明白"纸上得来终觉浅，绝知此事要躬行"；赴红色基地研学研修，接受教育，感染熏陶，涤荡灵魂，明白"生于忧患，死于安乐"的大道理。让青年学生实地体验党史中蕴含的精神养分，感悟党带领人民砥砺前行进程中所展示的巨大勇气、智慧和力量，规划自己的人生路径，知道行胜于言，明白幸福是奋斗出来的。

　　立德树人是学校的根本任务，只有把党史所蕴含的磅礴之力转化为思政育人效能，寓价值观引导于知识传授和能力培养之中，才能帮助广大青年大学生从回望历史、总结历史和传承历史中坚定理想信念，践行社会担当，在党史学习教育中自觉做到学史明理、学史增信、学史崇德、学史力行。

大力实施"青蓝工程"促进青年教师成长

青年教师是学院教师队伍中的主力军、生力军,是学院事业发展的后劲、希望。提高青年教师的思想政治素质、业务能力素质和实践技能水平,是学院师资队伍建设中一项重要而又紧迫的任务。实施"青蓝工程",延请师德高尚、业务精湛的教师与青年教师结对子,旨在营造有利于青年教师成长的环境氛围,为青年教师成长搭台子、压担子、指路子、教方子,促进青年教师的成长,从强行"催熟"到逐步"自熟",从而为学校教育教学质量的提高奠定坚实的师资基础。因此,"青蓝工程"对青年教师来说,是一项阳光工程、充电工程;对指导教师来说,是一项爱心工程、希望工程;对学院来说,更是一项薪火工程、活水工程。

一、站在发展的角度认识师徒结对培养的重要意义

要实现学院确定的"1至3年有特色,3至5年有影响,5至10年高水平"的发展目标,创办人民满意的职业教育。一靠教师,二靠学生,但起决定因素的仍是教师。没有一批优秀的"双师型"教师、专家型教师,就不可能有高水平的现代职业教育。当然,优秀教师也能自生自长,不用扬鞭自奋蹄。但绝大部分还需要关爱、呵护,扶上马送一程。毋庸讳言,年长教师在育人上、教书上有一些"猫上树"的秘诀和"四两拨千斤"的功夫。学院的长足发展、欣欣向荣得靠年轻人,尤其是优秀的年轻人。培养年轻人,就是在培养学院事业发展的接班人,关乎学院的兴衰存亡,关系学院的发展大计,意义非同寻常。

二、做好师带徒培养工作的关键在于从发展实际出发

"青蓝工程"拜师仪式不在于形式,而在于行动、在于实践,重在求真务实。教务、教学部门要创造性开展工作,"师徒"联手共同充实拜师结对活动的内容。作为指导教师、师父,传什么、带什么、帮什么,这是应该认真思考的问题。总的来说,还是一切从实际出发,不要好高骛远,不要假大

虚空，更不要形式主义满天飞。有点条条框框是必要的，但不要到处留痕迹。要本着进步、收获、创新的原则，追求"神似"而非"形似"，最终达到"青出于蓝而胜于蓝"。师父要做到"四带"：一带德，二带才，三带功，四带研。作为徒弟的青年教师，要加倍努力，放下架子，老老实实做徒弟，不要"洛桑学艺"，有哗众取宠之心，无实事求是之意；不要"邯郸学步"，学不到别人的，连自己的都丢掉，最后爬着回来；更不能好的没学到，还染了一身坏毛病。应该是"吾爱吾师，吾更爱真理"，追求"独立之精神，自由之思想"。在态度上虚心博采众长，在精神上平等自由与师父对话。北师大资深教授顾明远先生讲，青年教师要经历三个境界和五项修炼：第一个境界"昨夜西风凋碧树，独上高楼，望尽天涯路"；第二个境界"衣带渐宽终不悔，为伊消得人憔悴"；第三个境界"众里寻他千百度，蓦然回首，那人却在灯火阑珊处"。第一项修炼是意愿，第二项是历练，第三项是学习，第四项是创新，第五项是收获。这些说法很有意味，值得我们思考和借鉴。新入职的教师要力争"三年站稳讲台，五年成为能手，十年成为名师"，已经工作几年的青年教师要缩短这个历程。

三、师徒结对实现互帮互学和共同进步的发展目的

师徒之间在教学教研上应多交流、多沟通，做到教学相长。英国著名作家萧伯纳曾经说："你有一个苹果，我有一个苹果，彼此交换后，各人手里仍然还是一个苹果；你有一种思想，我有一种思想，彼此交流思想，那么我们每人便有了两种思想。"只有在相互的交流与沟通中，才能产生智慧的火花，才能达到思维的碰撞。师徒之间的教学思想既要有和鸣声，也要有砥砺声，更应有碰撞声，这样才能行稳致远，气象万千。师徒之间在工作生活中应相互关心、相互帮助。徒弟要虚心好学，多听课、多问询、多思考；师父要悉心传授，不保留、不掩饰、不护短。一个人能走多远，就看他与谁同行；一个人有多优秀，就看他受谁指点；一个人有多成功，就看他与什么人相伴。这些告诉我们，人的成长需要长者的提携，需要导师的指点，需要朋友的帮助，需要有同行者共同赶赴的正确目标。师父领进门，修行靠个人。拜师学艺，不是邯郸学步，不是东施效颦，不是依赖他人、模仿他人，失去自我。在成长的路上，固然需要人帮扶、引导，但最终路还得自己去走、去探索、去发现，无限风光在险峰，有朝一日，登高望远，"会当凌绝顶，一览众山小"，促进青年教师快速成长。

对庆阳职业技术学院进一步发展的几点思考

我到学院任职已两个多月，其间调研了14个职能处室、3个群团组织和3个教辅机构、7系2部，与部分教师、员工、学生代表进行了交谈，了解了学院发展的基本情况，获取了学院发展的核心密码，当然也发现了学院发展存在的一些问题。总的来说，上一届领导班子带领全体教职员工整合优化优势资源，成立了庆阳理工中专，捏土成沙，聚沙成塔，功不可没，其中艰难困苦难以尽述。又经过几年，筚路蓝缕，开启山林，建成庆阳职院，首创之功，功莫大焉。可以说，打赢了创立学院、扩大规模、建立机制的上半场。接过上一任的指挥棒，感到使命光荣、责任重大，如何打赢提升质量、发展内涵、形成影响的下半场，将是摆在我面前的首要任务。我将在院党委的坚强领导下，团结依靠广大教职员工，聚精会神、凝心聚力，不争论、不折腾，奋力开创庆阳职院发展的新局面。

一、加强治理能力建设，构建完善的治理体系，提高治理学院的科学化现代化水平

学院发展正处于转型升级期、换挡加速期，还需要不断磨合。要确方向、定目标、提理念、固原则，为此，学院今后的管理原则可以概括为"高起点谋划，低重心运行，院系两级负责，处室统筹协调，系部条块管理，分类划等考核，个人特色发展，团队绩效奖惩"。学院的发展愿景可以概括为"1至3年有特色，3至5年有影响，5至10年高水平"；学院办学理念为"创办适应经济社会发展的教育，让教师成名成家，让学生成人成才"；学院校训为"明理求真，精工致用"；校风为"勤学善思，砥砺笃行"；教风为"修德精业，崇技尚能"；学风为"博学强技，手脑并用"；领导干部作风为"讲规矩，守纪律；亲自干，领着干；回应师生诉求，关注师生关切"。制定印发学院"2020—2024五年发展规划"，明确"现在在哪里，要到哪里去，怎么到那里去"，五年五个发展重点：第一年整章建制年，第二年招生突破年，第三年特色建设年，第四年专业建设年，第五年质

量提升年。召开教代会，修订完善各项管理制度，用制度管人管事。领导班子要把"头"带正，重在谋划；中层干部要把"腰"挺直，重在执行；全体员工要放开"手脚"，重在干事，重在落实。要核岗定员，明确职责，形成既分工又合作的管理格局，做到上下一心、步调一致，同向发力、同频共振。努力建设阳光校务，不断从群众中汲取管理智慧和力量，设定"院长接待日"，定期接待来访师生、家长，解决大家集中关注的问题。设立意见箱，让师生的意见建议有处倾诉。编制校历，定期召开院长办公会，研究工作，解决问题，大事向党委汇报，小事沟通商量，建立工作周安排制度。

二、把招生和就业工作当作头等大事来抓，全员宣传招生，扩大中高贯通培养比例，增加高考录取人数，提高报到率

发挥产教融合联盟作用，创新工作思路，力争成为我省首批有影响的产教融合集团。加强校企合作力度，开展校企共建行业学院、企业冠名学院和订单式、冠名班培养，提高毕业生质量和素养，全面推行现代学徒制和企业新型学徒制，推动学校招生与企业招工相衔接，推动"入学即入职、毕业即上岗"，校企育人"双重主体"，学生学徒"双重身份"。推行实习就业一体化，让毕业生体面阳光高薪就业，实现"出口畅"带动"入口旺"。吸引大中型企业来校投资建设，开门办学，搭上职教政策的顺风车，步入发展的快车道。

三、加强教师队伍建设，加大培训培养力度，提高学力职称水平，鼓励岗位锻炼，引导成名成家

抓好四支队伍建设：一是"双师型"教师队伍建设，二是班主任队伍建设，三是青年教师队伍建设，四是管理团队建设。逐年增加"双师型"教师数量，探索推行"双师型"教师岗位津贴和特殊工种教师岗位津贴制度，着手考虑学院岗位津贴制度。加强班主任队伍和辅导员队伍建设，提高育人能力和水平，落实全市教育大会精神，提高班主任工作待遇，建立班主任考核奖励机制。要在教师中开展"师德师风"和"传统文化"主题教育，让教师真正成为"学高为师，身正为范"的名师、大师。鼓励教师在校内合理流动，相互兼职，成长为多面手，弥补师资不足的缺陷。鼓励教师下企业锻炼，学习掌握先进工艺和核心技术，提升自己，利于学生。

四、围绕"立德树人"这一根本任务，狠抓学生的行为习惯养成教育和文明礼仪教育

树立"严管就是厚爱，放纵就是误人"的教育理念，教育引导学生知敬畏、守规矩，男生修炼君子风度，女生涵养淑女气质，努力成为心中有理想、手中有技能的阳光优雅的劳动者。开展"理想前途"和"爱国主义"等主题教育，引导学生把个人志向与家国情怀结合起来，知使命、敢担当、有血性、不懈怠。改革值周制度，建立校级领导督察、职能处室值周、系部值班制度，形成全方位、全过程、全员参与的立体育人机制。充分发挥学生会、班委员自主管理的作用。坚守教育主阵地，掌握教育话语权，创新活动形式和载体，不断提高育人水平。

五、稳步推行课堂教学改革，借鉴德国"双元制"模式，开展项目管理教学和行动导向教学

注重参与教学、现场教学和案例教学，加大实训课开展力度，力争达到50%以上，逐步实现理实一体化教学，先从艺术教育系、机械工程系试点，其他系跟进，获取经验后逐步推开。教学工作总的原则是"学比教更重要，过程比结果更重要，成果比分数更重要，成长比成名更重要"。大兴听课评课之风，制定听评课数量和质量标准，对教师开展激励性评价和发展性评价，既要"找刺"更要"找花"。学生每年实习前要进行技能展示活动，向老师和社会展示自己的手艺，优秀的作品学院可以收藏。加强考风考纪管理，推行技能考试和理论考试，一些专业、一些课程可以采用一对一现场考试和应用型考试。取消毕业前的一次性"清考"，以考风促学风的转变。加大技能竞赛训练力度，赴省参赛前要"彩排""实弹演习"，力争获得省级国家级奖励。加速校企合作产教融合进程，开展工学交替，规范认知、跟岗、顶岗实习，让学生有更多的时间和机会在学中做、做中学，手脑并用。开展第二课堂活动，规范社团活动，加强体育锻炼，引入劳动教育，开放图书馆和实训室，开展优秀传统文化进校园活动。鼓励引导大学生创新创业，建立"双创"中心，开展技能展示，建立学生作品收藏室，颁发作品收藏证，鼓励更多的学生把精力投入读书习技、锻炼身体中。

六、开展教育教学研究工作，鼓励教师创新和冒尖

要形成浓厚的学术研究氛围，鼓励优秀教师下企业实践、赴名校游学，开展产学研一体化研究，多出成果，快出成果。要在学院形成浓厚的读书氛

围,校长带着教师读,教师带着学生读。充分发挥图书漂移作用,在教学楼、实训场所、餐厅、宿舍等公共场所摆放图书,供师生阅读,开展喜闻乐见的活动引导师生读书。教务、宣统等部门发挥职能作用,让校园既有烟火气又有书香味,让书香成为校园的主流味道。

七、整合现有资源,挖掘潜力,小学校办大教育,寻求特色发展

各系要深入挖掘"人无我有,人有我精,人精我特"的特色,艺术教育系、体育系、思政部可以先行一步,办出鲜明特色,成为学院的名片和招牌,其他部门也要紧跟其后,创出自己的一片天来。尤其在产教融合和"1+X"证书制度建设和实践方面取得实质性突破,提升学校的影响力,增强毕业生就业竞争能力。

八、不断提升后勤服务意识,强化各项保障举措

加强组织领导,相互配合,树立"我为人人,人人为我"的意识,不搞内讧,不论资排辈,鼓励冒尖,谁能干就让谁干,不能干、不愿干靠边站。效率高,力度大,上行下效,令行禁止。加强宣传,讲好庆阳职院故事,唱响庆阳职院声音,弘扬主旋律,传递正能量,让学院有文化气息、有正义力量。营造干事创业的良好环境,多栽花少找刺,有意见有怨言可以到学院领导处反映倾诉,干事创业的老实人有前途、有地位、有话语权,躲奸耍滑、无事生非者无市场,静下心来教书,潜下心来育人。加强社会培训,充分发挥现有资源作用,每年有一定量的社会培训,既锻炼教师,又增加收入。开源节流,杜绝浪费,科学合理安排资金,做好校内基础设施建设,避免重复建设。多渠道筹措资金,用于教师培训、一线教学,逐步建立岗位津贴制度。成立校内采购招标工作小组,规范流程,实行采购和使用分离制度。阳光理财,备案管理,定期通报,把有限的资金用在刀刃上。逐年改善办公条件,建设职工之家,解决职工后顾之忧。进一步探索引进和管理餐饮公司的办法,形成良性竞争,切实做好服务,师生吃得饱、吃得好,不生气少骂娘,教职员工舒心快乐工作。定期召开师生座谈会,征求师生对学校服务工作的意见和建议,逐步建立领导陪餐制。抓好校园安全防控工作,聘请法制副院长和法制辅导员,确保师生生命财产安全。积极筹划学校二期工程建设,建设智慧校园和平安校园,推行无纸化办公,提高办事效率。

目前,学院在全省的位次已经靠后,奋起直追,逆水行舟,有望用几年

的时间能够跟跑。但别人都在往前赶,只有另辟蹊径,弯道超车,方不致被甩得很远。为此,必须团结一心,以十倍百倍的努力,不负韶华、不负重托,不争论、不观望,只争朝夕、努力向前、赓续奋斗,推动学院实现高质量发展。

潮平两岸阔　风正一帆悬

——甘肃省高校就业创业师资培训学习体会

2019年12月3日至9日,我有幸参加了甘肃省高校就业创业师资培训班(第二期)学习,短短的7天时间,聆听了许多知名专家的报告,参观体验了众创空间和成就展览,开展了结构化讨论发言,开阔了眼界,增长了见识,促进了沟通交流,建立了深厚的职教友谊。由于我是刚刚加入高职行列的新兵,正在如饥似渴地学习,吸吮知识的营养,感想还是碎片化的,尚不能形成完整的体系。结合一周以来的所听所记所思所悟,我谈一点肤浅的认识。

一、报告博大精深,高屋建瓴,理论与实践结合,观点鲜明,论据充分,给人以耳目一新之感

开班典礼上,于维涛教授说,强学强记,注重内化;多思多想,注重消化;如切如磋,注重转化;如琢如磨,注重孵化。他要求我们"把标杆立起来,把思想提出来,把方法写出来,把情怀留下来"。让人听后心潮澎湃,坚定了本次学习的信心与决心。开班报告是中国教育学会会长钟秉林所作的报告《迈入新时代,应对新挑战之高等学校的内涵发展与质量建设》。我非常赞同他的几个观点:一是我们必须跳出学校看学校,跳出教育看教育;二是现在教师的角色必须发生变化,由知识的传授者变为学习活动的设计者和指导者,师生之间是新型的学习伙伴关系,要构建师生学习的共同体,颠覆学习过程,变革学习方式,调整教学组织结构;三是要改善教师的生活待遇,解除教师的后顾之忧,让教师体面生活、开心工作,在竞争中成长。这些观点振聋发聩,非常契合一线教师的心声,让人觉得很接地气。天津大学颜晓峰教授的报告《具有开创性里程碑意义的战略决策之学习党的十九届四中全会精神》,站位高、思想新,科学地解读了十九届四中全会精神的要义。他说我国现在正处在重大战略机遇期和严重风险挑战期。一些国家长期处于社会动荡,乱象丛生,究其原因,制度

建设落后，治理能力软弱是根本性因素。因此党的十九届四中全会，就是中国共产党走向第二个百年的擘画，就是紧跟引领世界现代化潮流，提供"中国之治"的密码。我们必须有效防止缺乏效能的制度闲置和缺乏根基的治理变革，全面实现国家治理体系和治理能力现代化。全国高校学生信息咨询与就业指导中心宁晓华教授的报告《高校毕业生就业状况与统计评价改革》，北京大学教育学院教育经济研究所岳昌军教授的讲座《高校毕业生就业形势分析》，运用大量翔实的数据，客观公正地分析了毕业生就业形势，让人既觉出对就业现状的担忧，又看到了就业的前景和希望。总的来看，就业的需求对学校的教学工作提出了挑战，对学生的创新能力也提出了挑战。我们必须要应对这种挑战，因为产业升级使得工作岗位由"人机交流"转为"人际交流"，我们必须在培养学生的情商上多下功夫。中国教育发展战略学会副会长、教育部教育发展研究中心研究员周满生教授的报告《国内外大学人才培养模式的创新》，立意高远，视野开阔，他介绍了国外大学，如斯坦福大学、莫斯科大学等，都在人才培养模式上有探索、有特色，很成功。国内大学如清华大学、上海纽约大学、温州大学、成都大学等，重实践、强创新、能创业、懂管理、敢担当。核心要义告诉我们，要把培养重点放在做人的通识与思辨训练上，培养真正热爱科学且诚实的人，重视团队的工作，提倡合作，共同提高。他提出优秀教师的四个要素：一要爱学生，倾听学生的感受；二要坚信每个学生都是天才，发现他们的闪光点；三要会讲故事，使自己的每一堂课表述生动有趣；四是使自己成为一个导体，能引导激发学生的活力。沈阳师范大学原副校长刘铸教授的报告《高校创新创业教育研究》，从宏观上讲清了创新创业教育的来龙去脉，介绍了我国创新创业教育的历程，以及高校开展创新创业教育存在的问题和今后探索的几个方面。创新创业教育，包含了社会发展功能、教育改革功能、人的发展功能，归结起来还是要让培养的学生树立首创意识、冒险精神、独立工作。要变革高校的人才培养模式，实现人才培养链、科研链、创新创业链、资金链、产业链、就业链"六链融合"，形成学校招生、人才培养、科学研究、社会实践、就业创业联动机制。

　　这些报告都是大视野、大胸怀，高瞻远瞩，发人深省，破解了心中的疑惑和谜团，启迪了内心的思考和认识，让人既有拨云见日、冰消雪融之淋漓，又有如沐春风、沐浴阳光之爽快。

二、现场教学选点准，容量大，既有创意创新创业的"众创空间"，又有科技含量高、最前沿的软件产业园，更有令人心潮澎湃、流连忘返的新中国成立70周年成就展

北京航空航天大学的校园给我们留下了深刻的印象，但印象更为深刻的是北航校团委副书记刘洋、北航科技园公司董事长李军二人所作的报告。看似信手拈来，实则厚实厚重。比如刘洋概括北航的创新创业教育工作用"醒得早、起得晚、跑得快"三句话，形象生动，容易理解。李军讲述科技园工作，用"苗圃、孵化、加速、产业园"这样的链条来说明，形象直观，难以忘记。参观北航的众创空间和参观北航的博物馆一样令人激动，这些"围挡"中的大学生创业公司有模有样，也正在孵化、正在成长，有朝一日也会像中国的航空事业一样从无到有、从弱到强，振翅蓝天、翱翔太空。

科大讯飞信息科技股份有限公司是一家专业从事智能语音及语音技术研究、软件及芯片产品开发、语音信息服务的国家级骨干软件企业，在语音领域是基础研究时间最长、资产规模最大、历届评测成绩最好、专业人才最多及市场占有率最高的公司，其智能语音核心技术代表了世界的最高水平。根据工作人员介绍，语音技术实现了人机语音交互，使人与机器之间沟通变得像人与人沟通一样简单。语音技术主要包括语音合成和语音识别两项关键技术。让机器说话，用的是语音合成技术；让机器听懂人说话，用的是语音识别技术。此外，语音技术还包括语音编码、音色转换、口语评测、语音消噪和增强等技术，有着广阔应用空间。参观完这家公司，带给我们更多的是震撼，科技迅猛发展，让人叹为观止。世界是年轻人的，我们早已落伍，我们不敢想的东西，他们早已实现。

伟大历程，辉煌成就暨庆祝中华人民共和国成立70周年大型成就展，分为分序、屹立东方、改革开放、走向复兴、人间正道五个部分。展览波澜壮阔、气势磅礴，很好地展现了新中国成立70年以来艰难创业、曲折前行、铸造辉煌的伟大历程。观后让人倍加珍惜现在来之不易的幸福生活，同时也更坚定了我们要用自己勤劳的双手去创造更为美好生活的决心，让一代代中国人艰苦奋斗的精神薪火相传，让中国人民强起来、富起来，永远不受压迫和磨难。

三、结构化研讨组织有序，讨论、生成、展示、分享环环相扣，有始有终

8日上午，5个组近百名学员分散进行结构化讨论。我们第三组学员又分成三个讨论小组，围绕"创新创业教育工作的理念观点、各院校在创新创业教育工作的经验亮点、创新创业教育工作遇到的困惑问题"三个议题进行了深入的交流和探讨。兰州石化职业技术学院副院长程小红详细介绍了石化学院的做法。他从领导重视建立机构、搭建平台开展竞赛、师资培训设备投入老师学生企业三方积极参与、科技转化产生效益等几个方面，介绍了学院近几年在创新创业教育工作方面取得的成绩，听后让人汗颜。说实话，我们几个起步较晚的职业学院，创新创业教育大都停留在文件上，建立的平台有限，缺乏企业参与，投入的人力、资金、设备等明显不足，开展了一些应景式的活动，但都是小打小闹、自娱自乐，遑论科技转化获取经济效益。程院长还介绍，他们学院已经形成了思想教育、专业教育、科技创新、产教融合的"四创融合"机制，建立了"产学研转创训"一体化创新创业教育工作模式。参与讨论的各位学员纷纷表示要向兰州石化职业技术学院学习，结合这次培训收获，认真推动学院"双创"工作向前发展。许多事情关键看做不做，以什么态度去做，只要抱着认真用心的态度去做事，就一定能把事情做成功。不管学院占地面积大小、学生数量规模多少、办学历史远近，小学院也可以办成大教育。

一周的培训已然结束，但对我来说，高职教育的学习才刚开始。参与培训固然是一种好方式，但真正的学习应该在实践中、在工作中，任重而道远。我能不能团结带领大家用1至3年的时间把学院办出特色，用3至5年的时间办得有影响，再用5至10年的时间办成高水平高职学院，这是我上任一个月来一直在思考的问题。我想，这应该是我个人的梦想，也是学院发展的愿景。

关于全市职业教育改革发展的思考

近年来，在市区两级党委、政府的正确领导和市区教育局的精心指导下，西峰职专招生人数逐年增加，办学条件不断改善，就业质量稳步提高，教学改革逐步推进，学校管理步入正轨，社会影响初步彰显。尤其是在国家改革发展示范校建设、综合实训楼建设、公共足球场等项目中，市区委和政府倾力支持，给予了资金和政策上的扶持，促进了学校办学条件改善。下面，我就庆阳市职业教育的改革与发展谈点个人的想法。

一、我市职业教育急需优化组合现有资源，形成合力，抱团发展

全市现有职业学校包括民办学校13所，在校学生人数多的有2000多，少的几百人，发展极不平衡。一些就业前景好的专业，不管是否具备条件，都一哄而上重复建设。此外，城区职校布局不够合理，以西峰区为例，共有6所职业学校，数量过多，但可供招生的人数有限，这样在招生季就出现无序竞争甚至恶性竞争，造成招生成本增加，生源质量下降。同时，招生人数多的学校，教育资源严重不足，招生人数少的学校，教育资源出现严重浪费，发展不平衡的问题日益突出，市教育局为此也出台过一些政策，比如成立职教集团、指导学校专业建设，但要真正解决问题，还是要大刀阔斧优化组合现有资源，办几所有实力、有特色、能竞争的职业学校。例如兰州市、平凉市先后通过整合教育资源，形成了合力，在不远的将来，其立足该市、辐射周边及省内其他市州，对我市的职业教育形成很大威胁。

此外，我市原有普通中专庆阳理工中等专业学校已升格为庆阳职业技术学院，属高职类院校。原庆阳卫生学校已合并至陇东学院，情况与庆阳理工类似，护理专业中专层次不再招生。建议发挥庆阳理工、庆阳卫校办学资质作用，与市县区其他中职学校共同建设，进一步提升其他学校的办学层次，解决市内中职学校开办护理专业无资质的问题，吸引培养更多的专业技术人才，为我市经济和社会发展服务。

二、政府应在招商引资、建设工业园区、引企入园等方面与职业学校建设同步规划、同步实施，实现双赢或多赢

2017年12月5日国务院办公厅下发了《关于深化产教融合的若干意见》，文件首次明确了"四位一体"的深化产教融合的体系框架，政府要统筹同步规划，落实"放管服"改革要求；企业是重要主体，提出了"引企入教"改革的系列举措；人才培养改革为突出主线，提升教育、教学和管理、服务质量；行业和社会组织发挥供需对接作用，促进中介组织和服务型企业催化。四管齐下，构建一揽子相互一致的协同政策体系，形成政府、企业、学校、行业和社会共同参与的协同工作体系。

企业到我市投资，看重的是生产资料和人力资源。职业学校培养的就是拥有一技之长的合格工人，两者在发展上有很大的契合点。能同步规划和建设，企业就会解决一工难求、用工荒的问题，职业学校就会有稳定的实训场所和就业基地，解决了办学资金、设备不足的问题，形成前校后厂、校企合作的办学格局。

三、职业学校要做好中高职贯通、普职融通两项工作，使中职教育向上延伸、向下渗透，逐步变"终点站"为"中转站"

根据近三年西峰职专对就业学生的回访和对企业用工市场的了解，中职学生就业普遍存在年龄小、技能有限、稳定性差等问题。中职学校还有一部分有升学愿望的学生，这些学生升入高一级的高职或应用型本科的渠道有四种，即单独招生、推荐免试入学、对口升学、转段考试的方式。升学渠道畅通，有升学愿望的学生可以比上高中更轻松地实现大学梦想，年龄增长、技能熟练、就业趋向稳定，可以帮助家庭实现脱贫。

职业学校应当主动对接初中学校，通过承担初中劳动技术课、通用技术课教学任务，指导初三学生做好职业生涯规划，以邀请初中学生进职校参观体验等方式，加强校际交流，实现普职融通，让升入高中无望的学生体验职业教育、认知职业教育、认可职业教育，从而在中考落榜后选择职业教育，保障职业学校生源。对普教和职教而言，普职融通有百利而无一害。

四、职业学校应当加强内部管理，深化教学改革，寻求政府、行业、企业和社会各界的支持帮助，树立良好的外部形象

要从教学模式改革入手，借鉴德国等国家职业教育的先进经验，实施行动导向教学法、项目教学法和理实一体化教学法，让学生动手操作，掌握一

定的技术技能，为就业升学打下扎实的基础。积极争取行业企业支持，引企入校，校企合作，开展订单式培养，加大认知实习、跟岗实践、顶岗实习的力度。积极汇报政府和各级部门，承担各类社会培训任务，发挥职业教育培训、技能鉴定等作用，缓解办学资金压力，扩大学校办学影响。

关于"用好政策、做好分流、提高二本进线率"的建议提案

近年来，市委、市政府把教育事业发展摆在优先发展的战略地位，先后出台《关于进一步提升教育质量 推动教育事业发展的意见》《关于补短板、强弱项推动教育高质量发展的意见》等保障性文件，加强教师队伍建设，深化教学改革，规范教育管理，强化资源保障，全市普通教育和职业教育事业取得了长足的进步与发展。但从统计数据看，高考进线率特别是二本进线率仍有进一步提升的空间。

通过分析发现，近几年全市高考升学率趋于稳定且报考学生基数大，在教育教学质量逐年提升的情况下，二本进线率未显著提高的主要原因是实际参加高考学生基数较大，在每年考入二本以上院校学生数量恒定的基础上，参加高考学生基数越大，进线率越低。

为此，建议：用好职业教育分类招生政策、做好报考学生分流、提高二本进线率。一是在每年的4月，以会考成绩作为综合评价标准，把部分愿意上高职的应往届高中学生提前录取，减少各校实际参加普通高考学生基数，从而提高二本以上院校进线率。二是以就业为导向，融中等职业教育和高等职业教育于一体，实施"五年一贯制"培养模式。通过二年级中职生五年制转段考试和应往届中职毕业生全省中职升学考试，把一大部分中职学生升入高等职业院校学习，合理分流中职毕业生，全面培养应用型高技能人才。三是加强职业教育重大政策措施的宣传，让职业教育的招生、资助和免费等政策以及基础能力建设进展情况与重要举措家喻户晓、深入人心，营造有利于职业教育招生与改革发展的良好舆论环境和社会氛围，引导学生就读职业学校，激励学生立志成才，引导社会各界了解、关心和支持职业教育改革发展与建设。

《关于成立庆阳技师学院 加大技能人才培养》的提案

根据庆阳市"十四五"战略规划和市委书记在党代会上的报告精神，为加大乡村振兴和产业富民人才供给，助力我市综合能源化工基地和区域性中心城市建设，为产业经济高质量发展提供技术技能人才支撑，结合本人工作领域和我市技能人才实际，特提交《关于成立庆阳技师学院 加大技能人才培养》的提案，请予审议。

一、技能人才是经济高质量发展的基础支撑

技能是强国之基、立业之本。习近平总书记指出：劳动者素质对一个国家、一个民族发展至关重要，技术工人队伍是支撑中国制造、中国创造的重要基础，对推动经济高质量发展具有重要作用。要健全技能人才培养、使用、评价、激励制度，大力发展技工教育，大规模开展职业技能培训，加快培养大批高素质劳动者和技术技能人才。市委书记在市委五次党代会上所做的报告明确，未来五年我市将按照"双轮"驱动、"三化"并进、"四建"支撑的总体思路，努力建设山川更加秀美、经济持续繁荣、社会和谐稳定、人民共同富裕的新庆阳。无论是建设陇东综合能源化工基地、陕甘宁毗邻地区区域性中心城市，还是推进农业现代化、工业绿色化、文旅融合化都需要大量的高素质技术技能型人才。庆阳大有可为，应当大有作为，关键是事在人为，人才是推动高质量发展的基础支撑。

二、我市职业教育培训与技能人才供给不足

技能人才是支撑中国制造、中国创造的重要力量。人力资源社会保障部印发的《"技能中国行动"实施方案》提出，"十四五"期间，新增技能人才4000万人以上，技能人才占就业人员比例达到30%，东部省份高技能人才占技能人才比例达到35%，中西部省份高技能人才占技能人才比例在现有基础上提高2—3个百分点。而我市技能人才储量和培养与"十四五"时

期经济社会发展需求明显不相适应。全市现有各类中、高等职业学校13所，承担着全市农民工、退役复转军人及新型职业农民培训的大部分任务。社会培训机构数量众多，但没有培训师资和设备条件，主要以提供培训组织与服务保障为主。全市目前尚没有一家功能齐备、设施齐全、师资充裕、质量可靠兼具培训功能的技师学院。大量乡村新生代农民工和社会青年培训不够、技能欠缺，造成了人力资源的严重浪费，本地劳务输转和就业创业不足，造成了大量人才外溢，对我市经济社会发展不利。

三、成立庆阳技师学院加大技能人才培养，是职业教育高质量发展的必然要求

技师学院是培养高级技师、技师、预备技师、高级技工的高技能人才教育培训机构，是技术技能人才培养的重要基地，是高等教育体系和职业资格培训体系的重要组成部分。庆阳职业技术学院是2014年10月经甘肃省人民政府批准成立、2015年4月教育部备案的公办全日制普通高等职业院校，隶属于庆阳市人民政府，甘肃省教育厅业务指导。学院加挂庆阳市体育运动学校、庆阳市农民工培训示范基地牌子，设有国家级高技能人才培养基地，庆阳市第五国家职业技能鉴定所。学院现有教职工313人，占地257亩，建筑面积11.16万平方米，开设学前教育、建筑工程技术、会计、计算机网络技术、机电一体化技术、石油工程技术、运动训练等40个高职专业。庆阳市公共实训中心是市人社局组织实施的重大民生项目，占地13.89亩，建筑面积14446.78平方米，可容纳2000名学生同时参与实训实践教学。

依托庆阳职业技术学院和庆阳市公共实训中心成立庆阳技师学院，加大本地技能人才培养与培训力度，加大我市高技能人才供给保障，切实可行、利在长远：一是国家调整职业教育结构和规模提供了政策依据；二是全市经济社会快速发展奠定了物质基础；三是我市优势资源开发搭建了广阔平台；四是学院的优质教育资源奠定了办学基础。成立庆阳技师学院，将填补庆阳市公办技工学校的空白，对于优化全省技工教育区域布局，完善职业资格考核培训结构，构建适应全市经济社会发展需要的技工教育新格局，培养大量高素质技能型人才，助力庆阳市新时代高质量发展产生重要的促进作用。

《发展现代职业教育　推进"技能庆阳"建设》调研报告

为落实习近平总书记关于职业教育的重要指示和全国职业教育大会精神，大力发展现代职业教育，助推庆阳经济社会发展，根据省政协《关于委托开展"发展现代职业教育，推进'技能甘肃'建设"调研的通知》要求，我市政协组织部分政协委员赴庆阳市各职业院校就"发展现代职业教育，推进'技能庆阳'建设"进行了专题调研，调研情况如下。

一、调研内容

（一）职业教育体系建设现状

庆阳市现有各类中、高等职业学校13所，其中高职1所（庆阳职业技术学院），中职12所（七县一区各1所公办、西峰区3所民办、省林业厅直属庆阳林业学校），在职教职工1700余人，其中专任教师1400余人。开设农林牧渔、加工制造、信息技术、财经商贸、旅游服务、医药卫生、能源与新能源、土木水利、交通运输、文化艺术、教育等16大类60多个专业，在校学生2万多人。每年招生人数在6000人左右，中专招收初中毕业生，招生范围大多在庆阳市内；高职面向全省招收高中、中职毕业生或具有同等学力及退伍军人、农村务工等人员。

近年来，我市各级政府高度重视职业教育发展，坚持把职业教育纳入国民经济和社会发展总体规划，紧紧围绕立德树人根本任务，秉承"办学一盘棋、专业特色化、资源共享制"工作思路，初步构建起职业教育与技能培训"双轮驱动"、中高职贯通职普融通、产学研结合政校企共建，基本适应全市经济社会发展需求的现代职业教育体系。一是管理体制机制逐步完善。强化以市为主的职业教育管理体制，建立了以分管副市长为总召集人，14个政府职能部门、8个县（区）政府以及职业院校负责人为成员的市职业技术教育联席会议制度，统筹全市职业教育改革发展。庆阳职业技术学院"外引内联"，引进东软集团等省内外实力企业，联合市内所有中职学校成立庆阳市职业教育产教联盟,推动产教深度融合、校企深度合作,助力全市职业教育高质量发展。二是整合办学资源,基础建设加快推进。根据"技能甘肃"实施意见和"技能庆阳"实施方案,计划在庆阳职业技术学院现址规划建设庆阳职教园区,整合西峰区中高职办学资源,实现资源共享、优势互补,人才培养提质增效。其他各县把发展职业教育与乡村振兴战略有效衔接,采取挖潜扩容、异地新建等方式,持续优化改善各职业学校办学条件。其中华池县累计投资 1.35 亿元,实施了华池职专改扩建项目,新建的科技楼、学生公寓楼等均已投入使用。镇原职专先期投资 1.3 亿元完成整校搬迁,后续 1.2 亿元投资计划稳步推进。合水县、宁县举全县之力,集全县之财,正在积极实施职专整校搬迁项目,合水县按照"一次规划到位、分期建设实施"的思路,在县城北区征地 100 亩新建职教中心一处。三是服务地方经济,优化专业设置。根据庆阳市十四五"五区一中心"发展定位和"一带一路"、乡村振兴、"黄河流域高质量发展"等国家重大战略规划,按照"做特、做精、做强"的专业建设要求,各校重点面向战略新兴产业、特色优势产业、区域首位产业、富民多元产业,适时调整开设电子商务、红色旅游、现代服务业、矿产资源开发、绿色农产品开发等方面的专业。庆阳职业技术学院成立教育类专业建设指导委员会,召开服务类专业群建设暨校企合作论坛,积极推进高水平专业群建设。合水职专发挥"农"字招牌,着力办优办强现代农艺技术,积极推行"1+X"证书制度;镇原职专构建了以"电子技术应用、机械加工类、汽车运用与维修"为特色专业,以学前教育和商务英语为主干专业的教育服务类专业群。庆阳机电工程学校的烹饪、美容美发专业,庆阳女子职业技术学校和北辰职业技术学校的学前教育、高铁乘务专业已形成了自己的品牌。

(二)学业评价与招生考试改革情况

2019 年,国务院办公厅印发《国家职业教育改革实施方案》,从国家层面首次明确职业教育和普通教育属于不同教育类型,具有同等重要地位,要建立"职教高考"制度,完善"文化素质+职业技能"的考试招生办法,为学生接受高等职业教育提供多种入学方式和学习方式;要优化教育结构,把发展中等职业教育作为普及高中阶段教育和建设中国特色职业教育体系的重要基础,保持高中阶段教育职普比大体相当;要完善学历教育与培训并重的现代职业教育体系,畅通技术技能人才成长渠道,开展本科层次职业教育试点。

庆阳市认真落实国家、省市文件精神,从提高劳动者素质、服务经济社会发展的高度，初步探索建立了"文化素质+职业技能"的学业评价方式和"9+X"、中高职一体化、专本研贯通培养等招生考试制度。一是科学制定高中阶段招生计划，保持职普比例大体相当。各县（区）严格落实市里下达的高中阶段招生计划，级级传导压力，层层落实责任，明确奖惩措施，组织各中职学校将招生工作与职教宣传紧密结合，送职教政策进村入户，保证"两后生"有学上、有前途，基本实现职普比不低于4∶6的目标。特别是镇原县出台《镇原县推进职业教育发展"9+X"行动实施方案》，探索"9+X"职业教育模式，即九年义务教育完成后，对未升入高中的初中毕业生进行一至三年或一两个月适合地方脱贫需求的职业技能培训。2020年，53名义务教育阶段控辍保学劝返学生通过职普融合班学到了一技之长并顺利结业，这一做法被央视农业频道"中国三农报道"栏目作为典型经验进行了深度报道。二是普遍实行"文化素质+职业技能"的学业评价方式，为学生稳定就业和升学深造提供保证。各职业院校坚持德技兼修、理实并重，持续加大实训实验等实践技能课比重，探索采用闭卷、开卷、考查、操作考核、技能鉴定、技能竞赛、课证融通、学分银行等多种学业成绩认定办法，保证学生进入企业有一技之长能胜任工作，升学考试有理论知识和技能加分。近3年，镇原职专有51名学生在中职生高考中被本科院校录取，正宁职专有176名学生考入高一级学校，高等院校录取率达到100%，华池职专有667名毕业生通过普通高考、对口升学考试及联合办学进入本科、专科（高职）院校学习，占毕业生总数的85.72%。三是大力推行中高职、专本研贯通培养，提高技能人才培养质量。庆阳职业技术学院充分发挥庆阳市职业教育产教联盟作用，先后与省内31所中职学校签订"五年一贯制"培养协议，联合培养人才。今年与市内12所中职学校完成743名学生五年一贯制转段考试，截至目前，综合评价和转段考试共录取新生1697人，占今年招生计划2400人的71%。同时与西北师范大学、兰州交通大学、兰州城市学院、兰州文理学院、陇东学院等省内本科高校开展专本对接合作，逐步试办能源化工、旅游服务、学前教育本科专业，构建中职、高职、本科、研究生多元化升学立交桥。2020年，学院专升本报名172人，163人升入本科院校学习深造，录取率达到94.8%，2021年专升本报名286人，升学有望再创新高。环县职专全力推行中等和高等职业教育贯通培养模式，与酒泉职业技术学院、甘肃工业职业技术学院、甘肃省畜牧工程职业技术学院等17所高职院校开展"2+3"五年一贯制联合办学，为学生多样化选择、多路径成才搭建绿色通道。

(三)"三教"改革与教师队伍建设情况

职业教育实施"三教"改革,应构建德才兼备、以德为先的"双师型"教师队伍,改革人才录用机制,畅通校企人才流动渠道;推广德技融合、重点突出、职业教育特色鲜明的新形态教材;形成以信息化教学为引领,以常规教学为基础,以职业能力为核心的教学新模式。

我市各职业院校着眼提高人才培养质量,促进职业教育高质量发展,均启动了"教材、教师、教法"改革,并取得初步成效。一是建立"以赛促教、以赛促学、以赛促建、以赛促管、共同提高"的教赛深度融合机制,构建了技能大赛"两覆盖、四促进"(即覆盖所有专业领域,覆盖所有学生,促进职业教育人才培养模式改革,促进职业教育教学改革,促进职业学校"双师型"教师队伍建设,促进职业教育实训基地建设)模式,形成了"校校有比赛、层层有选拔""普通教育有高考、职业教育有大赛"的生动局面。二是通过形式多样的培训学习提升"双师型"教师比例。镇原职专积极采取"建机制、搭平台、进圈子、压担子"的做法,创新教师使用、培养、评价新机制。庆阳职业技术学院着眼工作需要和岗位需求,坚持在职培养为主,脱产培养为辅,实施培养提升、青蓝帮扶、评优树典、互聘共培四大工程。按照"三年站稳讲台、五年成为骨干、十年成为名师"的目标,坚持"以老带新、以新促老、青蓝结对、共同提高",为青年教师成长搭台子、指路子、压担子、教方子。西峰职专以中德合作项目为依托,先后派46名教师赴德国参加校长培训、教学管理培训和教学法培训,有192人次参加"赛会"在国内项目点的培训,通过培训初步打造了一支教学理念先进、专业素质过硬、师德高尚的师资队伍。先后成立西峰区美术音乐教研中心、西峰区"李浩雄+"和"张小军+"两个职业教育教研共同体及李浩雄(省级)、段宝生、周恩勇、李汉峰4个名师工作室。三是积极开发适应新形势、实际用得上的校本教材。镇原职专在教材改革和创新上,探索使用新型活页式、工作手册式教材,建立动态化、立体化的教材和教学资源体系。庆阳职业技术学院以课堂教学改革为抓手、以精品课程建设为载体、以信息化教案为切口,全面推进教材改革与建设,并依托庆阳产教联盟逐步建立共享远程教学平台,共享实训资源库和优质课程。西峰职专结合地方特色和资源优势,开发编写农耕文化、乡土文化、红色文化教育类校本教材累计32本。四是大力创新、大胆探索各类信息化教学方法。镇原职专采用项目制、情景式教学,深化校企联合培养,实现校内课堂、网上课堂和企业课堂的实时连接、资源共享、相互促进的职业教育课堂教学模式。庆阳职业技学院全面推行现代学徒制和企业新型学徒制，推动"入学即入职、毕业即上岗"，校企育人"双重主体"，学生学徒"双重身份"教学实训一体化，学习借鉴德国"双元制"模式，推广项目教学、情景教学、模块化教学，广泛运用启发式、探索式、参与式教学，构建课程内容与岗位要求对接、课程标准与职业标准相融合、理论与实践教学一体化课程体系。西峰职专重创新、抓技能，扎实推进"1＋X"证书制度，组织汽车运用与维修、电气运行与控制、机械加工、财经商贸4个教研组申报了17个考核证书试点工作。2020年该校申请了"业财一体信息化应用""汽车维修"两个"1＋X"证书考核站点，36人考取了业财一体信息化应用初级证书，30人考取了业财一体信息化应用中级证书，30人考取了汽车维修初级证书，考证合格率98%。

（四）产教融合、校企合作开展情况

习近平总书记在关于职业教育的重要指示中强调，要深化产教融合、校企合作，深入推进育人方式、办学模式、管理体制、保障机制改革。产教融合、校企合作已成为职业教育改革发展的必由之路和潮流趋势。

庆阳市各县（区）职业院校注重内涵建设，深入推进校企合作、产教融合，与行业企业共建实验实训平台、名师工作室和培训中心，设立企业冠名班、订单班，实现了学校教学与企业用人的近距离、无缝隙对接。毕业生稳定就业率逐年提升，职业教育吸引力和服务经济社会发展的能力显著增强。一是交流学习、更新理念，搭建产教融合、校企合作基本框架。各县（区）着力破解职业学校小而全、做不大、办不强的难题，打破各自为政、封闭办学的传统模式，指导学校外出考察学习，积极与市内外知名企业"联姻"，与省内外高职院校"结盟"，挖掘与企业、职业院校的合作潜能，引进和有效利用企业技术、设备等资源优势，加强学校课程建设、师资建设、基地建设、学生培养及教学改革，实施订单、中高职贯通培养，引企入校等多元化的校企合作办学模式，校企合作互惠互利、合作共赢的态势向好发展。二是各校校企合作初见成效。合水职专扎实推进校企合作，在合水县南区幼儿园、合水县农户苹果基地、东鑫养殖合作社、段家集卓洋奶山羊养殖农民专业合作社建立校外实践基地，引导学生深入果园、乡镇兽医站、养殖场等生产一线提高技能、锻炼成长。与大唐信服科技有限公司建立校企合作关系，挂牌建立学生实训基地，本学期39名学生进入大唐信服公司实习。正宁职专聘请县内4S店汽修专家团，落实"师父带徒弟"现代学徒制育人模式，做到"理实一体化"，学生专业技能得到大幅提升。宁县职专先后与

LG（广州）公司、香港森仕集团、东风汽车公司、纬创公司等校企联合办学，设立订单培养班、冠名班，为学生提供实习就业岗位，为学校定期进行师资培训。三是产教联盟作用逐渐显现。庆阳职业技术学院充分发挥联盟理事长单位作用，积极落实产教联盟行动计划，联合各中职学校集团作战，外出考察企业，洽谈合作事项，搭建合作平台，初步实现抱团取暖、同频共振。一大批企业走进庆阳，一大批学生走出庆阳，形成校企携手、合作共赢、学生受益的良好局面。

（五）助力经济社会发展情况

职业教育肩负着促进国民经济产业转型升级的重任，是面向就业的教育，产教融合、校企合作的办学要求天然地和经济社会发展紧密相关，也是助力乡村振兴、扶贫助困的重要方式。

庆阳市充分挖掘职业教育优势，服务经济发展成效突出。各县（区）职业学校主动对接县域经济社会发展需求，以服务当地经济发展、服务"三农"为宗旨，采取"农民点菜、职校主厨、政府买单"的措施，为促进地方经济发展和乡村振兴战略的实施提供了强有力的人才保障和智力支撑。一是全市职业院校积极配合人社、扶贫等部门，全力助推脱贫攻坚工作。充分发挥职业院校资源优势，建立了电子商务、土木工程等职业技能"工匠工作室"，线上线下，面向进城企业、农村等群体，分期分批开展职业技能培训，职业教育年均培训社会各类人员 2 万人次，为我市脱贫攻坚工作发挥了积极作用。其中庆城职专开展农村建档立卡贫困劳动力培训短期班 38 期 2317 人次。宁县职专年平均培训 800 人次，2020 年疫情期间，深入扶贫车间完成五期 196 人次扶贫培训任务。正宁职专年培训 670 人次，实现了专业技能与用人需求的有机对接。二是对接经济社会发展规划，走新型产教融合、校企合作办学之路。镇原县坚持以促进学生就业为导向、以服务经济发展为核心，探索贴近县域实际、紧跟时代潮流的产教融合新路子。通过镇原职专这一龙头的牵引和带动，为镇原县"一区四园三链"的经济发展新格局（金龙工业集中区，孟坝、平泉、屯字、三岔四个镇级工业园，林果精深加工、肉制品加工、生物制药三大产业链），培养了一大批实用型人才，为盘活县域教育资源、打造技能庆阳、助力脱贫攻坚发挥了关键作用。庆阳职教园区合理规划企业和职校区域，做到"前校后厂""前厂后校"有机布局，校企深度合作，工学交替培养。

（六）职教园区建设情况

根据 2020 年 8 月教育部孙副部长考察学院时讲话要求和 2020 年 11 月

庆阳市教育大会精神，市教育局研究提出围绕打造"技能庆阳"，整合西峰城区职业教育资源，在庆阳职业技术学院现校址及以南教育规划用地，新建庆阳市职业教育园区，深入推进联合办学、校企合作、产教融合综合改革，全面提升教育综合实力。

职教园区建设总体目标是实现"千亩校园、万名学生"办学规模，西峰城区所有职业学校入驻园区，同时吸引各知名高校在园区建立科研分支机构，培养石油化工、大数据、现代农业等支柱产业发展及乡村振兴急需技术技能人才，全面提升庆阳市职业教育发展水平和庆阳职业技术学院办学层次，为建办农林类应用型大学、推动本科招生、谋划研究生教育奠定基础，加快推动庆阳现代化进程。项目地址位于庆化大道以东、石油西路以北、长庆大道以西、庆城西路以南，总规划新建用地面积约947亩，总建筑面积约327260平方米，工程估算总投资162084.91万元，计划分两期4年建成。项目建设用地拟通过西峰职专、庆阳林校、庆阳电大原校址土地置换的形式予以解决，项目建设资金拟通过"技能甘肃"政策拨款、地方政府财政预算、专项国债资金和中央预算内资金、社会融资、学校自筹等方式解决。

二、问题分析

我市职业教育发展虽然取得了一定成绩，积累了一定经验，但与全国、全省相比，与我市社会经济发展对职业教育的需求相比，与现代职业教育标准相比，还存在一些问题。

（一）职业教育资源分散

全市七县一区形成了一县一所中等职业学校，但市直没有中职学校，庆阳电大、庆阳林校是省直属学校，目前发展处于非常尴尬的境地。全市职业教育产教融合深度不足、中职高职衔接不紧、职普教育沟通不畅，结构规模不够合理。唯一的一所高职院校成立仅5年时间，没有打通与应用型本科的上升通道，学生进一步深造遭遇"天花板"现象。

（二）职业学校发展不平衡

全市职业教育资源整合后，在一定程度上实现了优势资源互补，但受主观认识和客观条件限制，职业学校区域间、校际间发展不平衡，存在差距。如正宁、合水两所中职发展缓慢，西峰三所民办职校其中有两所学校办学举步维艰。同时，各职业学校专业设置重复、特色不明显，办学同质化严重。

（三）地方办学优势不明显

我市工业底子薄，大型企业少，但作为全省新的经济增长极和未来的能源化工基地城市，我市有着优越的自然资源优势，因此在能源类专业建设上下了大力气。可纵观近年来招生情况，能源类专业学生却在逐年减少、流失，其中一个重要的原因就是地方自然资源优势与人力资源优势结合不够。

（四）基础建设尚有"欠账"

近年来，在各级政府的大力支持下，各职校办学条件得到了改善，但与省内同阶段、同时期院校相比，在基础设施、实训设备、办学条件等方面差距较大，极大制约了职业教育的发展。

三、对策建议

（一）加快职教园区建设

庆阳市职业教育园区建设在教育部、省委省政府、省教育厅和庆阳市委市政府的精心指导下前期完成了"概念性设计"，编制了"项目建议书"，进入了省市十四五规划和项目库，取得初步成效。但与习近平总书记对职业教育的殷切期望和全国职业教育大会精神的要求，与建设"技能甘肃""技能庆阳"的安排部署，与庆阳经济社会发展的技能人才需求还有较大差距，因此建议加快庆阳职教园区建设。一是精准对接政策，尽快启动项目。建议市委市政府职能部门根据《国家职业教育改革实施方案》《甘肃省职业教育改革实施方案》《教育部、甘肃省委省政府关于建设"技能甘肃"的实施意见》《庆阳市委市政府关于建设"技能庆阳"的实施意见》等文件精神，结合各校实际，形成《庆阳职业教育园区建设实施方案》，由市委市政府主要领导赴国家部委和省委省政府汇报衔接，落实项目建设，开展前期工作。二是组建工作专班，形成工作机制。建议市政府牵头抓总，成立由分管领导负责、各职能部门派员参与的工作专班，由市政府统筹全市各级各类项目资源和建设资金，纳入园区建设整体规划，统筹解决项目推进过程中遇到的困难和问题。各相关部门要根据部门职责，为园区建设提供必要的支持和保障，定期召开园区建设联席会议，协商解决建设前期诸如项目规划、土地征用、资金筹措等问题。三是产教研融合、政校企共建。建议市政府积极引进省内外知名企业和高校，给予"金融+财政+土地+信用"的组合式激励，让企业主动融入职教园区，形成产教研有机融合的职业教育新模式，同时在庆阳职教园区附近预留至少2000亩土地，一方面为企业入驻提供方便，另一方面为建立"前校后厂、前厂后校"产教融合创造条件。

（二）加大职业教育投入力度

庆阳市坚持教育优先发展战略，积极调整教育结构，大力支持职业教育发展，出台了一系列文件政策，各县（区）也积极争取项目资金进行职教基地搬迁扩建，改善实训条件，取得了一定成效。但与理实一体化、现代学徒制等教学模式和技能人才成长规律对实训场地、设备、技术的要求差距巨大，与省内和东部发达地区的"双高"院校距离越拉越大。因此，建议省市政府根据《国家职业教育改革实施方案》等文件规定，结合职教改革新要求新趋势，出台支持职业教育发展的利好政策，持续加大职业教育投入力度，严格落实学校办学生均拨款制度，改善职业学校基本办学条件，提高技能人才培养质量，促进庆阳职业教育又好又快发展，助力庆阳经济社会现代化建设。

（三）加速完善高等职业教育管理体制

庆阳市调整优化职业教育布局，于2009年整合市直中专学校成立庆阳理工中专，2015年经省政府批复设立庆阳职业技术学院，为庆阳市人民政府直属事业单位，省教育厅和市教育局进行业务指导。由于多层管理和隶属变更等体制机制原因，庆阳职业技术学院虽属政府公办普通高等院校，但仍然沿用庆阳理工中专的机构编制、人事劳资和财政保障，与高职院校办学要求和人才培养需求极不适应，很难满足高技能人才培养和服务地方经济发展，很难引进高层次师资人才和调动教职工工作积极性。因此，建议研究优化庆阳职业技术学院管理体制，完善保障机制，尽快落实高校岗位津贴制度，提升师资素质，促进"双师型"教师队伍建设。

坚持问题导向 加强教学与科研一体化建设

教学是学校的立校之基，重中之重，科研是学校提质培优、增值赋能、兴校强校之本，一所学校要走得稳得看教学这个基础，而要走得远还得看科研。当前，高校的教育功能正在发生变化，从注重传播知识，单纯强调教学职能，转向教书育人，培养德、智、体、美、劳全面发展，富有创新精神的人才。教育思想的转变，教育模式、教学方式随之发生转变，科研反哺教学，以科研成果支持教学改革，教学与科研互动，教学与科研相长，应该成为高校发展的长远战略。

一、科研要为教育教学增值赋能，形成良性循环

职业学校承担着高素质技术技能人才、能工巧匠、大国工匠的培养任务，必须坚持教学科研一体化原则。19世纪初，德国教育改革家洪堡提出，大学教学必须与科研相结合，大学教师只有在教学活动中不断纳入创造性的科学研究成果，其教学才是真正意义上的大学教学。我国著名科学家钱伟长先生也曾通俗地说："你不教课，就不是教师，你不搞科研，就不是好教师。""科研是源，教学是流"，"要给学生一杯水，自己就得一桶水"，没有科研的教学是难以生动和深入的教学，也是不完整的教学，如果没有科研做支撑，课堂教学就会失去"灵魂"。没有教学的科研不是科研，教学是科学研究的源头活水，高质量的教学活动也会有效地激发教师的科研工作。这就要求我们，要充分认识教学与科研的内在联系，做到教学出题目、科研做文章、项目接地气、成果进课堂，以科研引导教学、以科研促进教学，真正形成"教研相长"的良性循环。

二、科研要坚持问题导向，构建教学科研一体化发展模式

近年来，学院科研工作取得了一定成绩，在课题申报、论文发表、专利成果转化上都有所突破，但与高水平院校相比，还存在很大差距，科研意识还比较弱、氛围不够浓、立项不够多、成果不够丰硕，围绕地方经济、社会

及人文方面的重大科研课题、科研成果还没有真正形成。因此，必须进一步统一思想认识，坚持育人为本，实现教育教学与科研的协调发展，积极构建教学科研一体化发展模式。一是坚持问题导向。恩格斯说，社会一旦有技术上的需要，这种需要就会比十所大学更能把科学推向前进。因此，科研工作特别是研究方向的选择要坚持问题导向，从教育教学以及管理需求出发，以小见大，开展小课题、小项目研究，撰写小论文，做些小发明。以量变促质变，实现特色发展。作为新办院校，必须正视科研实力、科研成果转化等方面存在的差距，但也不应妄自菲薄、低人一等，仍有很多工作可以做，立足教学实践，在课堂教学研究领域发力，紧盯专业发展，在专业学科建设研究上加力，围绕地方经济社会发展，在促进转型发展研究上助力，久久为功、善作善成。二是坚持"百花齐放，百家争鸣"。在科学研究方面，要思想解放，精神独立，自由讨论、交流，允许探索，允许不同观点的争论和碰撞，允许失误、出错。鼓励各位老师从专业特长、兴趣和爱好出发做科研。当年蔡元培对北京大学进行脱胎换骨的改造，破除官僚习气和读书做官的价值观，聘请各种不同学派的著名学者，在学术上各抒己见，自由探讨，营造了生机勃勃的校园学术氛围，为北大的发展奠定了坚实的基础。时至今日，仍然具有重要的现实指导意义。三是保障服务科研工作。教学科研工作是学院的中心工作，各有关部门要为教学科研工作铺路架桥，做好服务。学院的教学科研工作，在横向上要与人事、后勤、财务等各有关部门发生联系，纵向上要组织各系、各教研室的科研力量。为此，各部门要强化服务意识，积极地为教学科研服务，为教学科研活动提供有效的支持和帮助，为教学科研工作者搭好桥、修好路、加好油，营造宽松、浓厚的学术研究氛围。

三、科研既要脚踏实地，又要仰望星空

科研工作的生命力体现在和实践的紧密联系上，科研工作只有深深扎根于服务经济社会发展的沃土，才能枝繁叶茂、生气勃勃。为此，学院的科研工作要脚踏实地，深入教学实践、深入经济社会发展，积极走向社会，瞄准全市"五区一中心"战略和全市综合能源、精细化工、现代农业、文旅康养、数字信息五大产业发展目标，进一步加强与政府、企业及社会各界的联系与合作，通过了解掌握市场需求找准科研选题，通过产教融合、校企合作争取更多科研资源，通过为政府和社会排忧解难不断提高学院的科技贡献率与社会影响力。推进教学科研工作还需要坚韧不拔的精神，要想取得成

果，没有捷径可走，没有投机取巧，必须苦学深究，大胆假设，小心求证，锲而不舍，持之以恒，只有经过长期不懈地进取、积累和创造，才能达到学术的前沿、科学的高地，老师才能"成名成家"，学校才能实现高质量发展。

建好职业教育联盟　培养数字经济人才

近年来,全市经济社会实现快速发展,推动实施"双轮"驱动、"三建"支撑、"四化"并进发展战略,承接国家战略"东数西算"国家数据中心庆阳集群建设,全力打造陇东综合能源化工基地和陕甘宁毗邻地区区域性中心城市,对技术技能人才需求提出了更高的要求。

职业教育是面向就业、面向整个社会的教育,承担着培养高素质技能人才的重任,服务地方经济社会发展则是职业教育生存与发展的根本。当前,职业教育发展利好政策叠加,国家及我省相继出台《国家职业教育改革实施方案》《关于整省推进职业教育发展打造"技能甘肃"的意见》等文件,我市印发《关于推动现代职业教育高质量发展加快"技能庆阳"建设若干措施的通知》,近期召开的全市教育大会出台《关于全面推动教育高质量发展的意见》及6个配套实施方案,提出了一揽子支持政策措施,职业教育发展迎来了难得的窗口期和机遇期,省内各职业院校纷纷优化整合,上挂下联,左右出击,发展本科职业教育。

近几年,市政府秉承"办学一盘棋,专业特色化、资源共享制"工作思路,整合办学资源,优化管理机制,强化师资队伍建设,深化教育教学改革,职教体系初步构建,职普比例趋于合理,逐步由数量增长规模扩张向内涵发展质量提升迈进,形成了"市办高职、县办中职,一县一校、一校一特色"的庆阳职教发展格局,为全市经济社会发展作出了积极贡献。

庆阳职业技术学院作为全市唯一一所高等职业学校,承担着为地方经济社会发展培养高技能专业人才的重要使命。建办学院以来,为全市培养高素质技能型人才6000余名,对经济发展辐射、带动成效显著,对助推地方发展、助力贫困家庭脱贫致富发挥了积极作用。在全市经济社会转型发展的关键时期,要充分发挥职业教育服务发展作用,扩容提质、挖潜培优、增值赋能,建好职业教育联盟,提升办学质量,培养更多高素质、高技能的数字经济人才,服务全市"双轮"驱动、"三建"支撑、"四化"并进战略和全国一体化算力节点城市建设任务。

一、建设庆阳职教园区，为发展"扩容"

近年来，在各级政府的大力支持下，各职校争取项目资金进行职教基地搬迁扩建，改善办学条件，但与省内同阶段、同时期院校相比，在基础设施、办学条件等方面差距较大。庆阳职业技术学院现有全日制普通高职在校学生9947人，实训设备陈旧、办学面积不足等问题已极大制约学院发展。为此，要推动庆阳职教园区建设，在"东数西算"产业园区建设庆阳市职业教育公共实训中心，作为全市职业院校公共实训基地，统筹使用实训资源，形成"1+8"职教联盟，共育共培技术技能人才。改建宁县、环县、庆城、正宁职专。解决庆阳职业技术学院办学燃眉之急，先期在现校址建设综合公寓楼、体艺馆各一幢，征迁南侧206.77亩土地实施校园扩建项目，利用5—6年时间，为"东数西算"项目培养6万余名高素质技术技能型人才。

二、建好职业教育联盟，为发展"提质"

围绕我市数字经济和能源化工产业发展，加快组建以产业为纽带、职业院校为基础、相关企业行业参与的职业教育新模式，依托庆阳职业技术学院成立全省数字经济职教联盟，进一步整合、优化全市职教资源配置，各中高职学校集团作战，抱团取暖、同频共振，辐射带动各县区职教协同发展，融入陇东南职业教育集群建设，创办陇东地区高质量职业教育。发挥职教联盟统筹指导作用，解决各职业院校资源分割和公共教学资源重复建设的问题，坚持"一校一品"、特色发展，统筹调剂、使用公共教学资源，在专业建设、师资培训、教学科研等方面互联互通、经验共享，实现中高职院校"1+8"集团化办学、融合式发展，力争全市职业学校年均在校人数实现翻番，为全市数字经济和能源化工产业培养高素质技术工人，造就产业大军队伍，增强经济社会发展的后劲和底气。

三、贯通培养挖潜改革，为发展"培优"

要围绕我市建设陕甘宁毗邻地区区域性中心城市发展目标，增加各职业学校招生数量，联盟内学校实行"五年一贯制"教学培养，从中专招生、中高职教学实训、认知实习到最后升学考试、实习就业，企业全过程参与、全周期培养，学生毕业时具有大专学历，全部满足"东数西算"项目建设需要。全面修订数字经济及能源类专业课课程标准和人才培养方案，开展项目管理教学和行动导向教学，稳步推行"教学做"一体化"体验式"教学方法改革，更新教学内容，优化教学手段，全面提升人才培养质量。

四、动态优化调整专业，为发展"增值"

人才培养质量决定服务发展水平，而衡量人才培养质量的关键在于培养出的人才是否适应社会发展需求，主要取决于专业设置是否符合地方发展实际。要赋予各职业院校动态调整专业的能力，紧紧围绕"东数西算"国家数据中心庆阳集群建设和打造陇东综合能源化工基地发展目标，聚焦数字经济和能源化工两大主导产业，切实优化专业设置和布局结构，逐渐集中到数字经济类专业和能源类专业，培养服务我市数字经济和能源化工产业发展急需的技能人才。

五、校企合作产教融合，为发展"赋能"

深入推进校企合作、产教融合，与行业企业共建实验实训平台、名师工作室和培训中心，设立企业冠名班、订单班。在东数西算产业园区内，建设职业院校公共实训中心，形成产学研用格局，学校教学与企业用人近距离无缝隙对接，学生实训、实习、就业一体化，实现真正意义上的产教融合，学生入学即入职、毕业即上岗，服务"东数西算"庆阳集群、陇东综合能源化工基地和陕甘宁毗邻地区区域性中心城市建设目标。

紧抓"技能甘肃"发展机遇 打造"技能庆阳"职教新高地

近年来，市委市政府立足庆阳经济社会发展实际，大力发展职业教育。2020年以来，随着部省共建打造"技能甘肃"意见的出台，庆阳市也相继出台《庆阳市国民经济和社会发展第十四个五年规划和二〇三五远景目标纲要》《关于推进全市职业教育发展打造"技能庆阳"的实施意见》《庆阳市基础教育高质量发展三年行动计划》等指导性意见，为庆阳职业教育高质量发展指明了方向、提出了举措、规划了路径、提供了保障。全市职业教育工作进入了新阶段。主要表现在：一是体系建设迈出新步伐。初步形成了以庆阳职业技术学院为龙头、八县区职业中专为主体，三所民办职业学校为补充的职业教育新格局。二是办学条件再上新台阶。镇原、华池、环县举全县之力，把发展职业教育与乡村振兴战略有效衔接，采取挖潜扩容、异地新建等方式，持续优化改善职业学校办学条件。三是内涵发展实现新突破。全市职业教育落实立德树人任务，以社会主义核心价值观、优秀传统文化进校园为重点，以技能大赛、对口升学、创新创业等活动为载体，全方位深层次进行"三教"改革，教育质量得到整体提升，学生职业道德、职业素养和职业技能全面发展。四是专业建设呈现新趋势。各县区按照"做特、做精、做强"的专业建设要求，面向战略新兴产业、特色优势产业、区域首位产业、富民多元产业，适时调整开设新专业、精心打造特色专业、拓宽提升骨干专业、做优做强特色专业。五是服务地方展现新作为。各职业院校主动衔接行业部门，通过技能培训、创业扶持一整套组合拳，培养了一大批适销对路的本土人才。

职业院校具有服务地方经济发展的社会职能，只有进一步优化职业教育体系，增强职业教育适应性，才能搭上"技能甘肃"的东风，乘势而上，实现高质量发展。一是整合资源。在基础建设上加大投入，解决职业教育的生存问题。优化整合市、县（区）中高职办学资源，加大基础建设投入，建设庆阳市职业教育园区，深入推进联合办学、校企合作、产教融合综合改革。对庆阳职业技术学院扩容提质、增值赋能，扩大招生规模，增加学生数量，全面提升综合实力。二是转变观念。在"筑巢引凤"上出好政策，解决职业教育的发展问题。政府要转变观念，在招商引资、引企入庆、建设工业园区时，同步考虑职业教育学生输出和就业情况，研究出台吸引、留住产业工人的优惠政策，让职业学校培养的技术技能人才"就地筑巢，下蛋孵化"，为地方经济发展贡献力量。三是职普融通，中高本贯通。在专业建设上做文章，解决职业教育的入口和出口问题。紧贴庆阳市"五区一中心"发展战略，对接行业企业，秉承"当地离不开、同行要错位、省内有特色、国际能交流"的原则，进一步强化专业建设。深化与普通教育的融通培养，实现纵向贯通、横向融通并行发展及特色化培养、个性化发展。四是强化保障。足额拨付生均经费，解决职业教育的高质量发展问题。职业教育是教育、是民生，也是产业。经费是制约职业教育发展的主要因素之一。政府要重视职业教育，千方百计、想方设法落实支持职业教育发展的利好政策，进一步加大财政经费投入，足额拨付生均经费，兑现教师职称、津贴等待遇。持续改善职业院校基本办学条件，建好实训室，配优实训设施。出台人才引进优惠政策，为职业院校引进高精尖人才，为培养高素质的技术技能人才奠定基础。

聚焦目标 统一思想
扎实推进课堂教学改革

课堂是教育的主战场，教育改革只有进入到课堂的层面，才真正进入了深水区，课堂不变，教育就不变，教育不变，学生就不变，只有抓住课堂这个核心地带，教育才能真正发展。2017年陈宝生部长在《人民日报》撰文，文章指出："坚持内涵发展，加快教育由量的增长向质的提升转变。把质量作为教育的生命线，坚持回归常识、回归本分、回归初心、回归梦想。努力培养学生的创新精神和实践能力。"

面对新形势下的职业教育，我们只有重构课堂教学生态，确立"行动型"教学理念，推进"递进式项目化"教学内容整合和"三明治式"教学设计与实施，营造"合作型"的新型师生关系，才能提高人才培养质量，促进职业教育特色发展，提升教师教学的成就感、幸福感。

一、解放思想，转变观念

人是生产力中最活跃、最革命的因素，并非是人的体力有多么强大，而是指人的思想潜力是无限的、创造能力是无穷的。思想解放、开风气之先，就能后来居上、引领时代，思想僵化、不能与时俱进，难免不进则退、被动落伍。

世界上唯一不变的就是变化本身，而其中思想观念的转变是最为关键的转变。战国时期的百家争鸣是中国历史上第一次大规模的思想解放运动，基本上形成了中国的传统文化体系，有力地推动了中国历史的发展。100多年前的"五四运动"也是一场解放思想运动，马克思主义思想由此广泛地传播，为中国共产党的成立准备了思想基础。改革开放以来，我们坚持解放思想、实事求是，用改革的办法解决了发展中的一系列问题。

所以，历史上任何一次真正的改革，都是以解放思想、转变观念为先导的。在课堂教学改革的过程中，首先是对教师的教育观念进行革命，我们提出了"学比教更重要，过程比结果更重要，成果比分数更重要，成长比成绩更重要"的教学核心原则,就是要让教师由"知识本位"的教学观向"学生本位"的学习观转变。教师在教学中要发挥"导演"作用,学生是教学过程中的"主演"。教师应从"施教者"转变为"引导者",从"独奏者"转变为"伴奏者";从"教书匠"转变为"研究员",彻底改变以往的满堂灌、满堂放、满堂转现象。

二、团队合作,能力为本

课堂教学改革对于所有老师都是一个极大的挑战,只有团队合作才能打好课堂改革这场硬仗。课堂教学改革要乐于合作、善于合作,把合作作为一种基本素质贯穿到改革中,才能行稳致远。

(一)系部与兄弟院校的合作

系部要积极对接有先进经验的高职院校或二级学院、专业系部,与中职学校联系、合作,上引下联,建立密切的学术合作关系,借鉴人才培养模式、课堂教学方法,在课堂教学改革上走点捷径、少走弯路。同时系部之间、不同学科之间也可以合作,不仅能够推进课堂教学改革,在学院特色专业群建设方面也会有积极的作用。

(二)教师与教师的合作

在传统的教学活动中,教师常常"单兵作战""闭门造车",依靠个人的力量解决课堂上的问题,普遍存在着"单干"的现象。但一个人的力量终归是有限的,培养学生的综合能力要发挥教师的集体智慧。因此,必须改变彼此之间的孤立与封闭现象,学会与他人合作,包括与同学科教师的合作、与不同学科教师的合作,打造能胜任理论教学、指导学生实训、与企业开展应用研究的"三能型"高水平教学团队。

(三)教师与学生的合作

在课堂教学改革中,倡导教师是学生学习的合作者、引导者和参与者,教学过程是师生交往、共同发展的互动过程。它不仅忠实地执行课程计划的过程,而且是师生共同开发课程、丰富课程的过程。正如苏霍姆林斯基在谈到师生关系时所指出的:师生应该是共同探求真理的志同道合者,师生之间必须进行平等的交流。这种师生关系的转变,可以大大激发学生的求知欲,使他们可以自由地提问、质疑。在学生心中,老师就像他们的朋友,而教师在与学生共同学习的过程中,也易于抛开以往那种居高临下的权威,和学生真正打成一片。教师与学生的合作,对学生而言,意味着心态的开放、个性的张扬、创造力的解放;对教师而言,意味着上课与学生一起分享、研究、创造。

（四）学生与学生的合作

通过小组合作学习，学生的自主空间得以拓宽，敢想、敢做、敢说，学生的自主程度得以提高，容易使学生之间形成平等、合作和民主的关系，对于培养学生思维习惯、创新意识和动手能力有很大的促进作用。为此，要逐步由知识本位向能力本位过渡，而要实现能力本位，必须走合作学习的路子。这样可以促进师生间的理解与沟通，使师生在交流中学会不断完善自己的认识，在讨论中产生灵感、激发思维，在合作中提升技能、完成任务。

三、树标立杆，加强宣传

课改实施后，要及时总结，通过检查课程设计的执行情况、教学效果、学生评价、教学资源库建设等情况，评选出一批优秀的课改标兵和学生心目中最喜爱的老师，把具有学院特色的高水平教研教改成果加以推广和应用。在此基础上，还要建立名师工作室团队，发挥教育教学示范、辐射和带动作用，为锻造学科骨干教师队伍，提升教育教学质量发挥积极作用。

同时，要大兴听课评课之风，既要"找刺"，更要"赏花"，发现和寻找课改的倡导者、试行者、出彩者和优秀者，大力宣传课堂教学改革成果、特色，把经验和成果推广到产教联盟的成员单位，形成联盟内学校成员的共同发展；把成果推广到省内高职院校，让这些老师成为名师、成为大家。

四、成果转化，再启征程

课堂教学改革要深入教学一线调查研究，在切实了解教育教学改革需要的基础上，按照"以需定产"的原则，从课题的设计和立项开始就立足于教学第一线，注重现实性、针对性和应用性，围绕"创新创业"新风尚，使教学改革能够解决传统教学模式存在的问题。同时要组建合理的团队，既要有教学方面的负责人，也要有研究能力的强者，更应有较强协调能力的人，使团队既能完成好教学改革，又能转化应用成果。

课改是一场心灵的革命和教育观念的革命，是一场课堂技术的革命，是一场行为的革命。"道固远，笃行可至；事虽巨，坚为必成"，要坚持"以生为本""以学为本"，推进"四个回归"，种好"责任田"，当好"领头雁"，书写新时代教学改革奋进之笔、华丽之章。

立足区域特色 深化产教融合
职业教育助推地方经济社会发展

庆阳职业技术学院建办以来，秉承"创办适应经济社会发展的教育，让教师德技兼修，让学生知行合一"的办学理念，坚持"高起点谋划，低重心运行，院系两级负责，处室统筹协调，系部条块管理，分类划等考核，个人特色发展，团队绩效奖惩"的管理原则，对接地方产业发展对职业技术人才的需求，以产教联盟为依托、内涵建设为重点、技能大赛为载体、教学诊断为抓手，推进产教融合、校企合作，办学水平不断提高，办学条件显著改善，办学规模稳中有升，专业设置更加合理，服务地方经济社会发展的能力明显增强。五年三届共培养优秀技术技能人才近3000名，这些学生毕业后分散在全国各地各行就业，为当地经济发展作着积极贡献。

一、着眼经济发展，持续优化专业结构

按照"以市场需求为基础，以服务经济为宗旨，以就业能力为根本，以凸显特色为导向"的专业建设思路，紧紧围绕庆阳市建设国家大型能源化工基地的需要，认真分析职业教育发展内外环境，通过学科交叉、专业融合，积极拓宽专业方向，着力打造与庆阳经济发展相适应的建筑、财经、能源、教育、IT类特色专业群。由建校时的5个专业发展到如今的31个高职专业，特别是建筑工程技术、汽车检测与维修、会计、学前教育等专业特色明显，为助力经济社会发展提供了学科保障。

二、全面深化改革，提升人才培养质量

结合地方经济发展需求，全面修订专业课课程标准和人才培养方案，形成了会计专业"双证融通""三位一体"，建筑工程技术专业"平台＋模块"，矿山机电和钻井技术专业"厚基础、活模块"的课程体系。开展项目管理教学和行动导向教学，稳步推行"教学做"一体化"体验式"教学方法改革：建筑工程专业把教室搬到施工现场；会计专业推行案例教学；矿山

机电和钻井技术专业采用项目化教学，再现工作场景，取得良好教学效果。大兴听课评课之风，制定听评课数量和质量标准，对教师开展激励性评价和发展性评价，既"找刺"更"找花"。加强考风考纪管理，推行技能考试和理论考试并举，取消毕业前的一次性"清考"，以考风促学风的转变。加大技能竞赛训练力度，落实参赛前"彩排""实弹演习"制度。师生参加全国、省市各类竞赛取得优异成绩，先后有136人次获得各类技能大赛奖励47项，其中省级一等奖11项、二等奖22项、三等奖54项。

三、深化校企合作，提高协同育人水平

针对地方经济社会发展新形势和高等职业教育发展新要求，积极探索与实践"产教融合、校企合作、工学结合、知行合一"协同育人模式，组织召开了庆阳市职业教育人才培养融通创新工作座谈会，牵头成立了庆阳市职业产教融合联盟，构建了全市职业教育人才培养融通发展合作体系，理顺了职业教育工作组织领导和校际校企合作运行机制，建立了内部衔接、外部对接、多元立交的合作模式，与海信集团、海尔集团等100余家企业签订校企合作协议，与深圳雏鹰教育、宁夏瑞科、北京万裕国际开展"订单班"培养。2020年，赴全省14个市州187所学校开展了"庆阳市职业产教联盟"陇原行活动，全面宣传职业教育助力脱贫攻坚政策。

四、科研社培并举，服务经济社会发展

始终牢记高校服务经济社会发展的初心使命，强化科研梯队建设，鼓励教师与地方企业合作开展专业研究。选派专业教师赴环县、镇原开展驻村和定点帮扶。积极对接社会各级组织，承担技能鉴定、农民工培训、继续教育等社会责任。学院建办以来，教师申报立项省部级课题35项，公开出版校本教材、专著65部，发表论文450余篇，发明专利30余项。为2912名家庭困难学生办理助学贷款，向8230人次发放各类奖（助）学金、政策性补贴989.92万元。为地方培养技能型人才近3000名，培训特种作业人员2034人，培训建筑工人709人，开展维修电工、计算机操作、建筑等7个工种中级工技能鉴定800余人次，对区域经济发展辐射、带动成效显著，在助推当地经济发展、助力贫困家庭脱贫致富中发挥了积极作用。

今后，我们将以习近平新时代中国特色社会主义思想为指引，全面落实"整省推进职业教育发展、打造'技能甘肃'启动大会"精神和《甘肃省职业教育改革实施方案》，坚持立德树人，走内涵建设、特色强校的发展路

子，努力把学院建办为陇东职业教育新高地，助力地方经济社会发展。一是明确发展规划，增强治理能力水平。加强高职教育教学政策理论学习和研究，提高理论素养推动工作发展的能力与水平，科学定位，按照"1至3年有特色，3至5年有影响，5至10年高水平"的发展目标，制定五年发展规划，修订完善各项管理制度，用制度管人、用流程管事，科学谋划、民主决策、落实为要、效益为先，提高治理能力和水平。二是推进"三教改革"，提高人才培养质量。落实《国家职业教育改革实施方案》的根本要求，深化职业教育供给侧改革，坚持产教融合、校企合作，推进教师、教材、教法"三教"改革，提升人才培养质量。规范教学标准和教学内容，建设具有示范性的高水平应用创新型人才培养基地，开展"青蓝工程"，着眼后备军、生力军、主力军培养，打造一批具有双师资格、掌握混合式教育理念、具备创新思维的高素质师资队伍，增强学院发展后劲。寻求与东软教育集团合作，全方位开展"三教"改革，全面提升学生技术技能水平。三是拓宽合作路径，推行联盟行动计划。发挥产教融合联盟作用，创新工作思路，力争成为省内首批有影响的产教融合集团。落实庆阳市产教融合联盟2020年"百企百校进校园"行动计划，争取与100家企业开展校企合作、工学交替，与100家中职学校开展中高职贯通、职普融通。开放实训场所，作为市内高中学生劳动技术教育和实践体验活动基地。深入推进与东软集团合作，在智慧校园建设、东软产业学院、健康学院、创新创业等方面合作的基础上，进一步拓宽合作领域。四是整合职教资源，提升服务发展水平。按照市委市政府设想，借助部省整体打造"技能甘肃"的强劲东风，实施庆阳职业技术学院扩容提质改造，启动学院"二期"工程建设，在现校区南侧征拆土地947亩，一次规划，分批实施，逐步建成一所"千亩校园、万名学生"规模的高职学院。采用中高职贯通一体化办学，实现与各中职在教师资源、实训资源等方面共享共用，辐射带动庆阳市县区职教协同发展，融入陇东南职业教育集群建设，创办陇东地区高质量职业教育，以更好地服务当地经济社会发展。

浅谈如何进一步加强职普融通发展

习近平总书记指出：职业教育前途广阔，大有可为。实现中高本贯通培养，职普间融通发展的职业教育改革关系到"十四五"时期经济社会的高质量发展。

一、技能人才是国之所需、民之所盼、家之所系

（一）人才培养的地位空前提高，职业教育是国家的战略需要

2021年4月12日至13日，全国职业教育大会在北京召开，习近平对职业教育工作作出重要指示，这是在"十四五"开局之年、开启全面建设社会主义现代化国家新征程的重要历史时刻，经党中央同意，召开的第一次全国职业教育大会，为新阶段职业教育改革发展指明了前进方向、提供了根本遵循。

这次大会的召开，充分体现了以习近平同志为核心的党中央对职业教育工作的高度重视，凸显了职业教育在国家人才培养体系中的基础性作用，对于立足新发展阶段、贯彻新发展理念、构建新发展格局、推动高质量发展，具有重大而深远的意义，是我国职业教育发展史上的又一里程碑。2021年4月27日，教育部印发的《关于学习宣传贯彻习近平总书记重要指示和全国职业教育大会精神的通知》（教职成〔2021〕3号）明确要求，强化中等职业教育的基础地位，推动实施中职学校办学条件达标工程，建设一批优秀中职学校和优质专业，实现中等职业教育与普通高中教育协调均衡发展。推动高等职业教育提质培优，稳步发展职业本科教育，建设一批高水平职业院校和专业。一体化设计职业教育培养体系，推动各层次职业教育专业设置、培养目标、课程体系、教学内容、考核方式等衔接贯通。

（二）技能人才的需求明显加大，职业教育是民众的自觉选择

人的全面发展和幸福生活离不开技能。"十四五"时期，我国将加快构建以国内大循环为主体、国内国际双循环相互促进的新发展格局，加快建设制造强国、教育强国、科技强国，适应产业发展需要，打造国际经济合作和

竞争新优势，先要建设技能型社会，完善现代职业教育体系，培养更多高技能人才、能工巧匠、大国工匠。因此，全国职业教育大会第一次提出了建设技能型社会这一理念、战略。教育部职业教育与成人教育司司长陈子季在接受采访时谈到，建设技能型社会是巩固党的执政之基、支撑新发展格局、建设高质量教育体系和提高全民技能素质的需要。

当前我国正处于产业转型升级关键期，要做强实体经济，亟须大量技术技能人才支撑。据初步测算，到2025年，我国制造业十大重点领域人才需求缺口接近3000万人，服务业缺口更大，仅家政、养老等领域至少需要4000万人，而去年中职、高职相关专业毕业生只有100万人左右，劳动力供需的结构性矛盾十分突出。近几年，长三角出现"用工荒"，大量企业招不到懂技术、会学习、可培养的技术技能人才。北上广等一线城市服务业用工紧缺，每到春节就出现"一人难求"，高素质的家政医护人才更是稀有奇缺。而数字中国的建设、"云物大智"的发展急需大批有文化、懂技术、会应用的信息技术人才。因此，从选人用人的角度看，技术技能人才量少质低，供不应求、供不适求。

有求就有应，市场经济发挥了生产要素优化配置的基础性作用。适者生存，趋利避害，广大民众也做出了自己的最优选择。大量青年或源自兴趣，或迫于现实，或主动或被动，进入各类大小企业，走上各行各级岗位，实现了自己的理想追求和家庭梦想。近几年，学前教育、医疗护理、网络技术等专业的"火爆"均说明广大家长和学子会审时度势、主动选择，技能可以创造财富，技能也能实现梦想。产业有需求、民众有选择，职教人要有作为，当好学子和企业的"红娘"，持续加大技能人才培养供给，加快职教改革发展建设。

（三）社会财富的分配已经变化，职业教育是家庭的希望所在

经过70年的砥砺奋斗，中国已经成为世界第二大经济体。习近平总书记在中国共产党成立100周年庆祝大会上庄严宣告：中华大地上已经全面建成小康社会，中国已经历史性地消除了绝对贫困。在经济欠发达的革命老区，城乡人民的生活也发生了翻天覆地的变化。高铁通了，高速快了，民航多了，网络畅了，人们吃馍吃面少了，吃肉吃菜多了。各大塬上两三层的小洋楼比比皆是，现在几乎家家都有小轿车，人人都有智能机。

而一个有趣的现象是：一名建筑大工一天的收入比院长多，一名小工的收入比青年教师工资高；出租车司机的月收入赶上了教龄20多年的副教授，农民工打工盖的小洋房比城里的家属楼宽敞得多；开锁打孔师傅比教师医生

牛，懂技术会操作的比懂知识会讲解的人更加稀缺。由此说明，随着经济发展、社会进步，社会分工越来越细、工作岗位越来越专，而社会财富的分配更公平公正地体现了人的价值创造。庆阳市在"十四五"期间，提出"五区一中心"发展战略定位，即打造国家现代能源经济示范区、建设现代丝路寒旱农业先行区、打造国家红色文化传承创新区、建设数据信息产业集聚区、打造黄河流域水土保持样板区、建设陕甘宁区域性中心城市。最近，国家一体化算力枢纽节点城市建设任务已落户庆阳。到2025年，数据信息产业园区建成后，每年需要的专业技术技能人才在1万人以上，对职业教育人才培养提质赋能提出了更多更高的要求，职业学校的学生不出庆阳也能就业，高质量就业。

显然，对于甘肃和庆阳的多数老百姓来说，现在虽然摆脱了贫困，但距离富裕还有较长的一段路要走。因此，随着观念的改变、经济的发展、社会的进步，学技能、上职校、谋出路可以成为很多家庭和学生的最好选择，也可寄托家长的希望和家庭的未来。

（四）未来人才的定义千变万化，职业教育是必然的个性发展

人始终是生产力要素中最活跃、最具决定性的因素，人才是未来国家竞争、区域竞争、城市竞争的核心和关键。但长期以来，我国存在"重学历轻技能"的人才观念，直接影响职业教育发展。建设国家尊重技能、社会崇尚技能、人人享有技能的技能型社会，从根本上改变社会鄙薄技能的观念，激励更多劳动者特别是青年人走技能成才、技能报国之路，有利于促进人人学习和享有技能，提高现代生活品质，提升人民群众的获得感、幸福感、安全感。

劳动光荣、技能宝贵、创造伟大。21世纪的今天，分工越来越细，职业越来越多，每个岗位都有它的职业标准，每个人都能找到自己的擅长所在。工作属性可能不同，工作环境定有差异，工作成果体现不一，但没有高低贵贱之分，都是社会运行必不可少的一环，都在创造着社会价值和财富。比如，人们可以不去或者少去KTV和美容店，但鲜面店和理发店非去不可；社会离开了服务员和清洁工，餐厅酒店、马路街道将会变成什么样，实在难以想象。

因此，从社会发展进步来说，我们既要有探索自然、揭示奥秘的学术研究精英，也要有知识系统、思维卓越的工程设计高手，更要有大量具备一定文化基础、掌握一技之长的职业能手和技术工人。"神舟"飞天、"蛟龙"下海、"嫦娥"奔月这些大国骄傲虽是研发设计人员的精巧构思，但需要成

千上万车工、电工、焊工制造,需要无数指令手、操作手、记录手实施。"港珠澳"大桥、"白鹤滩"电站、"复兴号"高铁这些大国制造更是千万一线技术工人汗水的结晶。

随着社会的发展和进步,现在学生的思想和观念也发生了明显的更新和转变。已经不再是什么工作好听做什么,也不一定是什么工作挣钱就做什么,而是喜欢什么工作就做什么。大家可能注意到,一个明显的变化就是现在学生的梦想不一定都是科学家、工程师、老师、医生,而是面包烘焙师、专业美发师、职业旅行家、直播带货员等。我们倡导青少年树立正确的人生观、幸福观,不是钱越多越好,也不是开豪车、穿名牌就高级,平安健康、开心快乐最重要,孝亲友邻、和睦融洽才幸福。因此,我们要与时俱进,承认社会现实,尊重个性需求,牢固树立"三百六十行,行行出状元"和"人人皆可成才,人人皆展其才"的理念,优化专业设置,改革课程体系,培养专门人才。

以上,我从国家、社会、家庭、个人四个层面说明了职业教育的重要,技能人才的宝贵性和贯通融通的必要性,解释了"为什么"。那么,通常所说的纵向贯通、横向融通究竟指什么,在新时代、新形势下又具有怎样新的内涵,这个问题值得我们深入思考。

二、贯通融通是人才成长的大势所趋和必由之路

2019年1月24日,国务院印发《国家职业教育改革实施方案》(俗称"职教20条"),明确了职业教育与普通教育不同类型、同等重要的战略地位,2020年写入《职业教育法(修正草案)》,最近正在提请全国人大常委会审议。从"不同层次"到"不同类型",国家在政策上和法律上真正巩固了职业教育的类型定位。职业教育改革发展的大幕全面开启,教育部等部委联合出台了一系列政策文件,不断细化具体落实措施,其中构建中高本贯通、职普间融通,学历教育与职业培训并重的现代职业教育人才培养体系是核心要义。

(一)贯通培养是技能人才成长的必由之路

教育既有级也有类,包括初级、中级和高级等层级,也包括普通教育、职业教育、特殊教育等类型,级中有类、类中有级。在初级教育阶段,主要以普通教育为主,但是也植入了职业教育的元素,如劳动教育、技能教育、职业生涯教育。在中级教育阶段,我国实行职普两类教育分流政策,在职业教育里是中等职业教育,在普通教育里是普通高中教育。在高级教育阶段,

也是职业教育和普通教育两类教育并行,根据最新的《职业教育法(修订草案)》,高级教育阶段的职业教育叫职业高等教育,高级教育阶段的普通教育就叫普通高等教育。需要明确,不同的教育类型中有不同的层级,是先有类再有级,而不是先有级再有类,职业高等教育并不等同于专科层次教育,而是职业教育这一类型中的高级阶段,包括了专科和本科两个层次。目前,高等职业教育的主体是专科层次,本科已经开始试点,专业研究生正在探索。

陈子季司长指出,优化职业教育类型定位,关键就是要建立一体化的学校职业教育体系,这是职业教育成为一种类型教育的基本前提和重要支撑。具体来说,就是要健全"中职—高职专科—职业本科"一体化的职业学校体系,科学发展各级学校职业教育,优化各级学校职业教育的供给结构。目前,我国职业学校体系不健全的问题已经相当突出。要持续巩固中职学校的基础地位,进一步夯实专科层次职业教育的主体地位,稳步发展职业本科教育,加快建设结构合理、定位清晰的职业学校体系,实现职业中等教育、专科层次职业高等教育、本科层次职业高等教育自下而上无缝衔接,一体化、系统化培养高素质技术技能人才。2020年9月,教育部等九部门联合印发的《职业教育提质培优行动计划(2020—2023年)》(教职成〔2020〕7号),明确强调要把发展专科高职教育作为优化高等教育结构和培养大国工匠、能工巧匠的重要方式,输送区域发展急需的高素质技术技能人才。不限制专科高职学校招收中职毕业生的比例,适度扩大专升本招生计划,为部分有意愿的高职(专科)毕业生提供继续深造的计划。把发展本科职业教育作为完善现代职业教育体系的关键一环,培养高素质创新型技术技能人才,畅通技术技能人才成长通道。根据产业需要和行业特点,适度扩大专业学位硕士、博士培养规模,推动各地发展以职业需求为导向、以实践能力培养为重点、以产学研用结合为途径的专业学位研究生培养模式。职业教育将完全打通从中职到高职专科,再到职业本科,最终专业学位研究生的人才成长通道。

2020年8月,在教育部的支持和指导下,甘肃省委省政府被列为全国第二个整省推进职业教育发展的省份,印发《关于整省推进职业教育发展打造"技能甘肃"的意见》(甘政发〔2020〕38号),其中明确将通过夯实中职、办优高职、试办本科,建立中高纵向贯通的职业学校体系,为广大青少年搭起成长成才的"高速路",创造更多选择计划、发展机会,将甘肃建成"一带一路"沿线国家产业急需技能人才供给高地。在完善职业教育体系部分明确,现有半数左右省属本科高校转型为应用型本科高校。按照高校设置程序和标准，将1至2所首批转型发展的本科试点院校转型为应用技术大学，1所院校转型为职业技术师范大学，分专业支持一批高水平工科院校举办职业技术师范教育。支持甘肃积极创新，依法依规推进2至3所符合条件的独立学院单独转设或与省内优质高等职业院校合并组建为职业教育本科院校。本科层次职业教育招生类别由甘肃自主确定比例，单列计划、单独录取。新增本科（含专升本）、硕士招生计划主要用于应用型本科、职业教育本科和专业学位研究生教育。特别是支持甘肃继续实施中高职"3+2"以及高职本科"3+2"衔接培养模式。

2021年3月，庆阳市人民政府印发《关于推进全市职业教育发展打造"技能庆阳"的实施意见》，在加快发展高等职业教育中明确，按照"做强中等职业教育、做优专科职业教育、试点本科职业教育"的思路，积极构建适应庆阳经济社会发展需求、产教深度融合、人才培养层次健全、中职高职本科有效衔接的职业教育人才培养体系。按照国家"双高计划"建设标准，支持庆阳职业技术学院优化高职专业设置，按照1个专业（群）对接一个产业链要求，把本地产业需求与学校的专业设置与实践环节进行深度融合，将能源化工、草畜农牧、旅游服务等专业建设为高水平高职专业集群。在高水平和优质专业开展"3+2"高本衔接，创造条件试办能源化工、旅游服务本科专业，逐步把学校升格为本科院校。支持全市中职学校对接庆阳职业技术学院进行"2+3"五年一贯制中高职一体化人才培养，不断完善优化中高职一体化人才培养方案。

（二）融通培养是未来人才成长的大势所趋

未来已来，只是分布不均而已。《人类简史》的作者、历史学家尤瓦尔·赫拉利说："未来人类要准备好，每十年要重塑自己一次，扔掉自己过时的知识、技能、经验、假设和人脉，重新来过。"国家富强、民族复兴要靠人才支撑，百年大计、人才培养要以教育为本。习近平总书记在全国教育大会上强调，我们要以凝聚人心、完善人格、开发人力、培育人才、造福人民为工作目标，培养德智体美劳全面发展的社会主义建设者和接班人，加快推进教育现代化、建设教育强国、办好人民满意的教育。

2020年7月，教育部印发《大中小学劳动教育指导纲要（试行）》，其中提到生产劳动教育要让学生在工农业生产过程中直接经历物质财富的创造过程，体验从简单劳动、原始劳动向复杂劳动、创造性劳动的发展过程，学会使用工具、掌握相关技术，感受劳动创造价值，增强产品质量意识，体会平凡劳动中的伟大。职业院校要组织学生依托实习实训，参与真实的生产劳动和服务性劳动，增强职业认同感和劳动自豪感，提升创意物化能力，培育不断探索、精益求精、追求卓越的工匠精神和爱岗敬业的劳动态度，坚信"三百六十行，行行出状元"，劳动不分贵贱，任何职业都很光荣、都能出彩。

《国家职业教育改革实施方案》鼓励中等职业学校联合中小学开展劳动和职业启蒙教育，将动手实践内容纳入中小学相关课程和学生综合素质评价。《职业教育提质培优行动计划（2020—2023年）》明确，要建立普通高中和中职学校合作机制，探索课程互选、学分互认、资源互通，支持有条件的普通高中举办综合高中。加大"三区三州"等深度贫困地区的普职融通力度，发挥职业教育促进义务教育"控辍保学"作用。陈子季司长强调，要坚持推进职普科学分流，保证职普"质""量"大体相当、均衡发展。将建立全国统一招生平台，实行中职学校和普通高中统一批次招生、同步录取。引导中职教育多样化发展，从单纯"以就业为导向"逐步向"就业与对口升学兼顾"转变。

《"技能甘肃"实施意见》支持我省举办不同类型、特色鲜明的职普融通性高中，促进普通高中多样性特色化发展。整合县域职业技能培训资源，构建以市州、县市区为主的职业技术教育中心和技工学校、中职学校融合发展体系。《"技能庆阳"实施意见》明确，我市将推进高中段教育改革，鼓励市域内有条件的学校特色办学，构建多样化课程体系，为广大学生多样化、个性化成长提供多种选择，试点推动环县职专、西峰职专、镇原职专与普通高中学生实行学籍互转、学分互认，促进普通高中和中等职业教育融通发展。将我省开发的通用职业教育技术教材渗透到初级中学课程体系，巩固义务教育成果，培养学生综合实践能力和技能素养。推行中等职业学校联合中小学开展劳动和职业启蒙教育，将动手实践内容纳入中小学相关课程和学生综合素质评价。职普融通是两类教育互通有无、相互借鉴、共谋发展的有效举措，是面向未来、面向能力、面向人人构建全民终身学习体系的必然趋势。

三、抱团合作是实现共赢的必然选择和最佳模式

改革的春风吹遍大江南北，职教的春天来到陇原大地。我们要积极响应习近平总书记职业教育前途广阔、大有可为的号召，深化产教融合、校企合作，推进育人模式、办学模式、管理体制、保障机制改革，加快构建具有庆阳特色的现代职业教育体系，为庆阳经济社会高质量发展提供强有力的人才

支撑，为老区人民的幸福美好生活追求提供多样化的选择路径。

纵向贯通、横向融通是现代职业教育"双通"制度保障的基本要求，也契合庆阳职业教育的实际。在我们这个经济欠发达、产业较薄弱地区深化职教改革，实施产教融合、校企合作，首先要加强校校合作。校校合作包括中职与高职、高职与本科、中职与普高、中职与初中、普高与高职5个层面。

庆阳市现有各类中、高等职业学校13所，普通本科高校1所，高职1所，中职12所。在职教职工1700余人，其中专任教师1400余人，在校学生2万多人。每年招生6000人左右，中专招收初中毕业生，招生范围大多在庆阳市内。高职面向全省招收高中、中职毕业生或具有同等学力的退伍军人、下岗职工、新型职业农民等人员。

（一）整合资源、完善机制，舒畅贯通渠道

2019年12月，在市委市政府关心指导和市教育局直接领导下，庆阳职业技术学院发起成立了庆阳职业教育产教联盟，开启了庆阳职业教育抱团发展的新篇章。庆阳职院先后与省内31所中职学校签订"五年一贯制"培养协议，联合培养人才。今年与市内12所中职学校完成743名学生五年一贯制转段考试，截至目前，综合评价和转段考试共录取新生1697人，占今年招生计划2600人的65%。条条大路通罗马，人人皆可成英才。在新时代，面对新任务，恰逢新机遇，我们要坚持落实好已有的技能人才成长政策措施，积极拓展构建更完备、更便捷的贯通培养机制，为庆阳经济社会发展提供坚实人才支撑。

（二）深化合作、健全体制，消除融通障碍

产教融合、职普融通是培养技术技能人才，构建现代职业教育框架，加快我市职业教育发展的必然要求。国家、省市已有明确要求，应从制度、政策、效益、评价等方面系统梳理修订（制定）一系列文件规定，释放政策红利，构建政企校、产学研深度融合发展的良性局面，切实加强普通初高中和职业中高职的合作力度，让职校发展有政策，企业合作有利润，学生成长有门路。一要加强政府统筹，真正把职业教育作为产业升级、改善民生、助力发展的重要抓手，摆在突出位置，摆上议事日程，和经济社会、招商引资、工业布局等统一规划、统一实施。二要坚持"教育是一家，全市一盘棋"。切实更新教育理念，升级人才概念，打通校际藩篱，构建招生录取"高速路"和"立交桥"，全力做大做强庆阳职业教育。

政府引导　社会参与　校企联动
全面提升职业教育的吸引力和影响力

近年来，我市各级政府高度重视职业教育发展，坚持把职业教育纳入国民经济和社会发展总体规划，紧紧围绕立德树人根本任务，秉承"办学一盘棋，专业特色化，资源共享制"工作思路，整合办学资源，优化管理机制，强化师资队伍建设，深化教育教学改革，职教体系初步构建，职普比例趋于合理，逐步由数量增长规模扩张向内涵发展质量提升迈进，形成了"市办高职、县办中职，一县一校、一校一特色"的庆阳职教发展格局。目前，我市共有各类中、高等职业学校13所，其中高职1所，中职13所，在职教职工1700余人，其中专任教师1400余人。开设农林牧渔、加工制造、信息技术、财经商贸、旅游服务、医药卫生、能源与新能源、土木水利、交通运输、文化艺术、教育等16大类60多个专业；在校学生2万多人。每年招生人数在6000人左右。中专招收初中毕业生，招生范围大多在庆阳市内；高职面向全省招收高职、中职毕业生及退伍军人、农村务工人员等。

一、职业教育发展成效

（一）职业学校布局趋于合理

2009年，市委、市政府整合财校、工校、商校、体校和技工学校5所生源日益萎靡的中专学校建成庆阳理工中专，2014年在此基础上筹建设置庆阳职业技术学院，实现了我市高职院校"零的突破"。与此同时，部分县区也对职教办学资源做了有机整合，如2010年西峰区把西峰职专和陇东职专两所国家重点职专合并建成现在的西峰职专。整合后，办学资源分布更加合理，中、高职贯通发展渠道进一步畅通，高职及中职优势教学资源实现互补，初步形成了适应全市经济社会发展需求、产教深度融合、中职高职有效衔接、职业教育与普通教育相互沟通，结构规模更趋合理，符合我市实际的现代职业教育体系。

（二）管理体制机制规范健全

强化以市为主的职业教育管理体制，建立了以分管副市长为总召集人，14个政府职能部门、8个县（区）政府以及职业院校负责人为成员的市职业技术教育联席会议制度，统筹全市职业教育改革发展，实现了各职业院校发展规划、招生入学、经费投入、资源配置、人才培养标准的协调统一，保障职业教育改革发展的体制机制更加健全。

（三）专业设置更加科学

按照"做特、做精、做强"的专业建设要求，立足庆阳"红色圣地、能源新都、农耕之源、岐伯故里、庆阳五绝"的市情实际，根据学校的发展基础、资源配置和师资条件，突出学校特点和发展优势，重点面向战略新兴产业、特色优势产业、区域首位产业、富民多元产业、电子商务、红色旅游、现代服务业、矿产资源开发、绿色农产品开发等方面适时调整开设专业。

（四）教育教学改革成绩显著

建立了"以赛促教、以赛促学、以赛促建、以赛促管、共同提高"的教赛深度融合机制，构建了技能大赛"两覆盖、四促进"（即覆盖所有专业领域、覆盖所有学生，促进职业教育人才培养模式改革、促进职业教育教学改革、促进职业学校"双师型"教师队伍建设、促进职业教育实训基地建设）模式，形成了"校校有比赛、层层有选拔""普通教育有高考、职业教育有大赛"的生动局面。

（五）办学水平质量普遍提高

注重内涵建设，深入推进校企合作、产教融合，与行业企业共建实验实训平台、名师工作室和培训中心，设立企业冠名班、订单班，实现了学校教学与企业用人的近距离无缝隙对接。毕业生稳定就业率逐年提升，职业教育吸引力和服务经济社会发展的能力显著增强，学校办学质量不断提升，办学特色日益彰显，形成了文化立校、特色兴校、品牌突出、错位发展的良好局面。毕业生被推荐到长三角、珠三角等经济发达的大中城市就业，深受用人单位欢迎。同时，职业教育也为全市支柱产业、新兴产业和现代服务业发展培养了一大批应用型技能人才。

（六）社会服务能力极大提升

全市职业院校积极配合人社、扶贫等部门，全力助推脱贫攻坚工作。充分发挥职业院校资源优势，建立了电子商务、土木工程等职业技能"工匠工作室"，线上线下，面向进城企业、农村等群体，分期分批开展职业技能培训，掌握了理论知识和专业技能的建筑工人、操作工和企业员工大多已成长为所在行业的佼佼者。职业教育年均培训社会各类人员 2 万人次，为我市脱贫攻坚工作发挥了积极作用。

（七）职业教育的影响力逐步扩大

我市中职教育不论是招生人数、办学规模还是内部管理、毕业生质量，都在全省位次靠前，环县职专、西峰职专分别成为国家改革发展示范校，镇原职专正在建设省级示范校，这些学校的办学特色已为全省所熟知，受到省教育厅的多次关注和表扬。

二、存在问题及意见建议

我市职业教育发展虽然取得了一定成绩，积累了一定经验，但与全省先进市州相比，与我市社会经济发展对职业教育的需求相比，与现代职业教育标准相比，还存在一些问题。

（一）职业教育体系构建还不够完备

县区形成一县一所中等职业学校，但市直没有中职学校，庆阳林校是省教育厅直属学校，目前发展处于非常尴尬的境地。高职学校没有打通与应用型本科上升的通道，学生进一步深造还遭遇"天花板"现象。

（二）职业学校发展不平衡

全市职业教育资源整合后，在一定程度上实现了优势资源互补，但受主观认识和客观条件限制，职业学校区域间、校际间发展不平衡，存在差距。如正宁、合水两所中职发展缓慢，西峰三所民办职校其中有两所办学举步维艰。

（三）地方办学优势发挥不明显

我市工业底子薄，大型企业少。但作为全省新的经济增长极和未来的能源化工基地城市，我市有着优越的自然资源优势，因此部分职校在能源类专业建设上下了大力气。可纵观近年来招生情况，能源类专业学生却在逐年减少、流失，其中一个重要的原因是地方自然资源优势与人力资源优势的结合不够。

（四）基础建设尚有"欠账"

近年来，在各级政府的大力支持下，各职校办学条件得到了改善，但与省内同阶段、同时期院校相比，在基础设施、实训设备、办学条件等方面仍有差距，极大制约了职业教育的发展。

基于此，提出如下建议：一是切实发挥市职业教育联席会议制度的统筹指导作用，进一步整合、优化全市职教资源配置，解决各职业院校资源分割和公共教学资源重复建设的问题，坚持"一校一品"，着力打造特色专业，实现全市范围内中高职业院校错位发展、特色发展，统筹调剂，使用全市职业教育实训设施、设备等公共教学资源，实现均衡发展。成立职教集团或产教融合联盟，以庆阳职业技术学院为龙头，市县区中职学校与合作企业共同参加，抱团发展，形成中高本贯通、职普融通、产教融合、校企合作的育人机制。二是围绕我市重点产业和支柱产业发展，加快组建以产业为纽带、职业院校为基础、相关企业行业参与职业教育新模式，促进职业院校与行业企业紧密结合、优势互补。政府在工业园区建设、企业入驻、引进外资时充分考虑职业学校的就业问题，学校为企业培养、培训合格的技术人才，企业为学校提供实习实训设备和场所，提供就业岗位，由企业对学校进行投资，校企合作，实现双赢，真正把自然资源优势转化为办学优势。三是大力支持职业教育发展，加强对职业教育发展的统筹协调和分类指导，完善和落实财政、税收、金融、投资、土地等政策措施，加大对职业教育在政策、项目和资金投入上的支持力度，落实职业教育科研和教学成果奖励制度，提高职业教育的社会影响力和吸引力。四是要统筹做好职业教育这一类型教育的管理，在编制、人事、职称包括资金资源方面，能做到统一调配，最大程度减少人财物的浪费。五是加大职业教育的培训力度。职业教育是"两条腿"走路，一是学历教育，二是技能培训。今后职业教育的一个显著变化就是由政府举办逐步转变为政府统筹，行业企业等社会多元积极参与，这就要求学校不仅要与企业深度合作，建立产教融合机制，企业投入财力物力与学校共同培养人才，更重要的是学校要开展广泛的职业技能培训，拓宽办学资金的收入渠道，弥补政府投入的不足。政府相关部门应放宽政策权限，支持职业院校开展正规的社会培训。

职业教育是民生教育，也是兜底教育，虽然没能在升学竞赛上为全市添光添彩，但在扶贫就业、维护社会稳定、促进经济发展方面作出了积极的贡献。职业教育也是"烧钱"的教育，要让学生练好技能，就必须加大实训室建设投入，政府必须对职业教育高看一眼、厚爱一分，关注关心职业教育，多调研多提建议，为职业教育发展鼓与呼。让庆阳职业教育能借助国家职业教育发展的大好机遇，借势而为、顺势而上，步入发展的快车道，更有吸引力、更有影响力。

浅谈如何加强职业技能培训助力打赢脱贫攻坚战

党的十八大以来,以习近平同志为核心的党中央着眼于全面建成小康社会,把扶贫开发工作纳入"四个全面"战略布局,大力实施精准扶贫,推动贫困地区和贫困群众加快脱贫致富奔小康的步伐。实施科技扶贫和劳务扶贫,做好贫困地区劳动力职业技能培训工作,提升贫困家庭劳动力技能水平和就业创业能力,是落实习近平总书记扶贫攻坚战略思想的重要环节,也是各类培训机构应尽的职责和义务,对帮助贫困地区困难群众尽早脱贫具有十分重要的意义。

近年来,在庆阳市委、市政府及人社部门的高度重视下,高职院校、农广校、职业学校及民办培训机构坚持以地方经济发展和产业升级为导向,以满足职工、农民工实际需求为宗旨,创新培训模式,加大培训投入,拓展培训领域,建立了政府统筹、产业支撑、社会参与、个人努力的联动机制,积极开展各类社会培训。2014年至2017年,庆阳市累计培训农村劳动力26.6万人次,培训人数占农村劳动力的22.68%,投入各类培训资金4481.6万元,基本实现了职业技能培训全覆盖,极大地提升了城乡职工和农民工的职业素质和劳动技能,为促进庆阳当地经济社会发展作出了重要贡献。

但我们也清醒地认识到,职业技能培训远没有达到国家的标准和要求,还存在培训机构积极性不高、农民参与培训意愿不强、培训与就业两张皮等现象,概括起来有如下问题:

一是农民群众认识不足,主动参与培训的积极性不高,招生难度大。我省广大农民文化程度普遍偏低,思想意识保守,自给自足的小农意识较强,存在小富即安的思想,对未来缺乏长远规划和设想。在此背景下,一些农民认为没有必要也不愿意参加培训,或者在村组干部下硬任务的情况下被动参加培训,或者在培训机构发放物品的情况下应付培训。培训机构在招生宣传方面想尽了各种办法,做了很多工作,但收效甚微,招生工作达不到理想状态。

二是培训机构缺乏有效的约束手段和管理职能，培训工作组织难度大。按照目前情况看，各培训机构的培训工作开展得并不顺畅，特别是农村地区的培训工作组织难度超出了预想。大多数农民本来就是被动参加培训，再加上受农时影响，到课率能够达到100%的情况几乎没有，想要完整地组织一期培训几乎成为奢望。大多数培训班是在承诺发放物品或提前发放物品的情况下才得以组织起来。开班以后，又由于纪律意识差，让培训机构深感无奈。

三是培训对象结构欠合理，就业安置工作难度大。就目前情况看，由于大多数青壮年劳动力进城务工，农村地区参与培训的多为留守人员。这些人员一方面是被动参与培训，另一方面又承担着留守、务农的任务，即便能够通过培训学到一技之长，也因为受制于生活现状、年龄、身体等要素影响，不能或不愿意外出就业，培训工作的成效得不到充分发挥。

四是培训机制僵化，培训质量较差。目前，我省在社会培训方面基本采取的是上级下达任务，培训机构按计划培训的"计划培训"模式，没有机动处置的权力，从而导致培训机制陷于僵化。想参加培训的人没有资格参加培训，参加培训的人员学到的知识与生产、生活实际脱离，学非所用。让农民在农忙时节培训耽误农时，中途停顿时有发生。培训费用捉襟见肘，导致培训机构不敢放开手脚深入开展培训工作。诸多限制使培训效果大打折扣。

五是培训经费拨付迟、支出难。近几年来，各级政府及相关部门在安排社会培训方面积极性很高，培训方的培训任务也基本处于饱和状态。但是，由于受政策等因素制约，培训经费拨付、支出方面存在不少问题，主要是培训经费不足且拨付迟缓，多数培训项目的经费只够正常上课开支，无力开展实训实践，并且有限的培训经费必须在培训结束后才拨付。另外，经费支出困难，因为省、市没有明确的支出项目和标准，财政报账困难，从而导致培训机构的积极性普遍不高，特别是公办学校多数不愿承担培训任务。

基于培训工作中存在的问题，提出如下对策建议：

一是提高认识，转变观念。当前我国贫困人口主要集聚在农村地区。经济发展落后，生产方式原始粗放，贫困人员缺乏生产经营能力和就业技能。再加上我省农村产业发展水平普遍不高、劳动准入门槛过低等因素导致相当多的贫困人员对技能的重要性认识不足。要想使我们的扶贫攻坚工作尽快实现由"输血"向"造血"转变，当务之急就是下大力气帮助群众转变观念、开阔视野，使他们深刻认识到科技致富和技能致富的重要性，克服小富即安和"等靠要"思想，从不想学变为自愿学。同时各级政府和主管部门要把脱贫攻坚与促进地方农业发展、经济社会、生活水平提高相结合；把培育新型职业农民与农村振兴计划相结合，要通过科技引领、示范带动，帮助农民树立"技术加勤劳"才能致富的思想，增强他们参与培训的积极性和主动性。

二是改变培训模式，开展机动灵活的社会培训工作。随着城镇化建设的推进和农业土地流转政策的实施，农业人口逐渐减少是社会发展的大趋势。基于这种变化，针对农村人口开展的精准扶贫培训工作也应该做出相应的调整。就目前情况看，只将培训工作面向农民已经不大符合实际，在加强对农民技能培训的同时，还应该转换视野，将进城务工的农民工纳入培训范围。要打破区域界限，对管辖区域内的农民工有计划地进行培训。要合理安排培训时间，尽量避开农忙季节，适当放宽对培训对象的年龄限制，培训专业要切合农村农民实际等；将更多的培训主动权交给培训机构，或者主管部门要更多地介入培训工作，帮助培训机构制定培训计划，解决一些实际问题，而不仅仅是下达培训任务，彻底改变"计划培训"模式的条条框框。

三是多方协作、精准施策。建议成立由人社、财政、教育、农技、乡镇（村组、社区）、行业等多部门参与的联席会议机制，统筹开展职业培训工作。首先，相关部门要会同乡镇、村组、社区、行业，在充分调研的基础上，制定出适合当地生产的支柱产业，再根据各村组、社区贫困户的实际情况制定出具体的脱贫计划（一户一策）。对于确实需要培训才能开展的项目，由培训机构因地制宜、因人而异制定出切实可行的培训计划，再经联席会议审批后由相关部门配合实施，争取做到培训精准、扶贫精准。比如面向农民开展的技术指导、咨询、信息服务，学校可与相关部门共同实施农业科技入户工程，做到科技人员直接到户、良种良法直接到田、技术要领直接到人。同时，为了保证培训效果，乡镇、村级"两委"要设置培训专干，配合培训机构专门负责培训工作的宣传、组织和管理工作；相关部门应该尽快落实劳动力市场准入制度，对进城务工人员的劳动素质提出一定要求，让进城务工人员真切意识到技能培训的重要性。

四是把科技扶贫和劳务扶贫结合起来，提高培训的针对性和实效性。对于因身体原因（老弱病残）或文化程度偏低、不愿意外出务工的人员，应开展一些相对简单、便于掌握和操作的技能培训，如养殖、种植方面的技能，使他们能够自食其力；对于青壮年和文化层次较高、愿意外出就业的务工人员，可以开展一些技术性较强的培训，然后组织就业安置，使他们能够从"体力型"劳动者向"技能型"劳动者转变，实现非农就业，增加收入，脱贫致富，真正实现"培训一人，就业一人，带动一村，辐射一片"的目标。

五是制定措施，保障培训经费合理支出。目前，多数职业技能培训项目对培训对象免费，但培训过程中产生的教材费、教师课时费、交通费、伙食补助费、学员学习用品购置费、实习耗材费、技能鉴定费、结业证工本费等费用又无法提前拨付，只能由培训机构自行垫付。自从落实国家免除学费政策后，公办培训机构的办学经费基本全靠财政拨付维持，根本无力垫付开展职业培训产生的相关费用，导致培训过程中矛盾较多。建议今后在培训项目确定后可先行拨付20%—30%的经费，其余经费按培训进度分期拨付。同时，各级政府要加大投入，足额保障培训经费，确保培训工作顺利开展。针对目前培训经费支出项目不明确、标准不确定、财政报账难，与审计、纪委等部门的规定和要求不符，建议省、市制定出培训经费具体支出项目及标准，便于报账和加强经费管理。比如目前各职业学校经费都是参照中小学财务管理制度执行的，不允许发放课时费、加班费，但是培训是老师额外的工作，多数培训都要下乡进村，不发酬劳就无人组织，无法开展。同时课时费和其他支出项目也要制定相应的标准，便于培训机构与各部门间的业务往来，理顺各种关系，使培训经费管理有章可循，这样也有利于调动公办学校参与培训的积极性，充分发挥公办学校的资源优势，努力提高培训质量，助力打赢脱贫攻坚战。

庆阳市职业教育发展现状、存在问题及对策

近年来，庆阳市委、市政府立足庆阳经济社会发展实际，整合城区职教资源，建办庆阳理工中专，随后提质发展为庆阳职业技术学院，填补了高等职业教育的空白，职教体系趋于完备。全市职业教育工作有了新突破、新提升，主要表现在：一是体系建设迈出新步伐，初步形成了以庆阳职业技术学院为龙头、八县区职业中专为主体、三所民办职业学校为补充的职业教育新格局。二是办学条件再上新台阶。镇原、华池、环县举全县之力，把发展职业教育与乡村振兴战略有效衔接，采取挖潜扩容、异地新建等方式，持续优化改善各职业学校办学条件。三是内涵发展实现新突破。全市职业教育落实立德树人任务，以社会主义核心价值观、优秀传统文化进校园为重点，以技能大赛、对口升学、创新创业等活动为载体，全方位深层次进行"三教改革"，教育质量得到整体提升，学生职业道德、职业素养和职业技能全面发展。四是专业建设呈现新趋势。各县区抢抓重大战略机遇，按照"做特、做精、做强"的专业建设要求，面向战略新兴产业、特色优势产业、区域首位产业、富民多元产业，适时调整开设新专业、精心打造特色专业、拓宽提升骨干专业、做优做强特色专业。五是服务地方展现新作为。各职业院校主动衔接行业部门，整合各类技能培训，通过技能培训、创业扶持一整套组合拳，培养了一大批"适销对路"的本土人才，在脱贫攻坚上发挥了实实在在的作用。

尽管庆阳市职业教育发展取得了一定的成效，但与经济社会发展需求、与兄弟市州发展态势、与全国职业教育大会的新要求、新路径相比，仍有许多亟须研究解决的突出问题和薄弱环节：一是思想观念比较滞后。大多数县区、职校对近几年部省市出台的职教利好政策研究得不深不透，认识不到位，缺乏整体的发展规划和顶层设计，破解职业教育发展难题的办法不多，推动职业教育发展的魄力和勇气不足。二是办学条件相对薄弱。按照《职业院校设置标准》，全市大部分学校达不到办学标准，专业实训设施、耗材、工位、经费严重短缺，个别学校实训室条件简陋，安全防护措施不到

位。三是专业设置缺乏特色。部分职校发展定位不准,专业建设还不能很好地对接地方产业布局、经济发展和市场需求,普遍呈现出"人有我必有"的现象,在专业设置、专业建设上缺乏创新性、针对性,适时动态调整专业布局节奏缓慢。四是校企合作有待突破。校企合作呈现出"一头热、一头冷"的状况,部分职业院校不能有效对接企业、行业和社会经济发展的需求,企业从自身利益考虑,对合作办学热情不高、投资少,产教融合、校企合作处于低层次发展水平。

为进一步构建职教新体系,促进庆阳市职业教育高质量发展,全面提升服务于地方经济社会发展的能力,提出如下对策、建议:

一是整合资源,在基础建设上加大投入,解决职业教育生存的问题。优化整合市县(区)中高职办学资源,进一步加大基础建设投入,补齐基础设施、实训设备、办学条件等方面的"欠账",对职业教育高看一眼、厚爱一分,让职业教育亮起来、活起来。建设庆阳市职业教育园区,深入推进联合办学、校企合作、产教融合综合改革,对庆阳职业技术学院扩容提质、增值赋能,扩大招生规模、扩大学生数量,全面提升综合实力,解决职业教育生存的问题。

二是转变观念,在"筑巢引凤"上出好政策,解决职业教育发展的问题。政府要转变观念,要有"大人才观",本科生、研究生等高端人才固然在市域经济发展中起中流砥柱作用,但技术技能人才更是经济社会发展的奠基石,是劳动者、建设者,也是最应该留下来、最能留得住的人才。因此政府在招商引资、引企入庆、建设工业园区时,同步考虑职业教育学生输出和就业情况,研究出台吸引、留住产业工人的优惠政策,让职业学校培养的技术技能人才不再"西南飞",而应就地筑巢、下蛋孵化,真正能留得住、用得上、干得好,为当地经济发展贡献力量,解决职业教育发展的问题。

三是职普融通、中高本贯通,在专业建设上要做文章,解决职业教育入口和出口的问题。职业院校要紧贴庆阳市"五区一中心"发展战略,对接行业企业,秉承"当地离不开、同行要错位、省内能领先、国际能交流"的专业建设原则,聚焦智能制造、现代农业、学前教育、护理、现代服务业等技术技能训练周期长、教学内容复合性强、贯通培养优势明显的专业,退出一批条件不足、需求不旺、水平较低的专业。进一步深化与普通教育的融通培养,以提质培优、增值赋能为主旨,实现纵向贯通和横向融通并行发展,实现特色化培养、个性化发展,让学生愿上尽上,分层培养,满足不同学生的要求,升学与就业两条腿走路,让真正优秀的职业教育人才上本科、读研究生，解决职业教育招生入口不旺、就业出口不畅的问题。

四是强化保障，足额拨付生均经费，解决职业教育高质量发展的问题。职业教育是教育、是民生，也是产业，经费永远是最大的制约因素，政府要重视职业教育这一类型教育，结合职教特点和改革新要求、新趋势，千方百计、想方设法落实支持职业教育发展的利好政策，进一步加大财政经费投入，足额拨付生均经费，兑现教师职称、津贴等待遇，持续改善职业院校基本办学条件，建好实训室，配优实训设施，引进高精尖人才，培养高素质的技术技能人才、能工巧匠、大国工匠，解决职业教育高质量发展的问题。

如何建立符合经济社会发展和产业结构的职教体系

构建职业教育体系是新时期职业教育改革发展的重要任务,《国家中长期教育改革和发展规划纲要（2010—2020）》提出:"到2020年,形成适应经济发展方式转变和产业结构调整要求、体现终身教育理念、中等和高等职业教育协调发展的现代职业教育体系,满足人民群众接受职业教育的需求,满足经济社会对高素质劳动者和技能型人才的需要。"

近年来,我市坚决贯彻落实国家、省市各项决策部署,育产业、抓调度,扩项目、强动能,全市社会经济发展呈现逐年总量提升、增长稳健、韧性增强的良好态势,产业结构调整取得了显著成效。习近平总书记强调,加快构建现代职业教育体系,培养更多高素质技术技能人才、能工巧匠、大国工匠。这为实现职业教育提质增效指明了方向。在新形势下如何依托职业教育,牢牢抓住"技能甘肃"建设战略的历史性机遇,推动全市实施"双轮"驱动、推进"三化"建设、强化"四建"支撑发展战略,助力经济社会发展和产业结构转型,是目前庆阳市建设陕甘宁毗邻地区区域性中心城市和实现高质量发展亟待探究的问题。

一、全市职业教育发展现状

（一）基本情况

我市现有公办高等职业技术学院1所、各类中等职业学校11所,中职学校中公办职业中专8所,民办职业高中3所,层次结构上基本实现了中等职业教育与高等职业教育的有效衔接,初步形成了以庆阳职业技术学院为龙头、八县区职业中专为主体、三所民办职业学校为补充的职业教育新格局。2021年,全市中等职业学校总占地面积达到83.4万平方米,图书藏量30.3万册,固定资产4.43亿元,中等职业学校共有教职工1402人,专任教师1218人,占教职工总数的86.88%,与2020年度相比上升2.9个百分点。专任教师与学生比为1:12.5,师生比平均值与上年度相比上升0.41。

庆阳职业技术学院教职工313人，占地257亩，建筑面积11.16万平方米，固定资产3.26亿元，馆藏图书22.7万册。在招生规模上，2021年，庆阳职业技术学院招生2727人，在校学生8869人；全市中等职业学校共招生7799人，在校学生17171人。

（二）发展特点

中高职初具规模，夯实了办学之基，无论从办学条件还是招生数量上都呈现出逐年上升的局面，尤其庆阳职业技术学院高职招生规模呈现节节攀升，2022年秋季招生达到3461人。借助国家政策，有效依托地方政府，全市中职学校办学条件再上新台阶。镇原、华池、环县举全县之力，把发展职业教育与乡村振兴战略有效衔接，采取挖潜扩容、异地新建等方式，持续优化改善职业学校办学条件。学生素质全面提升，内涵发展实现新突破。全市职业教育落实立德树人任务，以社会主义核心价值观、优秀传统文化进校园为重点，以技能大赛、对口升学、创新创业等活动为载体，全方位深层次进行"三教"改革，教育质量得到整体提升，学生职业道德、职业素养和职业技能全面发展。专业布局更显合理，专业建设呈现新趋势。全市中职开设农林牧渔、装备制造等13个专业大类43个专业，庆阳职业技术学院开设学前教育、建筑工程技术等41个高职专业。各职校按照"做特、做精、做强"的专业建设要求，面向战略新兴产业、特色优势产业、区域首位产业、富民多元产业，适时调整开设新专业、精心打造特色专业、拓宽提升骨干专业、做优做强特色专业。主动"走出去、请进来"，服务地方展现新作为。在庆阳市职教集团的带动下，各职业院校相互配合、交流，开展合作，主动衔接行业部门，通过技能培训、创业扶持一整套组合拳，培养了一大批"适销对路"的本土人才。

二、职业教育发展在全市经济社会发展和结构转型中凸显的问题

职业教育是我国中长期教育改革和发展重大战略专题之一，全面建设小康社会、构建社会主义和谐社会，对职业教育提出了新的、更高的要求。我市的职业教育发展和其他地方有诸多相似之处，还存在很多问题。

（一）传统思想观念根深蒂固

《中华人民共和国职业教育法》的出台让职业教育真正进入公众视野，但社会层面大部分的认识依然停留在中职或者高职生就是差生的思想误区，是中高考失利的无奈选择，宁愿让孩子打工也不愿意上职校。当前，长期形

成的"职业教育是差学生的教育"的传统观念已成为制约职业教育发展的根本因素。

(二) 职业教育投入不足

政府教育投入明显向普通教育倾斜，职业教育经费紧张，许多职业学校出现有教师无设备、有设备不敢用的情况，办学条件简陋，设备陈旧。书本知识脱离现实，导致所学知识严重滞后当前社会经济产业结构的需要，更谈不上适应现代化教育的需求。师资严重不足，特别是"双师型"教师严重短缺，不少教师缺少实践教学操作能力和系统的培训学习。

(三) 地方办学优势不明显

我市工业底子薄，大型企业少，但作为全省新的经济增长极和未来的能源化工基地城市，庆阳有着优越的自然资源优势，因此在能源类专业建设上下了大力气。可纵观近年来招生情况，能源类专业学生却在逐年减少、流失，其中一个重要的原因是地方自然资源优势与人力资源优势的结合不够。

(四) 高等职业教育发展位于全省末位

当前职业教育利好政策叠加，省内兄弟高职院校纷纷优化整合，上挂下联、左右出击。庆阳职业技术学院应抢抓发展机遇，弯道超车，但与省内兄弟院校相比，存在办学空间不足、实训条件滞后、师资力量薄弱、产教融合深度不够、人才培养模式单一、办学经费短缺等问题，进一步发展严重受限。

三、建立符合经济社会发展和产业结构的职教体系的现实路径

职业教育是现代教育的重要组成部分，是国民经济和社会发展的重要基础。我市的职业教育体系要适应社会主义新时代对高素质劳动力和技能人才的迫切要求，增强职业教育适应性，提升服务于地方经济社会发展的能力，必须着力加强专业建设，加强学生实践能力，培养职业技能，大力推进工学结合、校企合作的培养模式，加强职业院校师资队伍建设。为此，要重点做好以下几个方面。

(一) 坚持统筹规划，营造良好发展环境

提高认识，把职业教育摆在更加突出的地位。应充分提高职业教育的重要性认识，各部门应与职业院校进行一系列有益的探索和合作，在发展规划、资源配置、条件保障、政策措施等方面进行统筹和领导。畅通渠道，改善市属高校办学条件。庆阳职业技术学院由市政府管理、省教育厅业务指导，市政府应进一步加强对市属高校的领导，可成立高校工委或设立专门的

办公室，进一步加强对市属高校的领导，并出台相应的优惠政策，推动市属高校发展。职业教育是教育、是民生，也是产业。经费是制约职业教育发展的主要因素之一。政府要重视职业教育，千方百计、想方设法落实支持职业教育发展的利好政策，进一步加大财政经费投入，足额拨付生均经费，兑现教师职称等待遇。持续改善职业院校基本办学条件，建好实训室，配优实训设施。出台人才引进优惠政策，为职业院校引进高精尖人才，为培养高素质的技术技能人才奠定基础。

（二）推行职普融通发展，实现中高职贯通培养

职业教育要以培养生产、管理、服务一线需要的应用型人才为根本任务，因此职业院校的专业建设必须要适应市场的需求，满足一线人员终身学习的需要，既要抓学历教育又要抓技能培训。要紧贴庆阳市实施加快建设陇东综合能源化工基地和区域性中心城市的"双轮"驱动战略，对接行业企业，秉承"当地离不开、同行要错位、省内有特色、国际能交流"的原则，进一步强化专业建设，解决职业教育的入口和出口问题。一是根据地方特色建设品牌专业和精品课程。庆阳市产业结构呈现"二、一、三"的特征，各职业院校要根据产业结构布局特点，合理开设对应专业课程并进行扶持壮大。重点建设服务"东数西算"项目落地的物联网、计算机网络、大数据技术、人工智能专业，服务陇东能源化工基地建设的能源化工类专业，围绕庆阳岐黄故里特色文化，加强养老服务类专业建设。二是亟须建立以庆阳职业技术学院为主、各县区职中为辅的行业培训体系。加强职业院校与本市建筑业、旅游业等众多行业的交流合作，开展一线员工培训。与市场需求和劳动力紧密结合，校企合作、工学结合、形式多样、灵活开放，办出特色。三是深化与普通教育的融通培养。开展职普互访互学，让学生从义务教育阶段开始就进行职业技能培养，到职业院校进行交流学习，从而实现纵向贯通、横向融通并行发展及特色化培养、个性化发展。四是实现中高职贯通培养。发挥庆阳市职业教育集团、庆阳产教联盟的作用和庆阳职业技术学院的高职带头作用，各中职学校优先向其输送生源，开展"五年一贯制"贯通培养。

（三）优化教育资源配置，打造高素质专业化职业教育师资队伍

整合资源，推进规模化办学。在基础建设上加大投入，解决职业教育的生存问题。优化整合市、县（区）中高职办学资源，加大基础建设投入，建设庆阳市职业教育园区，深入推进联合办学、校企合作、产教融合综合改革。对庆阳职业技术学院扩容提质，推进扩建项目，增值赋能，扩大招生规模，增加学生数量，全面提升综合实力。建立庆阳市职业教育平台资源库。

整合各职业教育学校教学资源和行业企业实践资料，实现教育教学与实习实践信息相统一。通过政府购买方式，引导鼓励教师上传精品课程、企业上传一线施工资料视频，并免费向公众开放，实现职业教育资源开放共享。加强师资培训，提高职业院校师资素质，开发并合理利用人才资源。支持职业院校教师到企业实践，定期选派职业院校教师到其他高校开展访学，鼓励职业院校教师考取行业执业技能证书，鼓励职业院校教师提升学历等。落实职业学校在内设机构、岗位设置、用人计划、教师招聘、职称评聘等方面的自主权，在现有编制基础上，建立"流动岗"师资库，通过兼职聘用等方式引进行业企业能工巧匠，解决"用人难、引人难、留人难"的问题。

（四）完善就业保障机制，解决职业教育的发展问题

职业教育就是就业教育，在职业教育体系建设中最重要的一环就是政府、学校、企业如何在促就业、稳就业中发挥主体作用。一是政府要转变观念。在招商引资、引企入庆、建设工业园区时，同步考虑职业教育学生输出和就业情况，研究出台吸引、留住产业工人的优惠政策，让职业学校培养的技术技能人才"就地筑巢，下蛋孵化"，为地方经济发展贡献力量。二是支持扩招，推进正规职业教育，提升全民学历教育。把农民工、下岗失业人员、退役军人等就业弱势群体，纳入正式的学历教育和职业培训体系，依托庆阳职业院校教育资源，将职前教育与在职培训相衔接、学历教育与技能培训互为补充，积累人力资源储备。对庆阳职业技术学院扩招进行经费补贴，缓解学院扩招压力，提升全市人均学历水平，使更多的农民工、低学历人群等入校学习技能，使之更好地服务庆阳经济社会发展。三是强化企业主体作用，进一步推进产教融合型企业遴选工作，按规定落实"金融+财政+土地+信用"相关政策，激励企业投资兴办职业教育、接收学生实习实训、接纳教师岗位实践、开展深度合作、建设实训基地。四是注重新业态下的就业市场，助力就业新动能。围绕"东数西算"产业布局向职业院校学生就业进行政策倾斜。鼓励职业院校学生进入通信网络基础设施建设、大数据平台建设、智慧城市建设等行业，通过"互联网+"、数字经济、平台经济等行业吸纳就业的比较优势，挖掘灵活就业、共享员工、创业带动就业的倍增效应。

职业教育如何服务地方经济社会发展

近年来，随着庆阳经济社会的快速发展，对技术技能人才的需求提出了更高的要求。职业教育是面向就业、面向社会的教育，承担着培养技能人才的重任，而服务地方经济社会发展是职业教育生存与发展的根本。庆阳职业技术学院作为全市唯一一所高等职业学校，承担着为庆阳经济社会发展培养高技能专业人才的重要使命。建办学院以来，对区域经济发展辐射、带动成效显著，在助推地方经济发展、助力贫困家庭脱贫致富中发挥了积极作用。当前，庆阳市经济社会处于转型发展的关键时期，庆阳职业技术学院应当充分发挥高等职业教育助推经济社会发展的作用，不断提升办学质量，持续增强服务于经济社会发展的能力，为全市经济社会发展培养高素质、高技能专业人才，提供科研技能支持，助力全市打赢脱贫攻坚战。

一、深化教学改革，提高教育质量

落实《国家职业教育改革实施方案》的根本要求，深化职业教育供给侧改革，坚持产教融合、校企合作，推进教师、教材、教法"三教"改革，提升人才培养质量。结合经济发展需求，全面修订专业课课程标准和人才培养方案，开展项目管理教学和行动导向教学，稳步推行"教学做"一体化"体验式"教学方法改革，更新教学内容、优化教学手段、变革教学方式，同时完善学生学习的竞争激励机制，对学生的学业考核逐步走向科学化、规范化，严格淘汰制度，确保人才培养的质量。

二、对接产业需求，优化专业结构

人才培养质量决定服务发展的水平，而衡量人才培养质量的关键在于培养出的人才是否适应社会发展需求，这取决于学院专业设置是否符合地方发展实际。因此，学院的专业设置应具备灵活性、适应性和实用性等特点，按照"以市场需求为基础，以服务经济为宗旨，以就业能力为根本，以凸显特色为导向"的专业建设思路，紧紧围绕全市建设国家大型能源化工基地的需要，认真分析职业教育发展内外环境，通过学科交叉、专业融合，积极拓宽专业方向，着力打造与庆阳经济发展相适应的建筑、财经、能源、教育、IT类特色专业群，为助力经济社会发展提供学科保障。

三、强化队伍建设，健全激励机制

坚持在职培养为主、脱产培养为辅，实施培养提升、青蓝帮扶、评优树典、互聘共培四大工程，不断提高师资专业知识水平和教学科研能力。建立健全符合办学实际的奖励和激励机制，避免专业人才流失，影响正常的教学秩序、教育质量和科研水平。在认真做好思想政治工作的基础上，抓好学科和学术带头人的选拔、培养，打造一批具有双师资格、掌握混合式教育理念、具备创新思维的高素质师资队伍，增强学院发展后劲。

四、贯通纵横联系，促进双向参与

加强与地方政府、企业、农村的纵横联系，促进学校与社会的双向参与，实现校地、校企良性互动。一方面走出去，通过为政府决策提供参谋、为企业排忧解难、为农民传授技术，以服务实绩来增强政府、企业、农民对学院的"依靠"意识。鼓励教师与地方企业合作开展专业研究。积极对接社会各级组织，承担技能鉴定、农民工培训、继续教育等社会责任。另一方面，采取请进来的办法，聘请政府领导、企业精英、农民能手到学院兼职，参与学院的建设和管理。

五、加强基础建设，改善硬件环境

先进的办学设施既是培养高质量人才的必备条件，也是吸引生源的有力后盾。学院在加强自身建设中，要积极争取省市政策、项目支持，加大资金投入力度，及时更新实训设备，突出服务学生文娱活动的艺体场馆建设和提升学生技术技能的实训室和实验室建设，积极搭建产—学—研合一的实践教学平台。

六、深化产教融合，拓宽办学渠道

针对经济社会发展新形势和高等职业教育发展新要求，积极探索、实践"产教融合、校企合作、工学结合、知行合一"协同育人模式。发挥庆阳市产教联盟作用，创新工作思路，落实"百企百校进校园"行动计划，争取与100家企业开展校企合作、工学交替，与100家中职学校开展中高职贯通、职普融通。在智慧校园建设、东软产业学院、健康学院、创新创业等方面合作的基础上，进一步拓宽与相关企业的合作领域。

七、整合职教资源，提升办学实力

借助部省整体打造"技能甘肃"的强劲东风，争取实施庆阳职业技术学院扩容提质改造，启动"二期"工程建设，一次规划，分批实施。采用中高职贯通一体化办学，实现与各中职在教师资源、实训资源等方面的共享共用，辐射带动庆阳市县区职教协同发展，融入陇东南职业教育集群建设，创办陇东地区高质量职业教育，以更好地服务于当地经济社会发展。

多措并举　深入推进校企合作工作

招生工作是学校的头等大事，生源是学校发展的生命线。就业工作是学校的重要工作，"出口畅才能带来入口旺"。校企合作、产教融合是职业教育这种类型教育的特色，是一所学校得以走得快、走得远的关键。

校企合作是一个老生常谈的词。产教融合、校企合作是职业教育的基本办学模式，是办好职业教育的关键所在，是学校与企业建立的一种新型合作模式，它为学校与企业架起了交流的桥梁，解决了学生实习、实践与企业"用工"之间的现实问题，是一种注重培养质量，在校学习与企业实践、学校与企业资源信息共享的"双赢"模式。

从学校层面看，校企合作是促进学校发展的必然要求，也是提高专业人才培养质量的最佳途径，对学校提升办学能力、深化教育教学改革、改善实训条件、拓宽就业渠道具有深远的意义。从企业层面看，校企合作为企业用人、选人提供了一个平台，特别是企业发展所需的高技能应用型专业人才，大大降低了人才培养和人才使用的成本。从学生层面看，校企合作符合学生职业生涯发展需要，打通了学生从实践到就业的路径，为学生职业发展与职业规划提供了一个很好的途径，有利于提高学生就业竞争力。由此可见，校企合作不只是"双赢"，更是一种"多赢"的合作办学模式。

目前，校企合作的模式主要有以下几种：第一种是"订单式"合作模式。按照企业对人才的需求，学校招生和企业共同培养，学生毕业后到相关企业工作。这实现了"招生与招工同步、教学与生产同步、实习与就业联体"。但是也存在缺陷，主动权掌握在企业手中，学校很被动，培养多少人、什么时候培养，完全根据企业需要，没有主动权。第二种是"劳动和教学相结合、工学交替"合作模式，也就是"顶岗实习"。实现了"学与做"和"理实"的结合，要求学校和企业必须制定详细的合作计划，最重要的是学生在校学习与到企业进行顶岗实践的时间安排必须科学合理。第三种是"校企互动"模式。即校企互相委派相关的专业技能人员进行技能培训或技能辅导。对学校来说，就是委派专业教师到企业进行顶岗学习与交流；同时聘请企业的专业或技能方面的专家能手来校讲学或指导学生专业实践，达到优势互补。第四种是"校中厂、厂中校"模式。把企业请进来，在校园内设立工厂，方便学生专业实践。同时走出去，把课堂前置到企业工厂里，学生边实践、边学习，实现校企之间的资源共享。目前，学校更多采用的是前三种模式。

"产教融合、校企合作"是学校办学工作的主线，是专业转型发展的生命线，更是推动学校创新发展的实现途径。要有时不我待的紧迫感，增强工作的主动性和能动性，尽快推动校企合作进入"蜜月期"。关于学校的校企合作工作，应当分三个阶段推进：第一阶段是建立平台，为校企合作提供有效载体；第二阶段是引入企业，达成协议，开展实质性合作；第三阶段是校企深度融合，形成协同育人长效机制。具体来说，要从以下四方面入手。

一是"转观念"。要尽快转变观念，端着"事业单位"的"铁饭碗"，以"铁帽子王"的身份和企业打交道，企业不会买账。因此，要充分认识到人才培养是校企双方的共同责任，对企业要高看一眼、厚爱一分，把企业作为人才培养的平等主体，在校企合作活动中，始终坚持服务企业和学生发展的理念，摆正位置，变被动为主动，为推动校企合作工作服务。要充分利用社会资源办学，千方百计融入企业办学，走向社会开门办学。

二是"搭平台"。校企合作是一台大戏，不是街边的"广场舞"，要与企业合作开发专业、课程、教材，培养师资队伍，建设实习基地，根据市场需求及时调整。学院要依托已成立的全市产教联盟这一重要平台，做好对外宣传工作，扩大影响，积极吸收引进切实能开展实质性合作项目、发展良好的企业单位加盟，整合行业内企业资源。要全面落实庆阳市产教融合联盟2020年"百企百校进校园"行动计划，发挥产教融合联盟作用，创新工作思路，力争让产教联盟成为我省首批有影响的产教融合集团。同时要开放学院实训场所，作为市内高中学生劳动技术教育和实践体验活动基地。

三是"抓重点"。虽然校企合作的内容和形式十分丰富，但核心任务还是教学，主要目的仍然是培养高素质的技术技能人才，任何不以提高人才培养质量为最终目的的合作活动都是无效的。因此，确定校企合作的"两头"是引进企业、输出学生；中间环节是签订合同、制定人才培养方案、协同育人等工作；两项工作抓落实要具体到各教学单位。打铁还需自身硬，要矢志培养学校的核心竞争力，以增强对企业的吸引力。因此要确立"人人有才，人无全才，拥有一技之长就是人才"的人才观和"企业需要什么我们就教什么"的教学观，根据企业需求和学生特点，及时调整课程设置，改革教学内容。要发挥自身优势，及时吸纳新技术、新工艺、新规范，与企业合作开发校本教材，形成共建共享的教学资源体系。要加强实训基地建设，开足实训课程，强化学生的技能训练，提高学生的动手能力与职业技能。要全面推行现代学徒制和企业新型学徒制，推动招生与企业招工相衔接，推动"入学即入职、毕业即上岗"，校企育人"双重主体"，学生学徒"双重身份"。要以"内培"为重点，长期坚持"内培、外引"的基本策略，以双师型教师培养为重点，深入推进"培养提升、青蓝帮扶、评优树典、互聘共培"四大工程，持续抓好"双师型"教师队伍、班主任队伍、青年教师队伍和管理团队建设，开展"师德师风"和"传统文化"主题教育，鼓励教师学习先进工艺和核心技术，让教师成为"学高为师，身正为范"的名师、大师。

四是"求实效"。校企合作是检验办学水平的重要标志，也是提高教学质量的重要途径。各教学单位是校企合作工作的主体，要想点子、出主意，主动、深入推进校企合作工作。人事和教务部门要引导、鼓励教师走进企业，把参与校企合作作为教师业绩考核的内容，具有企业或生产经营管理一线工作经历的专业教师在评聘和晋升职务（职称）、评优表彰等方面，同等条件下优先对待，并将校企合作相关要求融入教师评优选先、职称评审等方案。招生就业部门要认真学习研读上级政策，研究形成"接地气"的校级政策，强化校企合作工作激励和考核。积极吸引对接企业，要有大胸怀、大格局，广招天下之商，善于和企业家打交道、交朋友。要建设一个校企合作室，搭建更宽松、更管用、更多人参与的校企合作平台。要优化就业创业指导服务，精准发力做好就业帮扶。教务部门要推动校企合作进专业，建立专业动态调整机制，集中力量办好地方急需、优势突出、特色鲜明的专业，对"无合作企业、无人才需求"的专业予以调整。科研部门要研究制定激励教师联合企业开展应用型科研项目的申报办法，提高服务企业特别是中小微企业的技术和产品研发能力。其他各职能部门要加强统筹规划，部门联动，群策群力，形成合力，找准切入点，推进校企合作工作求实效、上水平。通过外引内联、引企入校、共同制定培养方案、共同培育职业英才等方式，形成人人谈论校企合作、班班推行校企合作、系部在校企合作中获得收益、学校因校企合作而大放异彩的良好局面。

如何进一步加强高职院校"双师型"教师培养

高等职业院校担负着服务区域经济社会发展、培养技术技能型人才的重要使命。要培养出符合社会发展需求的高素质复合型人才，师资力量的建设必不可少，建设一支高素质"双师型"教师队伍是提升职业院校教育教学质量的有效手段。

一、高职院校"双师型"教师认定政策

党的十八大以来，职业院校教师队伍逐步壮大，教师待遇与社会地位稳步提高，能力与素质显著提升。随着我国职业教育的迅速发展，职业教育逐渐受到人们的关注。人才培养靠教师，教师素质的高低决定了教学质量和人才素养高低，建设一支高素质"双师型"教师是职业教育发展的需要，也是新时代全面建设职业教育的关键。因此，构建一支专业的"双师型"师资队伍，是培养出高素质人才的基础和保证。

2022年10月，教育部办公厅印发《关于做好职业教育"双师型"教师认定工作的通知》，出台"双师型"教师认定标准并组织开展认定工作，从根本上解决了"双师型"教师认定无标准、程序不规范、工作难开展的问题，建立了"双师型"教师多维评价标准，中职学校从教学能力、创新能力、实践能力三个维度评价"双师型"教师，高职学校从教学能力、创新能力、实践能力、社会服务四个维度评价"双师型"教师，对职业院校教师专业发展和"双师型"教师队伍建设具有里程碑意义。

二、高职院校"双师型"教师培养存在的问题

近年来，庆阳职业技术学院以"三教"改革为契机，不断探索"双师型"教师队伍建设机制，搭建培养平台，制定有关规章制度，积极开展"双师型"教师队伍建设工作。但还存在培养乏力、激励机制不健全、专业化水平偏低等问题。特别是业务精湛的"双师型"教师短缺已成为制约学

院教育改革发展的瓶颈。

（一）师资来源单一

近年来，学院招聘录用人员中有专业领域或企业工作经历的仅有10余人，且工作经历极短。现有招录方式，在很大程度上限制了行业企业中具备丰富工作经验和精湛技术技能的人才进入学校任教。同时，较低的薪资待遇也难以引进层次较高的学科带头人和专业领军人才，已成为影响院校教学质量提升的主要因素之一。

（二）投入不足，培养乏力

自2019年高职院校实施百万扩招计划后，师生比例失调，教学工作量增大，教师资源严重不足，繁重的教学任务迫使教师抽不出精力参与能力培养计划。同时，"双师型"教师建设资金的投入也不足，使"双师型"教师建设所涉及的专业技能和岗位实践培训不能及时进行，导致专业理论和实践技能短板、科研能力不足、社会服务水平不高等问题，无法适应专业领域升级与经济转型发展需求。

（三）"双师型"教师占比虚高

庆阳职业技术学院近年来"双师型"教师数量在不断增加，截至2020年，"双师型"教师的占比为专任教师的59%，但该比例处于偏低水平。"双师型"教师在整个教师队伍的占比直接决定了高职院校人才培养质量，"双师型"教师质量偏低在一定程度上也是影响教师队伍建设与发展的重要因素。

（四）"双师型"教师培养平台作用发挥不明显

近年来，虽然教育行政部门定期组织开展"双师型"骨干教师培训，并发布一系列关于推广和完善职业院校教师队伍发展的指导性文件，以期提高"双师型"教师的培养力度与广度，但收效甚微。一是由于企业产权保护、技术保密要求等原因，参训教师很难进入创新研发团队的关键岗位实践实操；二是培训内容、实训设施的操作指导与高职院校的教师教学实际、教学实践设备差距较大；三是参训教师的技能水平参差不齐，部分教师不重视培训学习，将培训学习变成了"走马观花"式的参观考察和"镀金"。因此，"双师型"教师培养平台很难实现参训教师专业能力和实践指导能力同步提升的目标。为此，提高"双师型"教师培养平台效能应是培训基地深化改革的重要任务。

（五）缺乏有效的激励机制

学院自身培养的高学历人才外流，为教师队伍建设带来不稳定因素。同时，缺少相应的激励机制，在绩效考评、年度考核、职称晋升聘任等相关制度上没有对"双师型"教师进行资源或激励倾斜。"双师型"教师有"名"无"实"，降低了教师对"双师型"追求的积极性，也让"双师型"教师队伍建设工作存在一定困难。

三、高职院校"双师型"教师培养方法

为贯彻党的教育方针，落实立德树人的根本任务，提高职业院校的人才培养质量，在办学过程中，职业院校必须凸显"双师型"教师的核心地位，建设适应高等职业教育高质量发展的新型"双师型"教师队伍的培养方法，建成一支技艺精湛的高素质"双师型"教师队伍，为提升教师队伍专业素质、学生就业能力，满足社会对高技能应用型人才的需求提供有力保障。

（一）改革人才培养管理制度，推动"双师型"教师队伍建设工作

在政府方面，当地政府可以出台关于人才培养制度、高层次人才培养扶持和人才激励奖励措施等的政策，推动人才发展体制机制改革和人才培养引进工作落到实处。用政策吸引人才，使科研领军人才和行业能工巧匠能进入教师队伍，成为解决职业院校"双师型"教师短缺的路径之一。在学校方面，为更好推进"双师型"教师队伍建设，应制定教师定期接受社会实践培训和引进高端人才的相关管理条例。

（二）开辟师资来源渠道，推进"双师型"教师队伍建设工作

学校可与企业和科研机构合作，拓宽"双师型"教师的来源渠道。根据办学实际，设立流动岗位、挂职岗位，使行业企业尖端技术人才、科研领军人才在短期或不固定时间内直接参与学院的教学、项目建设和课题研究工作。此外，还需要明确固定岗位和流动岗位的工作职责、资源配置和薪资待遇，增强对科研人才和行业专家的吸引力，实现专业人才的有效交流互动。

（三）校企共建产业学院，构建"双师型"教师队伍建设新模式

高职院校和企业在建设发展过程中互为需求，可以双向交流合作形成良性循环发展圈。职业院校能够在企业的支持下加强专业建设，提升教师的专业能力和实践指导水平。企业在职业院校的支持下，可以获得符合企业岗位需要的技术型人才。双方可以通过共建产业学院的方式打通专业教师和企业专业技术人员的交流渠道，实现互利共赢。一方面，根据专业建设和教学工作需要，选派专业教师到生产一线实践，学习企业先进技术和生产流程，提升专业教师的理论教学和实践认知水平，培养实践指导能力。另一方面，职业院校引进企业高端技术人员，带来新理念和前沿技术，指导院校专业建

设,以教学名师工作室、技能大师工作室或技能传承与创新工作室等方式合作,使"厂中校"和"校中厂"真正成为校企深度融合的常态形式,实现"双师型"教师队伍建设与人才培养质量提升的同向并行。

(四)健全"双师型"教师考核评价机制和激励机制

提高"双师型"教师队伍建设质量,需要构建科学合理、行之有效的考核评价机制。在产教融合的背景下,充分考虑行业专家和能工巧匠的实践指导优势和专业特点,破除各种顽瘴痼疾。可结合实际,制定相应的《"双师型"教师认定考核办法》,明确"双师型"教师的认定对象、认定标准和认定程序,明晰"双师型"教师的职责和绩效。建立学院、行业企业、专业建设指导委员会等多方参与的动态考核评价机制,将师德师风、工匠精神、技术技能、教学实绩等纳入考评范畴,采取分类分层考评模式,不同专业和水平的"双师型"教师的考核实施标准也应该有所不同。同时,根据考核评价结果反馈,作为"双师型"教师在岗位晋升、绩效分配上的参考,使得"双师型"教师的教学能力、科研能力提升的方向和渠道更加清晰,发挥考核评价机制的积极作用,激发广大教师投身"双师型"教师队伍建设,使"双师型"教师队伍的建设工作有序推进。

(五)明晰"双师型"教师评定匹配要求和标准

专业建设必须紧扣行业产业的发展方向和技能型人才需求的岗位标准,合理配置"双师型"教师团队,才能更好地提升专业建设水平和教学质量。根据教学需要,明晰各专业"双师型"教师的实践指导资格要求,例如工科类"双师型"教师应具有两个以上的行业或协会颁发的职业技能等级资格证书,且教师本身具有相同等级的职称,避免产生"双师型"教师职称与技能等级不同步的问题。还应落实职业资格对应职称评聘制度,鼓励教师参加培训和职业资格考试,建成一支师德高尚、技能精湛的"双师型"教师队伍,全面提升教育教学质量。

红色思政浸润人心　职业精神培育工匠

近年来，学院坚持以习近平总书记关于思想政治工作的重要讲话和指示批示精神为指引，全面系统谋划推进思想政治工作，增底气、树信心，聚合力、强定力，把立德树人的根本任务落到实处，坚持思想政治和业务工作两结合、两促进、两不误，各项事业取得了一定成效。

一、重谋划，强保障，当好思政工作"火车头"

院党委认真贯彻党的教育方针，牢牢把握社会主义办学方向，落实党委领导下的院长负责制，强化党的政治建设，落实全面从严治党主体责任，进一步发挥系、部党组织政治功能，明确加强和改进高校思想政治工作的重大意义、目标定位、主要任务和基本要求，成立了思想政治工作、宣传思想和意识形态工作领导小组，研究制定《加强和改进新形势下思想政治工作的实施意见》《贯彻落实全省高校思想政治工作会议精神任务分工方案》《加快构建思想政治工作体系的工作台账》等配套文件，形成了党委统一领导、党政齐抓共管、宣传部门牵头协调、相关部门分工负责、院系上下联动、干部师生共同参与的思想政治工作领导体制和工作机制。

二、抓质量，强特色，把牢思政工作"方向盘"

党委成员、党支部书记主动带头走进教室、走近师生，宣讲党的理论、做形势与政策报告，培育优良校风学风和工匠精神。整合红色文化、民俗文化、企业文化、地域文化资源，打造了南梁精神进校园、进教材、进课堂、进头脑"四进"工程。开展大学生辩论赛、暑期社会实践、入党积极分子培训、推广普通话宣传周、民族团结进步宣传月、网络安全宣传周等特色活动。聚焦庆祝新中国成立70周年和中国共产党成立100周年开展歌咏比赛、诗歌朗诵会、演讲比赛、红色故事宣讲等接地气、有生气、聚人气的校园文化活动，构建了全员、全程、全方位的思想政治工作新格局。在南梁革命纪念馆、庆阳博物馆建立了教育实践基地，为思想政治工作搭建了实践教育立体化研学平台。学院也被评为"省级文明校园""全省民族团结进步示范学校""全省语言文字工作达标校""庆阳市民族团结进步模范集体"。

三、抓重点，增实效，打好协同育人"强心针"

学院作为甘肃省陇东地区大中小学思政课一体化建设中心成员单位，在原思政部基础上成立了马克思主义学院，创办甘肃省思政课名师工作室，聘请3名专家担任思政课客座教授，配齐建强思政工作队伍。把习近平新时代中国特色社会主义思想深度融入思政课教学，注重挖掘庆阳市农耕、民俗、红色文化等优势资源的育人功能，深入推动"一校一品"传承红色基因创建活动，开展集体备课、集中听课、学生评课，着力形成思政教师讲活思政课、学生爱听思政课的良好氛围。落实课程思政改革，将先行先试和整体推进有机结合，促使教师逐渐形成课程思政的大局观和自觉性，推动思政教育与学科教学相得益彰、同向同行。

四、增亮度，高标准，建好思政工作"主阵地"

以讲座论坛、信息发布、媒体平台管理等制度建设为抓手，对校园网站、新媒体平台、校报《庆阳职院》、广播站、宣传橱窗、电子显示屏、墙体等媒介推行规范化、制度化、科学化阵地管理，牢牢掌握意识形态工作领导权。聚焦传承优秀传统文化、培育涵养工匠精神，邀请省市党政领导、知名专家学者、行业领军人士讲课，举办"庆阳职院大讲堂"30余期，打造学院以文化人、思政育人的一个品牌、一张名片、一部精品。以校园网站、新媒体、校报《庆阳职院》、宣传橱窗、电子屏、校园广播等平台作为思想宣传、意识形态和精神文明建设工作的重要阵地，集中展示教育教学、人才培养、师生风采、团学活动、创先争优、疫情防控等方面的新动态、新成果，构建起传统媒体与新媒体优势互补、深度融合的立体宣传矩阵，对外树好职业教育新形象。

我深切地感受到，只有思想政治工作抓细抓实抓出成效，教育教学、招生就业等其他工作才能同频共振、相互促进。今后，学院将继续坚定理想信念、坚持守正创新、挺起精神脊梁、增强阵地意识、夯实意识形态基础，不断推进新时代思想政治工作强起来、实起来、活起来。

以产教联盟为引领　打造陇东职教高地

2019年12月，庆阳职业技术学院牵头成立庆阳市职业教育产教融合联盟。联盟吸纳了庆阳市12所中职学校、省内10多所中职学校和省内外30多家企业，学校、企业之间签订了校校合作、校企合作协议。联盟成立以来，先后开展了产教联盟成员单位"陇原职教宣传"活动、"百企百校进校园"行动和大型校企学生实习就业招聘活动，组织全市中专学校负责人赴重庆、苏州等地的企业考察交流。这些活动，促进了企业和学校在更深层次、更广泛领域的沟通交流，实现了资源共享、优势互补。特别是2020年5月以来，联盟按照庆阳市政府的设想，着手筹划庆阳市职业教育产教园区建设项目。目前，产教园区建设项目作为"技能庆阳"建设的一项重要内容，已得到省教育厅的大力支持，并纳入庆阳市政府"十四五"规划。联盟将按照省政府对职业教育服务地方经济的部署和"技能庆阳"实施意见，下好"全市产教联盟一盘棋"，固底板、补短板、锻长板，落实联盟三年行动计划。即：2021年开展品牌专业建设，2022年推进课堂教学改革，2023年开展职普融通、中高本贯通，紧密对接当地经济发展战略，为庆阳经济快速、高质量发展培养技术技能人才，实现全市职业教育抱团发展、资源共享、优势互补、合作共赢，达到"大家都不同、大家都很好"的发展目标。重点要在以下四个方面发力。

一、坚持招生升学"一盘棋"

做好中高职贯通培养工作，与市内中职学校签订五年一贯制培养协议，合理分流、整班推进，真正让有升学愿望的学生能上高职、升本科、读研究生。深化与普通教育的融通培养，让愿意就读职业教育的高三毕业生理性选择，通过综合评价录取和参加高考两种方式上高职，将来再上本科、读研究生，实现特色化培养、个性化发展，为经济社会发展培养能工巧匠、大国工匠。下好这盘"先手棋"，职业教育这一类型教育才能与普通教育齐头并进，才能具有社会吸引力，职普比例才能实现大体相当，中考、高考学生才能合理分流，中职、高职生源才能有保障，普教学位紧张状况才能得以缓解。

二、坚持人才培养"一条线"

充分发挥产教联盟指导辐射作用，各中职学校与庆阳职业技术学院、合作企业共同确定专业建设方向，共同制定人才培养方案，共同研究教学计划，积极构建适应地方经济社会发展需求、产教深度融合、人才培养层次健全、中职高职本科有效衔接的职教人才培养体系，避免重复教学、无序教学。紧贴庆阳市"五区一中心"发展战略，对接行业企业，秉承"当地离不开、同行要错位、省内能领先、国际能交流"的专业建设原则，建强建好能源化工、寒旱农业、电子商务、文化旅游、健康养老等特色专业和学前教育、机械加工、物联网大数据等优势专业。

三、坚持校企合作"一张网"

对接庆阳"五大产业"发展需求，在高铁客运服务、建筑消防技术、大数据技术等专业上试点整班推进"五年一贯制"联合培养。从中专招生、中高职教学实训、认知实习到升学考试、实习就业，企业全过程参与、全周期培养，实现产业链、教学链、人才链无缝对接。深入推进校企合作、产教融合，构建产业、行业、企业、职业、专业五业融合发展模式，逐步实现学生入学即入职、毕业即上岗。发挥骨干学校、品牌企业辐射作用，在专业建设、师资培训、教学科研等方面互联互通、经验共享，实现同频共振、同步发展。

四、坚持教学实训"一体化"

坚持共同价值取向，深化教师、教材、教法改革，推广项目教学、情景教学、模块化教学，广泛运用启发式、探索式、参与式教学，构建课程内容与岗位要求对接、课程标准与职业标准相融合、理论与实践教学一体化课程体系。统筹教育教学资源使用，逐步建立联盟共享远程教学平台，共享实训资源库和优质课程。建立联盟内专业教师、专家、行业企业技术人员及高技能人才资源库，开展人才交流，合作进行技术改造、项目申报，线上线下教学研究，着力建设高质量产教融合育人联盟，真正发挥产教联盟引领作用，建设"技能庆阳"职业教育新高地。进一步解放思想、转变观念，谋实事、打基础、开新局，为党育人、为国育才，在一定区域内，为当地经济发展培养高素质技术技能人才，助推地方经济高质量发展。

锚定"五位一体"发展战略
推动职业教育高质量发展

职业教育是与普通教育具有同等重要地位的教育类型。庆阳职业技术学院作为全市唯一一所普通高等职业院校，承担着培养多样化人才、传承技术技能、促进就业创业、服务经济社会发展的重要使命。近年来，学院坚持"创办适应经济社会发展的教育，让教师德技兼修，让学生知行合一"的办学理念，秉承"教育方针举旗，大国工匠定向，传统文化培根，南梁精神铸魂，教学改革启智，主题教育润心"的办学思路，不断深化产教融合、校企合作，着力推进"三教改革"，全面提升治理效能，加大招生就业力度，为社会培养输送了一大批文化素养好、理论功底牢、技术本领强的技能型人才。

面对新时代职业教育发展黄金机遇和新征程职业教育重要功能定位，学院以立德树人为根本任务，以服务地方为办学宗旨，以促进就业为工作导向，确立了建设"红色精神热土、绿色低碳公园、书香气质校园、健康快乐家园、工匠特色摇篮""五位一体"的发展愿景，努力将学院建成办学理念先进、教育特色鲜明、校企合作灵活、就业高薪体面的省内一流综合性高职院校。具体体现在五个方面。

一、建设"红色精神热土"

以弘扬社会主义核心价值观为主线，推行主题班会"课程化"、课程思政"常态化"、红色研学"专题化"、关爱行动"个性化"，不断强化学校思想政治工作，提升立德树人成效。以培育红色职教文化体系为牵引，推进职业教育红色文化研学旅行示范基地建设，开展"南梁精神"进教材、进课堂、进头脑活动，大力弘扬南梁精神、传承红色基因，用习近平新时代中国特色社会主义思想铸魂育人，努力将学院打造成"红色精神热土"。

二、建设"绿色低碳公园"

以实施学院扩建项目为契机，贯彻绿色环保、智慧低碳理念，坚持

"总体规划、新旧关联、一次设计、逐步实施"的原则，建设功能齐备、设施一流、环境优美、宜学宜教、服务有力的高等职业教育校区，着力建设好信息技术类和新能源类专业群，为庆阳"东数西算"数字经济发展战略培养技术型人才。以建设智慧校园、服务教育教学为目标，实施一系列新基建项目，建成集智慧环境、智慧教学、智慧管理、智慧生活、智慧服务为一体的新型智慧校园，努力将学院建成"绿色低碳公园"。

三、建设"书香气质校园"

以创建全国文明校园为抓手，着力构建红色文化为根基、传统文化为底蕴、工匠文化为核心、理念文化为引领、书香文化为特色的校园文化体系。与读者集团密切合作，深入挖掘中华优秀传统文化内涵。开展通识教育，大力实施校园文化建设，营造一流的人文环境，为人才培养提供良好的"软实力"保障。以"读书月"系列活动为引领，大兴师生阅读之风，建设读书吧、图书漂流角、图书馆等，改善校园阅读条件。以"青蓝工程""名师工程"为抓手，提升教师素养，开展专业培训，形成"比学赶帮超"的良好局面。打造儒雅大气、德技并修的"双师型"教师队伍，培养心中有理想、眼中有光芒、手中有技能、脚下有出路的知行合一的学生团队，努力将学院建成"书香气质校园"。

四、建设"健康快乐家园"

以创建全国健康学校为目标，树立健康第一的教育理念，办好体育运动学校，开设运动训练专业，完善健康教育、体育训练课程体系，为师生终身发展提供坚实的健康保障。以军事训练、晨操早功、课间操、体育课、第二课堂、春秋运动会、球类比赛等各类体育活动为载体，大力开展体育锻炼，增强师生身体素质；以校园文化艺术节、学生创新创意作品展、校园歌手大赛、文艺晚会、歌咏比赛等各类文创赛事为平台，活跃师生校园生活，促进师生身心健康，努力将学院建成"健康快乐家园"。

五、建设"工匠特色摇篮"

以技能人才为培养目标，以工匠精神为培养底色，突出职业教育类型特点，大力开展理实一体化课堂教学改革及通用技术培训和工学交替实习实践，把学生真正培养成懂技术、爱劳动、有技能、会创新的高素质复合型技术工人。以深化产教融合、校企合作为基本路径，加强与"东数西算"头部企业和能源化工领军企业合作,共建产业学院和实训基地,开展订单培养和定向输送,为我市建设全国一体化算力网络国家枢纽节点和陇东综合能源化工基地提供技术和人才支撑,努力将学院打造成"工匠特色摇篮",助力庆阳经济社会高质量发展。

凝心聚力　多措并举　促进学生高质量就业

就业是最大的民生。学院一直高度重视毕业生就业工作，贯彻落实各级政府关于做好毕业生稳就业工作的相关要求，统一思想、强化责任、整合资源、多措并举，用心用情做好做实毕业生就业创业工作，不断提高就业创业服务水平，全力确保毕业生就业大局稳定。

一、健全"三个机制"，院系联动落实就业责任

落实"领导主抓、相关部门和各系具体负责抓、教师全员参与抓"的工作机制，提高就业创业工作的覆盖面和影响力。成立由党委书记和院长担任组长的就业工作领导小组，将就业工作纳入学院发展规划和年度工作目标计划，形成"学院、各系、班级"三级联动体系，提高毕业生就业工作的针对性和实效性，高质量推进毕业生就业工作。

二、聚焦"三个精准"，促进毕业生充分就业

一是精准研判就业形势。贯彻落实"一把手"工程，多次召开党委会、就业创业工作部署会、毕业生就业工作推进会，组织开展2022届毕业生就业情况摸底调查等，研讨毕业生人数持续增长及新冠肺炎疫情导致求职和招聘受阻等因素所带来的就业工作压力及应对举措，及时调整就业工作方式，创新就业工作举措，确保毕业生就业工作大局稳定。二是精准开拓就业市场。积极组织毕业生参加教育部、省教育厅、省人社厅等举办的各类网络招聘会。举办毕业生校园招聘会，为毕业生提供岗位。分赴北京、上海、青岛、西安、兰州等地企业开展访企拓岗促就业专项行动，回访往届毕业生，推介毕业生。三是精准实施就业引导。定期组织"西部计划""三支一扶"等各类基层服务项目宣讲会，鼓励学生参加"专升本"考试并开设"专升本"辅导班。同时，及早部署大学生征兵工作，创新宣传方式，办好"征兵宣传月"等活动，进一步完善和落实学费补偿、贷款代偿、学费减免、退役后复学、就业创业等政策，鼓励更多大学生投身军营、报效国家。

三、梳理"三个清单",提升分类指导服务水平

一是梳理"就业指导清单",有的放矢增强就业指导效果。坚持思政导向,将就业指导融入大学生发展全过程和专业学习全方位。坚持服务导向,健全就业育人机制,全面提升毕业生就业服务水平。邀请企业专家建立就业指导队伍,开展就业专题讲座。落实"三全育人",学院领导干部、辅导员、专业教师等全员参与,将职业发展指导及就业思政工作融入学生日常教育管理中,帮助学生树立科学正确的职业观、就业观。坚持"以赛促训",精心组织学生参加就业创业类大赛,提升学生就业能力和就业竞争力。二是梳理"就业情况清单",持续提升就业工作质量。学院定期梳理各专业毕业生就业去向落实情况,持续开展毕业生就业指导和就业帮扶工作。定期开展毕业生就业质量问卷调研,形成毕业生就业质量年度报告。回访用人单位,了解掌握毕业生就业市场需求和用人单位对学院人才培养质量的反馈意见。三是梳理"就业困难帮扶清单",开展"一对一"就业帮扶。学院逐一排查梳理脱贫家庭、低保家庭、零就业家庭以及残疾毕业生等重点帮扶群体,开展就业指导和就业帮扶工作。按照"重点关注、重点推荐、重点服务"的原则,由招生就业处人员、各系负责人、专业课老师、辅导员全员参与组成帮扶团队,通过线上线下面对面交流、电话沟通等方式,对就业困难毕业生进行"一对一"就业指导和就业帮扶。建立工作台账,主动跟进,持续开展就业跟踪,持续帮扶、落实特殊困难学生就业。

四、开展"三个核查",确保就业数据统计真实准确

严格执行教育部"四不准""三不得"要求,做好毕业去向落实率的统计及核查工作。采用全国高校毕业生网上签约系统,推进2022届毕业生求职、签约、登记、查询、反馈等"一站式"线上办理,加强毕业去向落实率动态统计工作。为保证毕业去向落实情况统计的真实性和准确性,制定《毕业生就业核查工作实施方案》,通过班级自查、各系核查、学院抽样核查的三级三核查方式,确保就业数据真实准确。

今后,我们将进一步贯彻落实党中央、国务院稳就业、保就业的决策部署,创新就业创业思路,建立更加完善的职业指导体系,配齐配强生涯规划、创新创业、就业指导教师团队,做实做细就业工作,努力开创毕业生就业工作新局面。

进一步加强职业院校学生思想政治工作

习近平总书记关于"办什么样的教育、怎样办教育、为谁办教育""培养什么人、怎样培养人、为谁培养人"的重要论述,创造性地回答了新时代教育方向性和落脚点问题,把党对社会主义教育发展规律、人才培养规律的认识提高到一个新的水平。

职业高校学生的思想政治教育是一项十分重要的工作,教育学生先成人、再成才,是职业院校学生思想政治教育的应有之义。具体应该着重抓好以下几方面的工作。一是建立"课堂、活动、生活、社会"德育工作网络。让课堂育人、活动育人、生活育人、社会育人贴近学生、贴近生活,走进学生心灵,为学生生活服务,德育才会彰显生命活力。二是建立健全学校各项规章制度,构建育人大体系,保障思想政治工作有章可循,依法治校。建立"校党委、系党支部、党员""校团委、系团总支、团支部、团员""学工处、系主任、班主任、班委会"三个育人体系,并健全学校各职能部门职责,加强班级管理,落实常规要求,做到学生思想政治工作系统化、明确化、责任化。三是落实"人人都是德育工作者"的教育理念。坚持"学校为管理模块、系部为管理主体、班级为管理单位、教职工全员参与"的全员育人管理机制。将"全员育人、全程育人、全方位育人"的"三全育人"工作落到实处,不断提升德育水平。四是加强班主任队伍建设。班主任工作是学生思想政治工作的切入点。要通过召开班主任会、班主任论坛,主题班会示范课、"名班主任工作室"创建培训等活动,提升班主任管理能力,打造高素质德育工作队伍。五是重视学生干部培养。班级管理的好坏是学生健康成长的关键。而学生干部是学生群体的骨干力量更是班级组成的核心。班干部能力培养要解决"为什么管—管什么—怎么管—管的效果怎样"的问题,为形成学生自治、自理的良性管理局面奠定基础,不断提高德育工作效果。

总之,新时代大学生思想政治教育是一项系统工程。只有形成合力,辅以恰当的育人手段、丰富的活动内容、多样的工作方法,才能真正提高学生的思想政治素质,取得令人满意的德育成果。

基于学生创新作品的通用技术课程改革实践探索

通用技术是指信息技术之外，较为宽泛的且能体现基础性和通用性的技术，与专业技术不同，在日常生产生活中被广泛应用，对学生的全面发展具有广泛迁移价值的技术。通用技术课程是一门综合类实践型课程，是对学生进行综合工程素质教育和现代制造技术教育的课程，是职业院校汽车类专业人才培养方案中重要的实践教学模块，是开展汽车工程实践训练和制造工艺教育的重要载体。该课程与其他专业课程共同完成对学生劳动观念塑造、创新意识培养、理论联系实际科学精神的培养。该课程包含汽车制造、汽车维修、零配件加工、电器单元数据传输与处理、性能分析与测试等方面的基本知识，立足实践、注重创新，教学项目高度综合，是科学与人文融合共生体，通过课程训练培养学生汽车拆装能力、汽车故障诊断与排除能力、智能网联汽车的控制能力及"孵化互联网+创新项目"等。

一、通用技术课程目前存在的问题

（一）教学模式单一，系统工程思维不强

长期以来，职业院校受制于办学经费、师资力量等因素，用金工实习课程代替通用技术课程成为主流现象，以单一且彼此独立的焊接、钳工、铣削加工、车削加工、数控加工、汽车组装、单片机编程等项目开展日常教学，各工种所涉及的专业链、技能链的内外在联系较少，学生被动地开展相关知识学习与技能训练，未建立"以学生为中心、以教师主导、以能力为目标、以创新作品为载体"的课堂新模式，教学实施过程未体现系统工程思维。该课程教学结束后学生对产品技术标准、成套组装工艺、制作流程、性能测试参数等关键技能点及核心知识点无法真正掌握，创新精神的培养更无从谈起，教学效果不理想。

（二）教学项目针对性不强，专业特色不明显

目前，有能力开设通用技术课程的职业院校多数未按照专业属性与特点

安排教学项目，2015年至2020年，学院汽车维修类专业开设的通用技术课程主要学习热处理、智能焊接、模具、钣金、表面处理、车削加工、数控铣、汽车组装、汽车性能测试等内容；汽车制造类专业也学习相同的内容。实际就业时汽车维修类专业学生主要面向汽车后市场相关工作岗位，偏重技术服务；而汽车制造类专业学生主要面向汽车前市场相关工作岗位，偏重于汽车组装、汽车性能测试等。因此，该课程教学项目无法满足各专业就业岗位对学生核心能力的要求，往往被当作素质拓展课程开展教学，严重制约人才培养质量的提升，更无法实现深层次的专业适应性。

（三）师资配置偏弱，教学保障不足

由于近几年职业院校扩招，在校学生数明显增多，现有的教师准入制度导致各职业院校普遍存在师生比偏大、专业教师特别是具有企业一线工作经验的"双师型"教师较为紧缺。为在各级学生技能大赛、教师教学能力大赛、信息化教学大赛等一类大赛上取得更好的成绩，扩大办学的社会效应，同时保证正常的教育教学运行，学校一般会优先将专业基础过硬、实践能力强、教学经验丰富的教师安排到专业核心课程教学，教学设备的购置、实训耗材的配备也会向这些课程倾斜，这导致通用技术课程在实际教学中往往是青年教师的练兵岗、剩余耗材的消耗厂、老旧设备的存放库，该课程在教学与人才培养过程中难以发挥其融合性、综合性的功能。

二、基于学生创新作品的通用技术课程改革实践路径

通过分析通用技术课程目前教学存在的问题，优化教学模式、改革教学方法势在必行，将独立、分散的工种教学模式变革为基于学生创新作品制作的教学模式（即不是单一地加工零件或展示工艺流程，而是通过制作系统的机构或部件，然后装配成作品的教学模式），构建以提高学生实践能力和培养工程素养为主的通用技术课程教学模式。

（一）制定符合专业逻辑的教学实施方案

以能力为基础、以就业为导向，坚持德技并修是职业院校汽车专业人才培养方案制定的基本准则，通用技术课程教学方案的制定应根据专业逻辑与认知规律，兼顾学情与师资配置，在教学时间上与企业认知实习（一年级）、专业实践教学（二年级）、岗位实习（三年级）相互配合，汽车维修类专业在二年级第1学期开展通用技术课程教学，汽车制造类专业在二年级第2学期开展通用技术课程教学，从而降低通用技术实训室的运行压力。同时在教学目标设定上，我认为汽车维修类专业应将汽车（传统内燃机＋新

能源）电器模块的检测、钣金部件的整形修复、单片机编程作为重点；汽车制造类专业应强调逻辑推理、注重理论沉淀，强化汽车外特性的测试，注重汽车组装的关键标准执行情况，创设小而精、细而实、特色鲜明的教学模块，提高教学实施方案的针对性。

（二）建立基于学生创新作品制作的通用技术实训室

职业院校实训室仍存在综合效能偏弱、产业链要素不全等不足，这与以学生创新作品设计、加工、制作为一体的通用技术课程教学极不匹配。在通用技术课程教学实施中，学生的创新作品涉及机械类、电子类、通信类、汽车类等专业实训室，只有各实训室协同配合才能完成作品的制作。学生创新作品制作时，各实训室协调程序非常繁复，师生参与教学的热情被消磨、创新作品孵化慢等问题一直困扰着课程实施。因此，建立一个集车削加工、铣削加工、刨削加工、磨削加工、齿轮加工、钳工、汽车电器检测、汽车钣金、智能焊接等功能为一体的综合性实训实验场所，实训区域按生产流水线布局，可以有效保障通用技术课程的实施。

我院在2020年对汽车相关专业通用技术课程的教学情况进行综合分析，将原有的电子电工实训中心、智能制造与创新工作室、维修电工实训室、水暖加工实训室搬迁，按照产业链要求重新布局，并新建智能家居实训室、常用工具实训室、无人机操控实训室、创新创业实训中心等7个实训室以补全产业链要素，基本建成了集机械加工、汽车性能检测、数控切割、电器检测与维修等功能于一体的通用技术实训室。该实训室辐射能源化工类、建筑工程类、装备制造类、交通运输类等6个专业群，每年为校内外学生开展教学与培训1万多人次，孵化出甘肃省互联网+创新创业大赛金奖、黄炎培创新创业大赛银奖、职业院校技能大赛一等奖5人次、大创I及南梁号等具有学科代表性的教学成果与学生创新成果，实现了实训室建设1+1＞2的功能，激发了通用技术课程的教学活力，唤醒了大批学生的创新灵感，课程教学质量逐年稳步提升。

（三）基于教科研一体化思路优化各项资源配置

通用技术课程在教学实施中不仅需要硬件综合实训室（通用技术实训室），还需开展课程理论与适应性研究、教学推演、经验推广等工作，依靠以专业划分的传统教研室很难完成这些工作。在大教研观的指导下，首先构建机电、工业机器人工程、数控加工、车辆工程、汽车服务工程、材料工程、人机工程等各专业方向教师融合的教研室，该教研室是课程实施的软件保障，可直属学院管理；其次建立各专业通用技术课程教学计划及课程标准，制定学生作品设计理念指导流程、作品加工质量评价体系、推广方式、参赛方式等标准制度，提升基于学生创新作品的通用技术课程的标准化；最后对接乡村振兴、东数西算等战略，结合区域经济发展特点，开展省市级课题研究，增强课程适应性。

三、结语

通过创新教学模式，建立以学生创新作品为主线的驱动方式，优化各实训元素的配置，建立基于企业生产线形式的实训室布局，实施教科研一体化建设，强化通用技术课程师资配置，实现了基于学生创新作品的通用技术课程改革实践。

高职院校教学科研一体化模式建构研究

2019年1月国务院印发的《国家职业教育改革实施方案》和2022年5月开始施行的《中华人民共和国职业教育法》中均明确指出:"职业教育是与普通教育具有同等重要地位的教育类型。"但长期以来,广泛存在轻视职业教育的社会偏见,严重影响了我国职业教育事业的发展。要改变这一现状,职业教育就必须坚持从实际出发,充分发挥科研工作在提升办学水平和提高人才培养质量方面的重要作用。

高等职业教育是技术创新的重要支撑和促进力量,片面否定高职院校进行科学研究的观点,实质是将高等职业教育划为低层次、操作性的教育,直指科研在高职院校如何定位的核心问题。开展科研活动,既保证和促进了高职院校产教融合的可持续发展,也有利于学校增强内在发展动力,促进自身发展。对于高职院校教师来讲,无论是与其自身专业相关的学术研究成果,还是其在产、学、研过程中形成的应用型成果,都有利于教育教学方式的创新与优化,推动教育教学改革,提升教师的专业素质,提高学生培养水平。可以想象,如果没有科研活动,职业院校如何建构自己的社会竞争力和影响力,教师教育教学能力提升的路径又在哪里。因此,新时代背景下,高等职业教育必须依赖科研水平提升才能摆脱"强位弱势"的发展困境。

随着我国改革开放的进一步深化,教育领域的开放程度也在逐渐加大,高等职业教育面临着市场经济所带来的严峻挑战。高职院校只有不断加强科研工作,才能成为传播知识和技术的场所、成为技术创新的载体,在今后竞争日趋激烈的教育市场中争得应有的份额。然而,当前高职院校教师的科研意识、动力、能力等方面所面临的发展瓶颈,已经成为高职院校亟待解决的重大课题。

一、国内外知名高职院校的主要特征

研究国内外的著名高职院校,发现其具有以下八个基本特征:一是具有市场认可度极高的一流专业(群),例如瑞士的洛桑酒店管理学院。二是具有行业影响力的一流"双高"职教师资，例如由一批具有卓越技术实力和专业水平教师支撑其高水准发展的佛罗伦萨欧纳菲珠宝设计学院。三是具有一流的技术研发、应用与服务能力。高职院校要立足于行业发展，针对劳动的复杂程度推进技术创新、产教融合和跨领域协同等。四是具有快速的市场反应机制。高职院校的专业布局、课程设置、实习实训装备更迭等，都必须建立在分析产业结构、职业结构、就业结构新变化，紧跟新技术、新行业、新职业、新岗位的发展趋势，按照市场供给需求进行人才培养。五是具有一流的实习实训环境。例如德国著名的梅泽堡应用科技大学。六是拥有一流的教学水平。高职院校的教学水平直接体现在产教融合教学模式的应用和对于技术技能人才培养的水平上。七是拥有一流的国际化视野。教育教学质量达到国际领先水平，管理模式、专业建设标准与国际接轨。八是具有鲜明的市场辨识度。学校的管理特色、专业特色、人才培养特色等旗帜鲜明。由此可见，国内外的著名高职院校，都拥有一流的教学水平，具有一流的科研实力。

二、"十三五"期间我国"双高计划"建设院校科研成果产出分析

我国职业教育的"双高计划"，旨在打造一批"当地离不开、业内都认同、国际可交流"的职业教育示范校。基于"十三五"期间全国高职院校核心期刊载文数量统计发现，排名居于前位的院校分别是深圳职业技术学院、江苏农牧科技职业学院、重庆电子工程职业学院、无锡职业技术学院、河南工业职业技术学院等。按照省份进行统计，排名前位的分别是江苏、广东、河南、浙江和河北等。就学科门类来看，教育类核心期刊发文量多的职业院校都非常重视职业教育科研，且建设有职业教育研究平台。其中，农业类排名前10位院校中有7所为"双高计划"建设院校，机械类排名前10位高职院校中有7所为"双高计划"建设院校，计算机类排名前10位高职院校中有8所为"双高计划"建设院校，电子类排名前10位院校中有7所为"双高计划"建设院校，交通类排名前10位高职院校中有7所为"双高计划"建设院校，建筑类排名前10位高职院校中有6所为"双高计划"建设院校。高职院校发明专利获得授权位列前位的分别是温州职业技术学院、常州信息职业技术学院、浙江工贸职业技术学院等，均为国家"双高计划"建设院校。此外，"十三五"期间职业院校国家级教学成果获奖排在前5名的学校也均为国家"双高计划"建设院校。由此可见，能够入选"双高计

划"建设院校,均是以雄厚的科研实力为支撑。

三、高职院校科研工作开展中面临的主要问题

当前,国内各高职院校在科研工作中面临的问题主要表现在十个方面:一是科研积极性不高。科研积极性不高的直接原因,首先是高职院校的管理层及一线教师对于新时代高职院校开展科研工作的必要性认识不足;其次是激励措施不到位或不当,造成高职院校教师在科研工作上思想消极。二是科研团队形成难。科学研究需要团队合作,而高职院校教师在科研工作方面,单打独斗的局面普遍存在,团队建设过程中存在的主要问题包括缺乏领军人才、制度保障不健全、考核机制不完整、团队文化建设欠缺等。三是科研方向不明确。高职院校教师,由于受自身教育背景所限,往往缺乏明确的、可供长期坚持和从事的研究方向,导致其研究方向随意性、变动性、临时性现象突出。四是科研定位不准确。就当前来看,解决世界前沿重大科研问题、探索全球领先技术,对于绝大部分高职院校教师来讲很难实现,因此,高职院校教师应该将科研定位于研究职业教育规律、教育教学方法改革、技术路线改良、操作方法改进等方向。五是科研评价体系单一。改革唯项目级别、唯论文数量、唯获奖等单一评价体系,应注重研究成果的实用性和适用性,以及对于教育教学改革、技术工艺改进和文化传承等多方面的贡献。六是科研特色不鲜明。鲜明的科研特色造就特色鲜明的办学模式,各职业院校可以有效选择以服务地方经济社会发展及重点产业产出为主要方向的科学研究,依托科研特色夯实特色专业构建,进而彰显其办学特色。七是科研成果转化率低。产生经济和社会效益是当前高职院校科研面临的严峻挑战,绝大部分高职院校均存在科研成果转化率低、科研投入与产出不匹配的现象。因此,职业院校必须积极对接企业,实现科研成果转化,让科研成果有效服务于企业的产品科技附加值提升、生产工艺技术改进、设施设备操控流程优化等。八是学术氛围不活跃。学术交流活动的举办、专业教师的访学等,在部分高职院校尤其是经济发展相对落后地区现阶段基本空白,学院应将学术氛围营造纳入校园文化建设范畴,并配备一定经费予以支持保障。九是科研经费严重短缺。高职院校教育经费尤其是科研经费的拨发,与本科院校相比依然存在巨大差距,职业院校可以充分利用自身优势,多渠道筹措社会资金用于弥补这一不足。十是科研管理制度不健全。我国大部分高职院校是由中专院校合并转制而建,由于受办学历史局限,其科研管理制度缺失,严重影响了教师做好科研工作的积极性。

四、高职院校科研工作中存在的误区

当前，高职院校开展科研工作，主要存在六个误区：一是教师只教书的认识误区。职业院校教师，尤其是一些专业素养跟不上科技进步的教师，思想上普遍存在着教学不能脱离教材的认识误区，自身只愿做一名"教书匠"，不主动借助现代化渠道掌握新知识、新技术、新工艺，探索教育教学方式改革和创新的动力缺失。二是不做科研的功能误区。部分教师认为，无论从国家给予职业院校的资源配备、所招生源质量以及国家对于职业教育的定位来看，高等职业院校都不应该或没有能力承担科学研究工作，这是典型的对于高等职业教育功能的歪曲。三是做不了科研的不自信误区。科研不应该是少数国际或国内名校的专属商标，也不应该是科研院所的独家使命，对于占据高等教育"半壁江山"的高职院校同样具有适切性，职业院校教师应该自觉担负起自身的使命和责任。四是把科研等同于发论文的评价误区。科研论文是科研成果交流、分享，便于同行、同领域工作者借鉴参考的一种形式，或是作为新思想、新知识、新技术、新方法等传播的一种载体，不能单纯地将科研工作与论文发表等同，要认识到发表论文只是科学研究的顺带产物。五是做科研是为了评定职称的目的误区。受我国传统高校教师业绩评价模式影响，一些职业院校教师，将项目申报、论文发表视为职称评定的被迫选择，严重扭曲了高校科研工作的目的。六是做科研是为了获得更多报酬的功利误区。为了激励高校教师投身科研的积极性，国内各高校普遍建立了对于教师科研成果的奖励机制，然而，部分教师，尤其是部分职业院校教师，将完成项目、发表论文、成果奖励视为利益获取的一种媒介，对于科研成果只求数量不重质量，完全背离了科研工作的初衷。

五、新时代高职院校开展教学科研一体化模式建构的必要性

由上述分析可知，新时代高职院校有必要开展教学科研一体化模式建构，原因主要有七个方面：一是高职院校开展教学科研一体化模式建构，是职业教育法的规定。已施行的职业教育法第六十一条明确规定，国家鼓励和支持开展职业教育的科学研究、教材和教学资源开发。二是高职院校开展教学科研一体化模式建构，是创新驱动发展的内在需求。技术工人队伍是支撑中国制造、中国创造的重要力量，而高等职业教育正是以培养更多高素质技术技能人才、能工巧匠、大国工匠为使命和目标。三是做好教学科研一体化模式建构工作，是高职院校高质量发展的必由之路。科研工作，是学校提高

办学水平和教学质量的关键,同时也是"双高计划"建设,举办职教本科、职教硕士教育的基础。四是做好教学科研一体化模式建构工作,有助于提升职业教育教师的育人水平。只有做好科研工作,职教教师才能不断掌握新知识,争当"四有好老师",做到"四个引路人",坚持好"四个相统一"。五是做好教学科研一体化模式建构工作,是提高人才培养质量的前提和基础。新时代背景下,党和国家事业发展,优秀人才的需要比以往任何时候都更为迫切,做好科研工作,有助于教师成为大先生,成为学生为学、为事、为人的示范。六是做好教学科研一体化模式建构工作,有助于彰显职业院校自身的办学特色。当前,就国内而言,高职院校数量众多,要想在众多高职院校中脱颖而出,特色鲜明,高质量的科研成果产出不失为一条可选之路。七是做好教学科研一体化模式建构工作,有助于提升服务地方和文化传承的能力。我国高职院校的设立基本已遍及地级市,各高职院校理应自觉承担起服务地方社会经济发展的技术技能人才供给和当地文化传承的社会责任。

六、高职院校开展教学科研一体化模式工作的准确定位

高职院校教师应该准确定位自我的科研工作。一是通过技术研发反哺教育教学。高职院校科研的根本目标依然是反哺教学、促进教学,提高人才培养质量,因此,提升教学和人才培养质量应当是高职院校开展科研工作的根本驱动力。二是通过应用技术开发、技术改良、技术革新、技术转移、技术咨询,帮助地方中小企业解决生产实际中所面临的技术问题,提高生产效率和产品的技术附加值。高职院校应鼓励教师走进企业,了解企业的技术需求、技术发展和技术瓶颈,开展以技术研发和技术服务为核心的应用研究,让自身的专业技能不断在生产实践中经受检验和再提升。三是通过咨询报告和资政建言,服务地方党委政府和企事业单位科学决策。高校作为高知识群体的集聚地,应该自觉承担起当地党委政府和企事业单位科学决策的智囊任务,高职院校也当责无旁贷。四是开展以增强文化自信为核心的地域文化传承研究。特色鲜明的地域文化是文化自信的基石,高职院校拥有天然研究地域文化的优势,把地域文化与中国文化"走出去"战略相结合,致力于打造院校所在地区地域特色文化研究新高地。五是通过探索职业教育规律,聚焦我国职业教育改革热点,积极开展有关现代职业教育体系、职业教育办学机制、技术技能型人才培养模式、专业和课程设置、招生及就业制度、职业教育质量评价体系等问题的研究,探寻符合新时代背景下中国特色职业教育的发展之路。综上所述,高职院校的科研工作应当成为中小企业技术孵化器

和蓄水池、区域技术转移转化中心、当地骨干企业的合作伙伴、地方党政决策机构的智囊团、地域特色文化研究的新高地、自我发展建构的主阵地。

七、高职院校开展教学科研一体化模式建构的途径

（一）树立科学认识

学校层面首先要有清晰的科研目标定位。当前，部分高职院校，一方面没有认识到产教融合、校企合作背景下科研的重要性，另一方面科研定位脱离实际。认真组织好对于党和政府及各级主管部门的政策的学习，抓好贯彻落实，结合学校自身和地域实际，协助科研能力突出的教师组建科研团队，规划长期科研目标，调动教师参与科研团队的积极性。教师个人要主动解决好个人思想认识和动力不足的问题，确立自己终身主攻的方向，树立远大的科研理想，将科研工作由蜻蜓点水转变为久久为功。

（二）建立完备的管理制度

学校层面应当掌握上级科研管理制度，结合自身实际，建立科研质量管理体系，落实全面质量管理，这既是作为高职院校质量管理的重要标志，也是高职院校自身发展的迫切需要，同时也是提升工作效率的必要保障。建立健全科研奖励、激励机制，激发教师的科研积极性、主动性，营造良好的科研氛围，释放科技创新活力。创新科研组织架构，发挥好科研保障作用，鼓励科研成果转化。探索科学评价体系，侧重考核服务能力，合理推进分类评价制度，最终做到考核对象明晰、考核机制完善。

（三）充分利用项目的抓手作用

充分调动教师参与科研项目的积极性，利用各级各类纵向、横向及校列项目，推行科研项目"揭榜挂帅"模式，可促进教师治学态度、创新意识、专业技术技能水平的培养与提升。尝试与企事业单位签订合作合同，促进技术开发、技术服务和技术咨询。校企共建研发中心，真正解决企业生产实际困难和技术瓶颈，协助企业打破技术壁垒。建立校企合作长效机制，实现科研成果转化转让。协同地方企业，联合申报各类科研合作项目，充分发挥高职院校在技术研发中的责任担当。做好校列项目的组织攻关，鼓励教师研究学校发展、运行管理、教育教学中出现的实际问题，实现自我革新。

（四）鼓励高质量科研成果的产出

科研成果的形式不应该单纯局限于论文，尤其要避免将论文数量作为衡量科研成果的标准。校本教材的编著和发行、专利的获取和转让、新技术的研发、新工艺的设计与应用、新产品的制造、计算机软件的开发、带有技术

参数的图纸、咨询报告等均可作为科研成果,用于考核科研项目的完成质量。对于代表性科研成果要组织做好宣传工作,营造出浓厚的学术氛围,树立本校科研工作先进典型。

(五)培育学科研究特色方向

各高职院校的学科研究特色方向,应紧紧围绕当地社会经济及产业发展需求。提升社会服务能力是高职教育发展的重点方向,既是高职教育服务于经济社会发展的需要,也是高职院校自身发展的内在驱动力。以甘肃省为例,如河西走廊的旱作农业、陇西地区的中药产业、甘南地区的旅游产业、陇东地区的能源产业等,地域内高职院校宜重点培育地方产业相关学科,既便于产教融合,又能充分展现学校的人才优势,服务地方经济社会发展。

(六)营造自身科研文化

各职业院校应以世界一流职业院校为标杆,以"双高计划"建设院校为目标,以科研为依托,树立学科建校理念,争取在一两个学科上取得国内外影响力。将科研兴校作为做大做强的实施路径,真正办出自身特色;培育学校自己的大国工匠,将人才强校机制贯穿始终。办学质量的一流来自一流的教学水平和人才培养模式,通过科研,全方位提升教师专业技能和教育教学水平,借以提高人才培育质量,做到以质量立校。这一切,均需要借助浓厚的校园科研文化来实现,因此,必须努力打造教师人人会科研、人人爱科研、人人崇尚科研的校园科研文化。

纵观我国高等职业教育的发展,其经历了"探索、萌芽、调整、发展、优化"的创新变革之路。国家正在实施的"双高计划"为高职院校的发展提供了新的借鉴,其"高"要体现在坚守立德树人标准高、技术技能积累质量高、服务区域职能要求高。进入新时代,开启新征程,高职院校教师责任重大、使命光荣,我们要坚持以习近平新时代中国特色社会主义思想为指导,主动作为、攻坚克难,奋力推进高职院校教学及科研水平高质量发展,全面提升科技自立自强能力,为开创新时代中国特色社会主义职业教育事业新局面不懈奋斗。

以立德树人为根本　全面提升教育质量

高校是党的意识形态工作的重要阵地，是青年学生铸就正确世界观、人生观、价值观的锻造炉。办好高校，必须牢牢抓住全面提高育人质量、立德树人这个核心，深入聚焦"培养什么样的人、怎样培养人、为谁培养人"这个根本问题。

近年来，庆阳职业技术学院坚持"教育方针举旗，大国工匠定向，传统文化培根，南梁精神铸魂，教学改革启智，主题教育润心"的办学思路，紧紧围绕"立德树人、德技并修"的育人理念，结合学生特点及办学特色，开展教育工作的实践创新，取得了积极成效。

一、构建育人大体系，让协同机制"动起来"

构建立德树人体系是推进新时代高等教育发展的必然要求。立德树人是一个宏大的系统工程，构建立德树人体系，就是从顶层设计入手，致力打好人才培养"组合拳"，融入课程育人、活动育人、实践育人、文化育人、环境育人等各个环节，实现全员育人、全方位育人和全过程育人。学院坚持以爱国主义和理想信念教育为核心，以培育和践行社会主义核心价值观为主线，建立并完善了以"党委、党支部、党员、入党积极分子"为统领，"学生工作处、二级系部、班主任、辅导员、学生会、班务会"为主体，"团委、团总支、团支部、团员青年"为关键的协同育人体系，形成了党政合力、多方参与的联动机制，呈现出全覆盖、多层次、无缝隙、无死角的德育教育特点，增强了德育工作的实效性。

二、坚守育人主阵地，让思政课程"优起来"

课堂是学校教育的主要载体，是教师育人的主战场，是学生获取知识、提升素养的主渠道。必须牢牢抓住课堂这个育人的主阵地，这样才能抓住育人工作的生命线。学院加强思政课改革创新和课程思政建设，不断增强针对性、提高有效性，实现入脑入心。一是拓展课堂教学内容。充分挖掘庆阳南梁红色文化资源，实施南梁精神进校园、进课堂、进教材、进头脑行动，建设南梁精神体验馆，讲述南梁红色故事，激发学生爱国情、树立报国志。二是创新课堂教学方法。加强对学生思想、心理及其关心的热点难点问题的研究，注重发挥学生主体性作用，积极运用小组研学、情景展示、课题研讨、课堂辩论、师生必读书目推荐、放映经典影片等方式组织课堂实践，讲好科学大道理，回答好学生之问、时代之问等现实大问题，达到解疑释惑、浸润人心的效果。三是优化教学评价体系。建立健全校领导、教学督导、质量管理、马克思主义学院班子成员、思政课教师和学生参加的多维度综合教学评价工作体系。用好思政课教学评价结果，作为马克思主义学院和班子成员考核的重要指标，作为思政课教师绩效考核、职称晋升、评奖评优等的基本依据。

三、拓宽育人新渠道，让学习形式"活起来"

拓宽育人渠道是落实立德树人根本任务的有效形式。在充分利用庆阳职院大讲堂、思政课堂、校园广播等宣传载体的同时，坚持"五个结合"，贴近实际、贴近生活、贴近学生，不断增强针对性、实效性和感染力，持续拓宽育人渠道和空间。一是与重要节点教育、主题教育相结合。以理想信念教育为核心，以爱国主义教育为重点，以重大节庆日、纪念日为契机，紧扣时代主题，不断丰富教育内容，引导大学生确立远大的理想信念。二是与自我教育相结合。积极发挥学生组织的桥梁和纽带作用，开展生动有效的思想政治教育活动，实现"自我教育、自我管理、自我服务"的工作目标。加强学工队伍建设，建立专兼职结合、以专为主、结构合理、相对稳定的辅导员队伍，为提高主动服务学生水平奠定良好基础。三是与社会实践活动相结合。引导大学生走入社会这个思想政治教育"大课堂"，通过暑期"三下乡"社会实践活动，深入农村、社区和企事业单位，开展志愿服务活动，在服务中奉献社会，在实践中锻炼能力。四是与解决实际问题相结合。直面现实问题、剖析校园案例、回应师生诉求，用身边人、身边事的现身说法教育影响学生。帮助学生树立正确的就业观念，提高核心竞争力。五是与家庭教育结合。入学时开放校园，让家长参与学生的入学教育，开好第一次家长会，建立家校联系卡，家校形成合力，共同成为育人的主体。

四、创新育人新做法，让主题教育"亮起来"

校园文化是学校精神文明的具体体现，是一所学校独特的精神风貌。学院深入挖掘、提炼和彰显文化育人元素，力争让校园的每一面墙壁都能"说话"，每一株树木花草都饱含深情，利用校园所有的物质载体去陶冶感染学生。一是教育"主题化"。坚持"分层次、有抓手、出典型、成特色"原则，持续开展爱国主义、理想信念教育和日常行为养成、劳动技术教育，引导学生懂礼貌、知礼仪。二是管理"人文化"。扎实开展"一加一"关爱帮扶活动，针对所有困难学生，全体中层干部及学院班子成员在每一个系、每一个年级帮扶一名学生，一人一案，区别施策，让困难学生生活上无忧愁、思想上有鼓励、前途上有希望。三是班会"课程化"。充分挖掘和彰显主题班会育人功能，发挥班集体育人基本单位和班主任育人第一责任人作用。班主任精心设计、认真准备、充分动员、周密组织，推出了一批精品班会课，带动各项育人活动开展，育人成效持续提升。四是活动"系列化"。加强校园文化建设，深化以"明理求真、精工致用"校训为核心的学院精神建设。利用重大节庆或传统节日，开展知识竞赛、经典诵读、校园歌手大赛等系列活动，打造校园文化节、大学生辩论赛、庆职院大讲堂等文化品牌，让思想引领更有力度、立德树人更有高度。

立德树人关系党的事业后继有人，关系国家前途命运。高职院校肩负着培养怀有一技之长、拥有较强动手能力和敬业守信精神的高素质技能人才的使命，要构建协同育人体系，抓牢课堂主阵地，拓宽空间渠道，创新实践做法，把立德树人根本任务融入教育教学各环节，做好新时代铸魂育人的"播火者"。

后　记

　　2009年3月，我赴华东师大参加了庆阳市中学校长高级研修班培训，一个月的系统学习后我记了几大本笔记，产生了一些思想的火花，知道了"人生规划""发展性评价""专业发展""同课异构"等新名词，我才明白，原来教书真不是一件简单的事，它光靠学历是不行的，吃老本也是不行的。这一年，在新建的庆阳六中，卢化栋局长给新进入的教师作报告，要求我们要做一名有思想的教师。从那时起，我开始阅读"无用之书"，把自己所思所想诉诸笔端，几年下来，也有了好几百篇。叶圣陶先生讲："教育是农业。"卢化栋说："育人其实和种庄稼一样，必须以农人俯身的姿态，以深入现场的田野精神，做真教育，真做教育。"我是不是在做真教育，我不敢说，但我觉得自己确实像个农人，不管刮风下雨、天旱雨涝，还是丰收歉收、涨价跌价，都得春种、夏耘、秋收、冬藏。庄稼一茬一茬，学生一届一届，我老了，鬓白齿豁，但我觉得踏实、充实。

　　一日，窦万儒来访，临走时丢给我两本他新近出版的书，一本是诗集《大风轻敲》，一本是散文集《苦苣上的微尘》，墨迹未干，清香犹存。我感到诧异：这是那个每天天不亮就起来练武术、进门先一拳再一脚、始终微笑着的老同学吗？如今他已作古，但他的这两本书还时常摆在我的案头。

　　一天，我读到了郑晓红老师的一篇文章《布衣暖，菜根香，最是读书兴味长》。我心头一怔，这才是我要的生活。曾几何时，刚刚能吃饱的人们，希望过温饱日子和小康生活，大鱼大肉、绫罗绸缎，如今都大腹便便，脂多了、糖高了，压也不稳了。现在看来，什么最养人？小米稀饭南瓜汤，芹菜葱头萝卜丝。什么最滋润？红袖添香夜读书。

　　又一日，傅兴奎打来电话，邀请我参加他的新书发行会。会议室座无虚席，都是庆阳籍作家。我感到羞赧、惭愧。捧着他的两本散文集、诗集《城乡纪事》，我知道这就是那个整天笑眯眯、喝酒喝不过、划拳赖不过的傅老师的作品。我除了写过计划、总结，给人写过溢美之词的先进事迹材料以外，一无所有。

又一天，张建军约我参加市局组织的读书沙龙活动，整整一天，几十位志同道合者聚在一起，谈读书、谈新教育、谈文学、谈理想，相互交换作品，互相交流思想。这一切全仰赖一个人，这就是从上任伊始就倡导读书写作的卢化栋局长。我说他是"但开风气不为师"，但他说他就是一个农人，在培育"种子"，相信"种子"，静待开花结果。如今种子漫山遍野，山花烂漫，庆阳以读书学习为核心的教育生态已葱葱郁郁，人们都在读书、写作，我也该做点什么了。

2015年7月，一纸任命书，我被组织调到西峰职业中专担任校长。那时候，职业教育还没有被定义为"另一类型的教育"，但对我来说，这是一个全新的领域。上任三天，时任兰州资源与环境职业技术学院院长的时宁国带队督查国家改革与发展示范校建设情况。他说："职业教育很有意思，你会越干越喜欢的。"于是，我就奔着这个"有意思"，去努力地喜欢职业教育。而后认识了任全春、李常锋、令军辉、敏维奇、李连军、焦鹏宁、孙祥宁等优秀且令我敬仰的教育厅的领导们；知道了中华职教社、汉斯·赛德尔基金会，与徐云卿、布莱贝格成了好朋友；接触了许多优秀的、可亲可敬的中职高职的校长：雷志辉、马绍武、陈佑泉、郑绍忠、高溥、陈逸平、陈正武、何生玉、杜银社、张元华……而后，机缘巧合，认识了何华先生，通过他，我有缘认识常永德、刘宝民。一路走来，真应了时宁国的话，职业教育天地广阔，真的可以大有作为。在他们的影响下，我用笔记录成长中的点点滴滴，积石成山，集腋成裘，遂连缀成册，取名为《春草集》，我知道"始生之物，其形必丑"，难免贻笑于大方之家。

在此，要特别感谢在百忙之中为我作序的何华先生，他著作等身，公务繁忙，但仍然抽出时间为我写文章，令人感动。我还要感谢我的同事，他们忙里偷闲，为我整理书稿，给我设计封面。当然我还要感激出版社的朋友们，你们不吝赐教、悉心指导，才有了这本蓬蓬勃勃生长的《春草集》。我更要感谢陪我一路走来、鼓励我、帮助我的朋友，不管你们的名字有没有出现在文章里，但你们真切地走进了我的生活，影响着我的人生轨迹，让我须臾不敢懈怠，你们都是我生命中的贵人！

第一次出书，难免错误百出，敬请指导与赐教。

张武德
2023年3月20日